KB067464

초기 기독교와 요세푸스

국립중앙도서관 출판예정도서목록(CIP)

초기 기독교와 요세푸스 = The early Christianity and Jose
phus : 헬레니즘 시대의 유대교를 배경으로 / 지은이: 박찬
웅. ─ 서울 : 동연, 2018
    p. ;    cm

참고문헌과 색인수록
수상: 제12회 한국기독교학회 소망학술상
ISBN  978-89-6447-400-6 93320 : ₩15000

신약 성서[新約聖書]
성서 연구[聖書硏究]

233.509-KDC6
225.9-DDC23                              CIP2018008330

# 초기 기독교와 요세푸스

— 헬레니즘 시대의 유대교를 배경으로

2018년 3월 19일  초판 1쇄 발행
2019년 12월 9일  초판 2쇄 발행

지은이 | 박찬웅
펴낸이 | 김영호
편  집 | 박연숙 디자인 | 황경실 관 리 | 이영주
펴낸곳 | 도서출판 동연
등  록 | 제1-1383호(1992. 6. 12)
주  소 | 서울시 마포구 월드컵로 163-3
전  화 | (02)335-2630
전  송 | (02)335-2640
이메일 | yh4321@gmail.com

ISBN 978-89-6447-400-6  93320

# 초기 기독교와 요세푸스

## 헬레니즘 시대의 유대교를 배경으로

박찬웅 지음

The Early Christianity and Josephus

동연

# 머리말

이 책은 '초기 기독교와 요세푸스'라는 다소 포괄적인 제목으로 되어 있다. 이 책은 개론적인 내용과 전문적인 논의를 함께 다루고 있는데, 신약성서와 요세푸스 자료를 초기 기독교의 역사와 관련하여 해석하고 있기 때문에 신선하고 흥미롭게 읽혀질 것이라고 기대한다.

본 저자는 여기서 다루고 있는 주제들을 오랫동안 연구하며, 그 결과를 꾸준히 학계에 발표해왔다. 신학도의 학문적 목표는 하나님의 말씀인 성서를 깊이 있게 깨닫는 것이고, 이를 위해서 매우 정밀하게 성서 본문을 주석함과 동시에 시대적, 사회사적 배경에 관한 입체적인 이미지를 구축하는 작업을 진행하는 것이다. 요세푸스는 이러한 치밀한 연구를 위해 매우 중요한 자료이기에, 많은 지면을 통해서 그에 관한 분석을 다루었다. 부족한 부분도 있고, 앞으로 더 많은 것을 공부해야 하겠지만, 이 책이 성서를 해석하고 예수 그리스도와 초기 기독교를 더 깊이 알게 되는 길에 일조하게 되기를 원한다.

이 책이 나오기까지 많은 분들의 도움이 있었다. 목원대학교에서 세미나와 강의 시간을 통해 이루어진 신학적 토론은 특히 소중한 도움이 되었다. 목원대학교 신학과 교수님들과 학생들에게 감사의 인사를 드린다. 이 책은 한국기독교학회에서 선정한 제12회 소망학술상 수상 저서로 출판을 하게 되었다. 한국 신학의 성숙과 발전을 이끌고 있는 한국기독교학회와 소망교회에 감사의 인사를 드린다. 학술적 가치가 높은 책들을 꾸준히 출판하여 큰 공헌을 하고 있는 도서출판 동연에서 이 책이 만들어지게 되어서 기쁜 마음이다. '동연'의 김영호 대표님께 감사의 인사를 드린다. 마지막으로 늘 기도와 응원으로 함께해준 가족에게 고마움의 마음을 전한다.

"지금은 내가 부분적으로 아나 그 때에는 주께서 나를 아신 것 같이
내가 온전히 알리라."

바울의 이 말씀에 기대어, 부족함에 대한 '고백'과 온전해짐에 대한 간절한 '소망'의 기도를 드린다. 아무리 깊고 넓게 파헤친다 해도 신학도의 노력은 늘 부분적인 앎에 머물겠지만, 부족한 사람일지라도 하나님의 온전하신 앎에 동참하는 기쁨의 때가 오리라는 믿음 위에 서 있고 싶다.

2018년 3월
박찬웅

# 차 례

# 제 1 장

# 들어가는 말

이 책은 초기 기독교를 당시의 역사적, 사회사적 배경 속에서 분석하고 해석하는 여러 주제로 이루어져 있다. 2장에서 6장까지 전반부에서는 초기 기독교 시대에 기록되어 남아있는 유일한 성서 외부 역사 자료인 유대인 역사가 요세푸스의 자료를 성서 기록과 비교하며 분석한다. 우선 2장에서는 요세푸스가 어떤 인물이며 그가 남긴 자료가 어떤 성격인지에 관한 개론적인 설명부터 시작할 것이다. 3장-5장에서는 우리 신앙의 중심이 되는 예수 그리스도에 대해 기독교 외부인인 요세푸스가 어떤 관점으로 기록했는지를 살펴보고, 이를 성서 기록과 비교, 분석할 것이다. 여기서 요세푸스가 기록한 예수에 관한 중요한 본문을 다루게 되는데, 이 주제는 국내에서 전문적인 연구가 이루어진 일이 거의 없다. 요세푸스가 예수에 관한 기록을 남겼다는 사실은 어느 정도 알려져 있지만 그 내용이 구체적으로 무엇이고, 그

자료적 가치가 어느 정도인지에 관해서는 제대로 다루어지지 않았다. 그러므로 이 책은 '플라비우스의 증언'이라고 부르는 요세푸스의 예수 보도의 진정성 여부에 대한 논의로 시작해서, 그와 관련된 내용을 자세히 분석하려고 한다. 나아가 그 내용을 신약성서의 예수상과 여러 측면에서 비교함으로써 역사적 예수에 관한 논의의 지평을 기독교 외부로 넓게 확장하여 전개할 것이다.

6장에서는 세례 요한에 관한 요세푸스의 기록을 살펴본다. 요세푸스가 본 세례 요한은 신약성서와는 상당히 다른 모습으로 묘사되고 있다. 그 배후에는 그리스-로마 독자들의 입장을 고려한 요세푸스의 독특한 해석 방식이 깔려있음을 알 수 있다. 이것은 헬레니즘 문화 속에서 유대교가 외부 세계와 필연적으로 소통을 할 수밖에 없었던 정황과 관련된다. 앞에서 다룬 예수 보도와 마찬가지로 요세푸스의 세례 요한 보도는 주어진 전승을, 요세푸스가 염두에 둔 당대의 독자들에 맞추어 신중하게 전달하려고 한 그의 의도를 반영하고 있다. 이런 내용들을 논의하기 위해 우선 요세푸스 해석에 관한 기초적인 내용들을 짚고 가야 할 필요가 있다.

1세기 유대인 역사가 요세푸스는 기독교 신학과 교회사에 연관되는 중요한 작품들을 남겼다.[1] 그는 유대-로마 전쟁에 참전하여 전쟁

---

1 본문비평 장치가 포함된 요세푸스의 그리스어 전집 가운데 가장 애용되는 것은 니이제 (Benedictus Niese)가 편찬한 *Flavii Josephi opera edidit et apparatu critico instruxit Benedictus Niese*, 7 vols. (Berlin 1885-1895; Nachdruck: Berlin 1955) 다. 또한 그리스어 본문과 영어 번역을 함께 수록한 H. St. J. Thackeray, L. H. Feldman 등의 *Josephus*, 10 vols., Loeb Classical Library (Cambridge 1926-1965)와 함께 『유대전쟁사』의 그리스어 본문과 독일어 번역을 담은 O. Michel, O. Bauernfield (eds.), Flavius Josephus. *De bello Judaico; Der jüdische Krieg. Griechisch und Deutsch*, 4 vols. (Darmstadt 1959-1969) 역시 요세푸스 연구를 위

의 과정 전체를 직접 목도했으며, 예루살렘 성전이 무너지는 끔찍한 역사를 경험했다. 그는 신약성서 기자들과 동시대를 살았던 인물로서 신약성서의 시대사적 배경에 있어서 가장 중요한 역사적 자료를 남겼다. 요세푸스 자료가 갖는 중요성은 아무리 강조해도 지나치지 않다. 가령 헹엘의 다음과 같은 평가를 반박할 사람은 아무도 없을 것이다. 헹엘은 요세푸스의 작품들이[2] 보존되지 않았다면 유대인의 역사에 대한 이해는 물론이고, 신약성서의 역사적 배경에 관한 어떤 윤곽을 그리는 것도 불가능했을 것이라 한다. 따라서 요세푸스는 우리가 갖고

---

한 중요한 자료다. 번역서들 가운데 먼저 독일어 번역을 보면, 앞서 언급한 미셸(O. Michel)과 바우언필드(O. Bauernfield)의 『유대전쟁사』와 함께 H. Clementz, *Des Flavius Josephus Jüdische Altertümer*, 2 vols. (Halle 1899); *Geschichte des Jüdischen Krieges* (Halle 1900); *Kleinere Schriften* (Halle 1900)은 오래 전의 번역이긴 하지만 널리 읽히는 번역서다. 요세푸스 작품들에 대한 영어 번역 가운데 가장 중요한 것은 약 40년 동안 진행된 (위에 언급된) Loeb Classical Library(LCL)의 번역이라고 할 수 있다. 한편 휘스턴(William Whiston)의 영역본(英譯本) *The Genuine Works of Flavius Josephus* (London 1737)은 지금까지 널리 읽히고 있지만, 불충분한 그리스어 본문에 기초하고 있기 때문에(Haverkamp 1726), 전문적 연구자들이 이용하기에는 다소 적합하지 않다고 평가할 수 있다.

2 요세푸스는 『유대전쟁사』(*De bello Judaicae*), 『유대고대사』(*Antiquitates Judaicae*), 『요세푸스자서전』(*Vita Josephi*), 『아피온반박문』(*Contra Apionem*), 이렇게 네 개의 작품을 남겼다. 이 중 『유대전쟁사』와 『유대고대사』는 각각 7권과 20권이라는 방대한 분량으로 이루어진 가장 중요한 작품이다. 66-70년에 발생한 유대-로마 전쟁에 대한 자세한 묘사를 하고 있는 『유대전쟁사』는 베스파시아누스 통치 말기에 완결되었으므로, 그 기록 연대는 늦게 잡아도 베스파시아누스가 사망한 79년 이전으로 잡을 수 있다. 또한 『유대전쟁사』는 75년까지의 사건들을 기록하고 있기 때문에, 75년에서 79년 사이로 기록 연대를 추정할 수 있다. 이후 요세푸스는 구약성서의 창조 이야기에서 시작하는 유대 민족의 장구한 역사를 『유대고대사』라는 이름으로 출판하였는데, 이 작품의 집필 연대는 요세푸스가 밝히고 있듯이 도미티아누스 제13년, 즉 93/94년이다(『유대고대사』 20:267). 한 권으로 된 『요세푸스자서전』과 두 권으로 되어 있는 『아피온반박문』(반-유대주의에 대한 논박을 내용으로 함)은 『유대고대사』 이후에 발간된 것으로 여겨진다.

있는 가장 중요한 역사적 자료라고 평가한다.[3] 요세푸스의 기록이 없었다면 우리는 유대-로마전쟁에 관한 자세한 정보를 알 길이 없었을 것이며, 바리새파, 사두개파, 에세네파 등 1세기 당시 유대교의 종교적 정황에 대해서도 아는 바가 거의 없게 되었을 것이다. 다시 말하자면, 요세푸스의 기록들이 없었다면 현재 우리가 확보하고 있는 신약성서 연구를 포함하여 기독교 신학의 폭은 현저하게 좁아졌을 것이 분명하다.[4]

성서 연구자들은 대개 요세푸스의 기록을 성서의 배후 역사를 밝히기 위한 일차적인 참고서나 보충자료로 사용한다. 신약성서 문서들이 당시의 세속 사건에 대한 역사적 보도를 목적한 글이 아니라, 초기 기독교 공동체들의 신앙적 문서로서 초점을 맞추고 있다는 점은 자명하다. 또한 신약성서 기자들과 당시 독자들은 당대의 사회적, 역사적 배경에 관한 공통적 이해가 이미 전제되어 있었기 때문에 이런 배경 지식에 관련된 설명이 생략되어 있는 경우가 많다. 그러므로 오늘날의 독자들은 신약 시대의 배경 역사를 이해하기 위해 신약 성서 외부의 기록을 참고할 수밖에 없는데, 현재 남아 있는 거의 유일한 자료가 요세푸스의 작품들이다. 따라서 현대의 독자들에게 요세푸스의 기록은 신약 문서들의 본문에 대한 보다 깊이 있고 폭넓은 이해를 가능케하는 가장 중요한 정보의 보고라고 할 수 있다.

---

3 M. Hengel, "Zeloten und Sikarier. Zur Frage nach der Einheit und Vielfalt der jüdischen Befreiungsbewegung 6-74 nach Christus," in: O. Betz u.a. (eds.), *Josephus Studien. Untersuchuchungen zu Josephus, dem antiken Judentum und dem Neuen Testament. Festschrift für O. Michel* (Göttingen 1974), 175 참조.
4 이러한 이유들에서 T. Keim, *Aus dem Urchristentum I* (Zürich 1978), 1은 요세푸스의 작품들을 가리켜 '제5복음서'라고 부른다.

이런 희소성과 중요성으로 인해 간혹 요세푸스가 제공하는 정보들이 순전한 객관적 사료로 여겨지기도 한다. 물론 요세푸스를 비롯한 거의 모든 역사가들은 자신의 작품이 중립적이며, 객관적이고 표준적인 역사서라는 점을 강조한다. 그러나 주의 깊은 독자들이라면 그러한 선언을 그대로 이행하는 역사가들은 결코 존재하지 않는다는 점을 알 것이다. 어떤 기록자든 나름의 관점과 목적의식을 갖고 사건을 기록하며, 때로는 동일한 시대 사건들을 놓고 다른 사가들과 논쟁을 벌이기도 한다. 특히 논쟁이 주목적인 경우에는 각각의 입장에 따라서 상반된 해석들이 발생하게 되는 것은 분명하다.[5]

따라서 요세푸스의 작품들 역시 순수한 객관적 사료라고 과대평가할 필요는 없다. 그의 작품도 '요세푸스에 의해 해석된 역사'를 보존하고 있다고 말해야 정확할 것이다. 이러한 점은 그가 『유대고대사』 1권에서부터 13권에 이르기까지 구약 시대의 역사를 재해석해 놓은 내용을 보면 잘 알 수 있다. 여기서 그는 구약성경과 외경에 나타난 이스라엘 역사의 사건들을 단순 나열하지 않는다. 반대로 그는 구약의 인물들을 그리스-로마 독자의 정황을 고려하여 묘사해놓기도 하고, 때로는 부가적인 대화문들을 창작하기도 하고 과장법을 동원하기도 한다. 그는 기존의 구약 역사를 창조적으로 재해석하여 기록했고, 구약 시대 이후의 역사를 기록함에 있어서도 자신의 확고한 해석에 입각한 역사를 기록하고 있음이 분명하다. 그러므로 요세푸스의 기록은 신약성서 연구를 위한 가장 중요한 참고자료임과 동시에, 다른 한편으로 그 집필 동기를 충분히 염두에 두면서 해석을 해야 한다는 것

---

5 가령 『요세푸스자서전』의 중요한 집필 목적 중의 하나는 티베리아의 유스투스(Justus von Tiberias)와의 논쟁 상황에서 자기 개인의 역사를 기록한 것이다.

을 분명히 인식해야 한다.

이 책의 전반부에서 요세푸스의 예수와 세례 요한 보도를 상세하게 다루고난 후, 후반부 7장-10장에서는 헬레니즘 시대의 유대교와 원시 기독교의 관계에 대한 보다 거시적인 주제를 다루게 된다.[6] 여기서 다루게 되는 주제와 내용은 몇 가지 특징으로 구별할 수 있다. 우선이 책은 시대사적으로 소위 신구약 중간기 시대와 신약성서 시대에 집중하여 통시적 흐름을 다룬다. 그렇다고 해서 시대사를 단순하게 요약, 정리하는 것이 이 책의 목적은 아니다. 이 부분에서도 신약성서 본문 및 요세푸스, 필로의 주요 기록과 다양한 성서 외적 자료들을 동원하여 충분히 입체적인 해석이 이루어지도록 시도를 할 것이다. 7장에서는 헬레니즘 시대의 유대교와 기독교의 관계를 연속성과 불연속성의 상이한 모델을 통해서 입체적으로 조망하고, 특별히 원시 기독

---

6 S. Alkier, *Urchristentum. Zur Geschichte und Theologie einer exegtischen Disziplin*, BHTh 83 (Tübingen 1993), 255-268(특히 265)에 따르면, 원시 기독교 (Ur- christentum)라는 용어는 기독교의 이상적 원형을 따라 잡기 불가능하다는 전제를 내포하는 반면에, 초기 기독교 개념은 역사적 연구 결과들에 대한 섣부른 판단을 훨씬 줄일 수 있게 하며 또 이상주의적 의미 부여도 하지 않기 때문에 초기 기독교 (Frühchristentum)라는 말을 보다 더 적절한 개념으로 간주한다. 이와 같은 제안은 2세기말 이후 기독교의 제도화가 확립된 시기와 그 이전 시기를 연속적으로 이해할 수 있다는 장점을 지니고 있다. 그러나 1-2세기 기독교 집단들은 매우 다양한 양상을 띠었으며, 그 모든 집단들이 후대의 로마 가톨릭으로 편입된 것은 아니었다. 따라서 소위 정통의 전신이었던 것은 다양한 갈래의 종파들 가운데 불과 소수에 불과했다는 가정이 훨씬 설득력 있다는 점에서는 '원시 기독교' 개념이 학술적으로는 더 적절하다고 볼 수 있다. 이러한 다양성 이론의 대표적 연구인 W. Bauer, *Orthodoxy and Heresy* (Philadelphia ²1971) [= *Rechtgläubigkeit und Ketzerei im ältesten Christeuntum* (Tübingen 1934)]를 보라. 또한 이 주제와 관련하여 바우어의 전제에 동승하고 있는 G. Lüdemann, *Ketzerei. Die andere Seite des frühen Christentums* (Stuttgart 1995)을 참조하라. 그럼에도 불구하고 현실적으로는 '원시 기독교'와 '초기 기독교' 용어는 동일한 의미로 사용되는 경우가 많다.

교가 유대교의 내부 갱신운동의 깊숙한 움직임 가운데 발생했음에 주목하려 한다. 8장과 9장에서는 가이우스 칼리굴라 황제의 문화 동화 정책의 결과 40년대에 발생한 유대 사회 내외의 심각한 위기의 진상이 무엇이고, 이 칼리굴라 위기 이후 시대의 클라우디우스 황제의 정책이 유대교와 기독교에 어떤 작용을 했는지에 관해서도 자세히 다루려고 한다. 이 주제를 더 연장해서 요세푸스가 칼리굴라 황제와 시리아 총독 페트로니우스를 어떻게 대조적으로 묘사하는지 그리고 그러한 묘사가 약 10년 전의 인물 예수에 대한 요세푸스의 해석과 어떻게 유기적으로 연결되는지에 관해서도 다루게 될 것이다.

마지막으로 10장에서 헬레니즘 시대의 유대 사회가 정치적 큰 틀에서 재편되는 과정을 왕정주의와 신정주의 모델을 따라서 재구성하는 논의가 이어지는데, 여기서는 특별히 신구약 중간기 시대에서부터 시작하는 역사적 고찰을 통해, 원시 기독교의 태동이 이미 기원전 2세기부터 헬레니즘 시대 속에서 격동의 변화를 시작한 유대교에 그 뿌리를 두고 있음을 자세하게 살펴보고자 한다.

The Early Christianity and Josephus

1부

요세푸스가 본
예수와 세례요한

# 제 2 장

# 요세푸스 이해를 위한 배경

## 1. 요세푸스 연구의 중요성

요세푸스라는 인물은 오랫동안 그리고 지금까지도 편견과 오해의 주인공이 되어오고 있다. 즉 많은 사람들은 그를 조국을 배신하고 로마에 충성한 변절자로만 여기고 있다. 또한 이 인물에 대한 별 다른 편견을 갖지 않은 사람들 가운데에는 성서의 시대적 배경에 대한 정보를 얻기 위해 그의 기록을 활용하려는 의도를 가진 자가 많을 것이다. 그런데 이러한 목적을 갖고 요세푸스의 저작에 접근하는 사람도 단순한 선입견을 갖고 그의 글을 대하는 경우가 많다. 즉 요세푸스의 기록은 로마제국에 아부하는 내용으로 채워져 있어서, 순수한 역사적 사실이라고 판단된 것만 이용해야 한다고 생각할 수 있을 것이다. 물론 로마 황실의 지원을 받았던 그가 로마의 입장을 대변하지 않았다고는 볼 수 없다. 그러나 이것만을 요세푸스의 의도로 파악한다면, 이는 그의 복합적인 목적을 지나치게 제한하는 일이며, 그의 신학적, 역사적 해석의 다양한 의도를 무시하는 결과가 될 것이다. 또한 그의 기록에서 순수한 역사적 사실 관계만을 읽어내려는 시도 역시 문제점을 안고 있다. 이는 역사가의 독특한 관점과 해석의 깊이, 즉 역사적 사건들을 거시적, 미시적 차원에서 통찰력 있게 보려는 저자의 문제의식을 도외시하는 태도이기 때문이다.

고대의 다른 기록들과 마찬가지로 요세푸스의 기록 역시 저자가 관계했던 특정한 시대적, 사회적, 개인적 삶의 틀을 기반으로 하고 있다. 또한 이와 함께 매우 중요한 것은 종교인이자 정치-사회적 상류층에 속했던 요세푸스는 그러한 제한된 조건들을 넘어서 독자들에게 무언가 의미 있는 메시지를 던져주고 싶어 했던 엘리트적 자의식을 지닌 사람이었다. 요세푸스를 군사 지휘관, 변절자, 아첨꾼 등의 한 단어로만 규정하는 태도는 그의 개인적 역량이나 그의 작품의 깊이를 섣불리 무시하는 잘못을 범하는 일이다. 그는 상상 이상으로 세상 정세와 사상적 세계에 밝은 사람이며, 그의 기록은 고도의 설득적, 변호적, 논쟁적 성격을 띠고 있다. 따라서 요세푸스의 저작에는 그의 사상과 정황과 입장이 녹아 있으며, 따라서 요세푸스는 단순한 보조 자료가 아니라 그 자체로 신중한 해석과 연구의 대상이라고 볼 수 있다.

더욱이 초기 유대교와 기독교 연구에 있어서 요세푸스의 중요성은 예루살렘 성전이 멸망한 70년이라는 시점을 기준으로 유대교, 기독교가 매우 중요한 국면을 맞게 된다는 점에서도 확인된다. 성전 파괴와 예루살렘 함락은 유대인 및 기독교인 모두에게 충격적이었을 뿐만 아니라, 새로운 전환점과 결단의 길을 열어가는 중요한 계기가 되었다는 점이 지적되어야 한다. 유대교는 공간적 상징 요소였던 성전을 상실한 이후, 문서 활동, 즉 경전에 대한 다양한 해석 작업을 시도함으로써 새로운 '랍비 유대교'의 형성을 준비하기 시작했고, 기독교 역시 유대교의 그늘을 과감하게 벗어 던지고 새로 태동한 종교다운 면모를 갖추어 나가기 시작했던 것이다. 바로 이러한 중요한 국면의 한 가운데 요세푸스가 있다. 그 역시 변화된 상황에서 자신의 기존 종교를 재검토하여 새로운 해석을 시도한 지식인이었다. 그것도 가장 양질의, 다량의 정보를 획득할 수 있는 문화적, 정치적 조건이 고루 갖추어진 제국의 중심부에서 그러한 작업을 수행했던 것이다.

## 2. 요세푸스에 대한 인물정보

요세푸스의 삶에 관련된 개인적 정보는 그 어떤 다른 고대의 저자보다 풍부하다. 가령 성서의 저자들 가운데에서는 바울의 삶에 대한 정보가 어느 정도 알려져 있지만, 그것은 상당히 제한적이다. 많은 작품을 기록한 알렉산드리아의 유대인 필로의 경우도 전기적 정보를 별로 남기질 않았다. 반면 요세푸스는 자기 삶에 관한 기록을 직접 남겨놓았다. 물론 자서전을 비롯한 그의 모든 저작에 나오는 전기적 보도가 때로는 과장되고 비약된 면이 있겠지만, 이를 토대로 그가 어떠한 삶을 살았는가를 충분히 묘사할 수 있다.

요세푸스의 자서전은 가문에 대한 설명으로 시작한다. 요세푸스는 자신의 가문이 출중하다고 묘사한다. 그의 부계父系 혈통은 제사장 가문에 속한다. 더욱이 그의 가문은 24반차 중에서 가장 첫 번째에 속하므로 그는, 그의 표현에 의하면, "제사장 가문들 가운데에서도 가장 우월하고 구별된 집안"으로부터 피를 물려받은 것이다(『요세푸스자서전』 2).[1] 이러한 혈통적 자부심은 그의 다른 작품 안에서도 종종 발견된다. 그의 부계 혈통이 엘리트 제사장 가문이라면, 그의 모친은 하스몬 왕족 가문 출신이었고, 또한 그의 부모 이전 세대에도 요세푸스의 조상들은 하스몬 왕가의 여인들과 혼인관계를 맺어 왔다고 기록한다.[2] 따라서 요세푸스의 가문은 제사장 가문과 왕족 혈통이 결합된 상류층 집안임을 강조하고 있다.[3]

기원 6년에 태어난 요세푸스의 부친 맛티아스는 훌륭한 인품으로 많은 존경을 받은 인물이자 예루살렘에서 가장 유명한 인사였다. 요세푸스는 이런 덕망과 고상함을 소유한 부친에게서 교육을 받으며 성장했음을 강조한다. 히브리어로 '요셉 벤 맛티아스'라는 이름을 가진 요세푸스는 가이우스 칼리굴라 재위 1년, 즉 37년에 출생하였다. 그는 이러한 가계 기록이 공적 문서에 근거한 것임을 강조하며, 또한 그 기록 목적이 자기 가문을 비방하는 사람들에 대한 답변을 위한 것이라고 말한다(『요세푸스자서전』 6). 어떤 부류의 사람들이 어떤 방식으로 요세푸스의 가문을 비난했는지는 잘 알려져 있지 않으나, 요세푸스의 기록에는 대적자들에 대한 언급이 간간이 발견된다. 바울이 자신의 정통 유대 출신 성분을 강조하는 구절은(빌 3:4-6) 요세푸스가 자

---

1 요세푸스는 역대하 24:1-19(특히 7-18절)의 제사장 가문들 중에서도 첫 번째인 여호야립 가문에 속한다.
2 요세푸스의 기록에는 하스몬 가문에 대한 우호적 태도가 발견된다. 가령 요세푸스는 하스몬왕조의 요하네스 히르카누스를 영웅적으로 묘사하면서 자기 장남에게 히르카누스라는 동일한 이름을 주었다고 언급한다(『요세푸스자서전』 5).
3 요세푸스가 귀족 출신임은 수에토니우스, 『베스파시아누스 황제 전기』 5:6에도 언급된다.

기 가문에 대해 언급하면서 변호적 자세를 취한 것과 흥미롭게 비교할 만하다.

요세푸스는 어린 시절에 이미 뛰어난 학식으로 정평이 나 있었고 사람들로부터 많은 칭찬을 받았다고 스스로를 소개한다. 그는 14세의 어린 나이에도 불구하고 대제사장과 예루살렘의 고위층 인사들이 율법의 정확한 이해를 구하고자 자신을 자주 찾았었다고 언급한다. 16세가 되었을 때 그는 유대교의 3대 종파인 바리새파, 사두개파, 에세네파가 요구하는 과정을 모두 마쳤지만, 이에 만족할 수 없어서 바누스라는 사람의 제자가 되어 3년의 세월을 보냈다. 광야 생활을 한 바누스는 자기 몸을 물로 자주 씻으면서 육신의 정결을 유지하려고 했던 금욕주의자였다. 요세푸스는 바누스의 밑에서 자신의 목적을 성취하고, 다시 예루살렘으로 돌아와 바리새파에 부합하는 삶을 영위하기 시작했다(『요세푸스자서전』 7-12). 이 부분에서 자신이 바리새파 소속임을 밝히는 것인지는 확실하지 않다. 사실 요세푸스는 세 종파 가운데 바리새파가 아닌 에세네파의 덕목을 가장 고결하다고 평가하며, 또한 그의 다른 작품에서도 자신을 바리새파의 일원으로 명료하게 규정하지 않기 때문에 단지 그가 바리새파의 가치에 합당하게 살기 시작했다는 정도의 의미로 파악할 수 있다. 물론 이러한 해석에 대한 반론도 제기되고 있으며, 당시 유대 사회에서 바리새파의 영향력의 수준과 내용이 구체적으로 어떤 것이었는지에 관해서는 계속해서 논의되고 있다.

전쟁 발발 이전 네로 황제 통치 기간 중에 26세의 요세푸스는 로마를 방문한 적이 있다. 이는 벨릭스 총독 재임 시절 로마로 압송된 제사장들의 석방을 청원하기 위한 사절단의 일원으로 로마로 파견된 것이며, 이 일을 계기로 네로의 아내 폼페아와 친분을 맺게 되었다. 로마 파견 임무가 성공적으로 마쳐졌는지에 관해서는 언급되어 있지 않지만, 2년 후 요세푸스는 예루살렘으로 돌아왔다. 때마침 예루살렘에서 반<sub>反</sub>로마 저항 운동이 일기 시작했다. 상류층 일원인 요세푸스는 사람들에게 로마에 맞서 전쟁을 벌이는 것이 무모하다고 역설했지만 소용이 없었다. 오히려 그는 저항군의 지휘관으로 추대되어 어쩔 수 없이 군대를 이끌고 갈릴리 지역을 담당하게 되었다. 66년 겨울부터 67년 여름까지 그는 이 곳 갈릴리에서 베스파시아누스 장군이 이끄는 로마 군대의 공격에 맞섰다.[4] 그러나 요세푸스가 이끄는 유대인 병력은 결국 갈릴리 북서부의 요타파타 성에서 패배하고 만다. 47일간 요타파타 성을 포위하고 있던 로마군은 결국 기습적 침공에 성공했다. 로마 군은 한 유대인 배신자의 제보를 이용해서 야간 기습공격을 감행하여 순식간에 성을 점령하고 초토화시켰다.

요세푸스에 의하면, 자기 자신은 '하나님의 섭리로' 요타파타 점령 순간에 그곳을 빠져 나와 동굴 속에 피신할 수 있었다(구체적인 정황은 언급되지 않는다). 동굴 안에는 이미 40명 정도의 유대인이 은신해 있었고 상당량의 비상식량까지 준비되어 있었다. 하지만 이 대피 상황은 3일을 넘기지 못했다. 은신처를 찾아낸 로마인들은 사절을 보내어 요세푸스에게 투항을 촉구했다. 저항군의 지휘관을 생포하는 것이 로마인들의 입장에서도 이로운 일이었기 때문이다. 요세푸스 자신은 항복만이 현명한 선택이라고 판단하고 동료들을 설득했으나, 유대인들

---

4 군사적 지휘관으로서의 면모가 부각되는『유대전쟁사』와는 달리『요세푸스자서전』에서는 한 위원회의 구성원으로(아마도 제사장의 자격으로) 파견된 평화의 수호자로서의 이미지가 강조된다(『요세푸스자서전』 29,73,78).

은 로마인들에게 체포를 당하느니 차라리 자결을 하겠노라고 소리치며 요세푸스를 변절자로 몰아세워 살해하려고 했다. 요세푸스는 자살이 죄악이며 무모하게 목숨을 버리지 말 것을 간곡히 권했으나, 그들을 설득할 수 없었다. 그러자 요세푸스는 제비를 뽑아 순서에 따라 먼저 뽑힌 사람을 죽이는 일을 반복하여 자살의 죄악을 피하자고 제안하였다. 그에 의하면, 이런 제안은 자신의 기지에서 비롯된 것이며, 또한 하나님이 자신을 보호해준다는 확신을 갖고 있었기 때문이었다고 한다. 제비를 뽑은 결과 요세푸스는 마지막 순서로 결정되었고, 정한 바에 따라 한 사람씩 동료의 손에 의해 죽음을 당하게 되었다. 마침내 요세푸스가 마지막 남은 한 사람을 죽여야 할 순서가 오자, 그는 그 동료를 죽이지 않고 설득하여 함께 투항했다.

요세푸스 자신은 이를 투항이 아니라 하나님의 지시에 대한 순종이라고 말한다. 즉 꿈속에서 하나님은 유대인과 로마 왕들의 운명에 관한 예언의 말씀을 그에게 주셨고, 이 예언에 따라 행동한 것이라는 점을 역설한다. 꿈의 내용을 자세히 밝히고 있진 않지만, 요세푸스는 그 꿈을 생각하면서 드린 기도를 다음과 같이 기록한다.

주님이 창조하신 유대 백성이 무릎 꿇고 굴복하며 모든 운명이 로마인들에게 넘겨지는 것이 주님의 뜻이라면 그리고 앞날을 계시하시기 위해 제 영혼을 택하신 것이라면 로마군에게 몸을 맡겨 생명을 보전하겠습니다. 이러한 나의 선택이 배신자로서가 아닌 주의 종으로서의 선택이라는 것을 주님이 증거해 주십시오(『유대전쟁사』 3:354).

그의 기록이 사실 그대로인지 여부를 확증할 다른 자료는 없지만,

요타파타 전투에서 살아남아 포로가 된 과정에 드러난 자신의 행동이 불가피하고 정당했다는 자기 변호적 의도를 갖고 있음은 분명하다. 이렇게 요세푸스는 포로가 되어 베스파시아누스 장군 앞에 끌려갔다. 많은 로마 병사들이 체포된 요세푸스를 욕하고 조롱했지만, 로마 지휘관 중에는 그를 동정한 자들이 많았다. 특히 베스파시아누스의 아들 티투스 장군은 요세푸스의 생명을 살리기 위해 가장 노력한 인물로 묘사된다. 베스파시아누스가 요세푸스를 네로 황제에게 압송시키려고 하자, 요세푸스는 베스파시아누스와의 개인적 만남을 요청하게 되고, 이 대면에서 베스파시아누스와 그 아들 티투스가 장차 로마의 황제가 될 것이라는 다음과 같은 유명한 예언을 하게 된다.

베스파시아누스여, 당신은 나 요세푸스를 단지 손에 넣은 전쟁 포로로 붙잡았다고만 여기고 있습니다. 그러나 나는 앞으로 일어날 놀라운 사건들에 대해 알려주기 위해 당신 앞에 왔습니다. 만약 하나님이 나를 이곳으로 보내시지 않았다면 나는 유대인의 율법이 명하는 대로 군사령관다운 최후를 맞았을 것입니다. 나를 네로에게 보낼 작정입니까? 왜 그렇게 하려는 것입니까? 당신이 황제로 즉위할 때까지 네로의 후계자들이 계속 지배자로 남아있게 될까요? 베스파시아누스여, 당신이 황제이자 유일한 통치자가 될 것이며, 당신의 이 아들 또한 그렇게 될 것입니다. 이제 저를 좀 더 단단히 결박해서 당신 곁에 남겨두십시오. 황제여, 당신은 내 주인이 되실 뿐만 아니라 온 땅과 바다와 모든 민족 위에 군림하는 자가 될 것입니다. 그러나 제가 감히 하나님을 희롱하는 것이라면 저를 형벌에 처할 수 있도록 더욱 엄중히 감시하시길 바랍니다(『유대전쟁사』 3:400-402).

베스파시아누스는 처음에는 요세푸스의 예언을 믿지 않았지만, 점차 그를 신뢰하며 포로의 신분으로는 과분한 특별대우를 해주기 시작했다.5 이러한 요세푸스의 예언이 사실 그대로인지는 확인하기 어려우나, 당시 요세푸스가 그런 예언을 했다는 소문이 어느 정도 알려져 있었음은 수에토니우스와6 디오 카시우스의7 기록을 통해서도 알 수 있다.8 이처럼 요세푸스가 향후 로마 황실의 보호를 받으며 역사를 기록할 수 있게 된 결정적 계기는 바로 그의 베스파시아누스 황제 등극 예언이었다고 한다. 한편 예루살렘 저항군들은 요타파타의 함락 소식을 듣고 슬픔과 분노에 휩싸였다. 더욱이 요세푸스가 로마에 투항한 사실이 알려지자, 그들은 요세푸스에게 복수를 하겠다고 작정했다(『유대전쟁사』 3:432-442).

갈릴리의 나머지 지역들은 67년 여름과 가을에(『유대전쟁사』 3:443-4:120) 그리고 요단강 동부와 유대, 이두매의 지방 도시들은 68년 봄에 정복되었다. 그런 뒤 68년 6월 베스파시아누스는 예루살렘 성문에 도착하여 진을 치게 된다(『유대전쟁사』 4:366-490). 이 상황에서 전쟁은 소강상태에 빠지게 되는데, 그 이유는 로마 정부의 급변하는 정세 때문이었다. 네로가 갑작스럽게 죽고 난 이후(68년 6월 9일), 갈바, 오토, 비텔리우스 황제가 짧은 기간 동안에 교체되었다(『유대전쟁사』 4:440 이하, 491 이하). 갈바 황제는 무능하고 겁쟁이라는 비난을 받다가 로마

---

5 『요세푸스자서전』 414; 『아피온반박문』 1:48.
6 수에토니오스, 『베스파시아누스 황제 전기』 4-5.
7 디오 카시우스, 『역사』, 65:1:4.
8 이 예언을 정치적 맥락에서 해석하는 대표적 연구인 T. Rajak, *Josephus. The historian and His Society*(London 1983), 185-195는 베스파시아누스에게 필요했던 권력승계의 합법화를 위해 요세푸스의 예언이 이용되었다고 주장한다.

광장 한 가운데서 살해되고, 후임자 오토 황제 역시 비텔리우스와의 권력 다툼 가운데 살해되고 말았다. 즉 로마는 온갖 중상모략과 권력 싸움의 장이 되어 있었던 것이다. 베스파시아누스와 그의 추종자들은 비텔리우스 황제에 대해 심한 반감을 갖고 있었다. 비텔리우스는 통치자로서의 자질이 부족할 뿐만 아니라 그의 병사들은 로마에서 온갖 약탈과 무자비한 살육을 자행한 것으로 알려져 있었기 때문이다.

베스파시아누스 장군은 정치적 형세가 어떻게 변화하게 될 지를 기다리면서 예루살렘 진격을 유보하고 있었다. 베스파시아누스의 부하들은 공개적으로 혁명을 논의하였다. 그들에 의하면, 베스파시아누스는 통치 자질을 소유한 것뿐만 아니라, 그의 젊은 아들 티투스와 도미티아누스가 건재하며, 브레타니아 지역의 총독을 역임하고 당시 로마의 관료로 재직 중이었던 베스파시아누스의 형 사비누스도 버티고 있으므로 흩어진 로마의 힘을 결집하기에 그 누구보다도 적임자라는 논리였다. 마침내 그의 부하들은 가이사랴에서 베스파시아누스를 황제로 공포하고 만다.

69년 여름 베스파시아누스는 알렉산드리아를 정복하고 나서 비텔리우스를 몰아내는 반란을 시작한다. 대세를 장악한 베스파시아누스는 이미 황제나 다름없는 상황이 전개되자 요세푸스의 예언이 적중했음을 느끼고 그를 석방시켰다. 티투스는 요세푸스의 전과 역시 말소해줄 것을 탄원했고, 이는 받아들여졌다. 베스파시아누스는 도끼로 요세푸스를 묶고 있던 쇠사슬을 내리침으로써 요세푸스의 예언에 대한 상징적인 감사의 답을 주었다. 요세푸스는 베스파시아누스 플라비우스 가문의 보호를 받게 되고, 요셉 벤 맛티아스라는 이름 대신에 요세푸스 플라비우스Josephus Flavius라는 로마식 이름을 사용하게 된다.

이제 베스파시아누스와 그 지지자들은 비텔리우스를 치러 로마로 가게 되었다. 로마 제3군단 사령관 안토니우스 프리무스는 마케도니아 북쪽에 인접한 모에시아에 주둔하고 있던 부대를 이끌고 로마로 떠났다. 안토니우스의 부대가 로마에 곧 당도한다는 소식을 듣고 로마에 있던 베스파시아누스의 형 사비누스는 로마 장악을 시도했다(69년 12월 18일).다음 날 로마에 있던 베스파시아누스의 또 다른 아들 도미티아누스를 비롯한 주요 인사들 역시 이에 합세했다. 쥬피터 신전 카피톨에서 비텔리우스의 부대와 한 판 승부를 벌이게 되는데, 이 때 반란군이 수세에 몰리게 된다. 사비누스는 체포되어 죽음을 당했으며 도미티아누스는 후퇴했다. 하지만 그 다음 날 안토니우스가 로마에 도착하자 비텔리우스는 결국 패배하게 되고 참수형을 당하게 된다.

한편 석방된 요세푸스는 베스파시아누스, 티투스 부자와 함께 알렉산드리아로 떠났고, 그 후 티투스가 예루살렘 정복 길에 올랐을 때 수행원으로 그를 따라갔다. 요세푸스는 예루살렘 성안에 포위된 저항군의 항복을 설득하면서 티투스를 도왔다. 그러나 결국 피비린내 나는 살육과 함께 예루살렘은 점령되고 불타게 되고 만다(70년 9월 26일). 요세푸스는 이 모든 과정을 생생하게 목도한 증인으로『유대전쟁사』를 기록하게 된다.

요세푸스는 전쟁 이후 특권적 삶을 누림과 동시에 심리적으로 고통스러운 생애를 보냈을 것이라고 추정된다. 로마에 체포되면서 매우 간절히 죽음을 원했다는 진술은 이를 반증해준다(『유대전쟁사』3:137). 그러한 고통이 이후의 작품들을 집필하게 되는 한 요인이 되었을 것이다. 아무튼 요세푸스는 플라비우스 황실을 든든한 후원자로 확보했으며, 이 후원자들은 요세푸스가 자기 동족과 관련된 글을 계속해서 저술할 수 있도록 도와주었다. 그의 사망 연도는 정확하게 알려져 있지 않으며, 대략 100년경까지 생존했을 것이라고 추측된다.

끝으로, 요세푸스가 헤롯 가문 중 권좌에 있었던 마지막 인물이자, 당대에 중요한 역할을 했던 아그립바 2세와 개인적으로 친밀한 관계에 있었음을 지적할 수 있다. 요세푸스는 『유대고대사』를 집필하면서 아그립바 2세와의 편지와 대화를 통해 많은 자료를 입수했음을 밝히고 있다. 요세푸스는 자신과 아그립바 2세의 관계는 매우 돈독했다고 진술한다.9 이를 통해 그는 자신의 기록이 아그립바 2세로부터 얻은 자료를 토대로 기록한 것이기 때문에 공신력이 높다는 점을 강조하고자 했다. 여기서 그는 아그립바 2세가 자신에게 무려 62통의 편지를 보냈으며, 그 중 2통의 편지 내용을 소개하기도 한다. 이들 중 한 편지 내용에 의하면, 아그립바 2세는 "우리가 다시 만날 때, 일반적으로 잘 알려지지 않은 것들에 대해서도 당신에게(요세푸스에게) 알려주겠다"고 적음으로써, 이들이 적어도 여러 차례 직접 만남을 가져왔음을 암시하고 있다.

한편 신약성서에서도 이 아그립바 2세는 중요한 인물로 묘사된다. 사도행전에서 바울은 아그립바 2세를 거의 설득하는 것으로 묘사된다. 물론 행 26:29에서 "네가 나를 그리스도인이 되게 하려고 하는가"라는 아그립바 2세의 말은 비아냥거리는 말처럼 들릴 수도 있지만, 곧바로 이어지는 "당신도 꼭 저와 같이 되기를 하나님께 빕니다"라는 바울의 대답은 아그립바 2세를 잠재적인 신자로까지 묘사한다고 이해할 수도 있다. 이러한 해석이 가능하지 않더라도, 로마 황실과 가까웠

---

9 『요세푸스자서전』 361-367.

던 정치적 엘리트 아그립바 2세가 기독교 공동체와도 직·간접적인 상관관계에 있었음을 시사해준다. 또한 이는 요세푸스의 기록을 초기 기독교 및 유대교 연구에 적극 활용하고 있는 현대의 학문적 작업들이 만일 동시대의 다른 문헌들이 보존되었다고 하더라도 그 중 요세푸스의 기록을 기독교와 유대교 연구에 있어서 (아마도) 가장 중요한 자료로 채택할 수 있는 근거가 된다. 따라서 오직 요세푸스의 글만이 남아 있는 것이나 마찬가지의 현재 상황에서 그의 중요성은 더 이상 강조할 필요가 없을 정도일 것이다.

## 3. 요세푸스의 저술 목적

이 부분에서는 요세푸스의 저작 목적을 짧게 다루려고 한다. 그의 4개의 작품은 각각 독특한 정황과 목적을 갖고 있지만, 여기서는 특히 그의 첫 저서인 『유대전쟁사』를 중심으로 해서 그의 기록이 복합적인 목적을 지니고 있었음을 설명하려고 한다. 물론 『유대전쟁사』의 경우, 유대-로마 전쟁의 경과를 알려주기 위한 정보 제공 목적이 일차적이라는 것은 분명하다. 그러나 요세푸스는 누구나 알고 있는 그 전쟁의 경위와 결과를 단순히 정리하려는 것을 목표로 삼지 않았을 것이다. 기록 목적이 다양하다면 어떤 것들이 있었는가? 우선 로마제국에 관련된 기록 의도부터 살펴볼 필요가 있다.

## 1) 현실 정치에 대한 변호와 비판

흔히 알려진 대로,『유대전쟁사』는 로마의 정복을 정당화하고 로마제국에 아부하기 위한 목적을 지녔는가?[10] 꼭 그렇지만은 않다. 오히려 로마제국에 대한 요세푸스의 입장은 양면적이다. 로마 권력과 정책에 대해 부정적인 사람도 있고, 또 그렇지 않은 입장도 있다는 점을 그는 잘 알고 있다. 요세푸스를 로마에 절대 충성한 인물로 여기는 태도는 명백한 잘못이다. 오히려 요세푸스는 서문에서 로마제국에게 아부하는 다른 역사가들을 비판하기도 한다.

그럼에도 그들은 그 날조된 것을 아직도 '역사서'라고 부르는 것을 주저하지 않는다. 나의 생각으로 그들은 그 기록들을 통해서 어떠한 바른 정보도 제공하지 못했고, 또 자신들의 목적을 얻는 데도 실패한 것으로 보인다. 왜냐하면 그들은 로마인들이 위대하다는 것을 드러내려고, 유대인들에 관한 것을 항상 무시하고 보잘것없게 만들어 버렸기 때문이다. 그러나 나는 약한 자들을 정복했던 자들이 어떻게 위대해 보일 수 있는지 도무지 이해할 수 없다. 그들은 전쟁이 장기화된 일도, 고통스럽게 전쟁을 수행했던 수많은 로마군의 상태도, 예루살렘을 정복하려고 노력한 땀 흘린 장수들의 능력도 간과하고 있다. 생각건대 이 자들의 업적을 과소평가한다면, 그것은 이들을 불명예스럽게 하는 것이 될 것이다. 그렇지만 나는 로마인들에 관한 사실을 찬양하는 자들을 반박하려 하거나, 나의 동족들에 대한 것을 조사하

---

10 P. Bilde, *Flavius Josephus between Jerusalem and Rom*, JSPE.S 2 (Sheffield 1988), 71-78 참조.

여 그것을 부각시키려는 생각은 없다. 도리어 양자 모두를 객관적이고 상세하게 기록하려 한다(『유대전쟁사』 1:7-9).

여기서 요세푸스는 로마를 미화하는 것을 근본적으로 반대하거나, 로마의 전쟁 지휘관들의 노고를 과소평가하면 안 된다고 하면서 한편으로는 로마인을 미화하는 것에 동의한다. 하지만 그는 약소민족을 점령한 사실만으로 로마가 위대하게 여겨질 수는 없음을 강조하면서, 유대인과 로마인 모두를 '객관적으로' 묘사하고자 한다고 선언한다. 유대전쟁사 서문의 이러한 언급을 통해서 적어도 우리는 요세푸스가 일면적 이해방식의 문제점을 충분히 고려하고 있음을 인정해야 하며, 그러한 고려 사항이 그의 기록 가운데 드러나도록 노력했을 것이라고 추정할 수 있다.

『유대전쟁사』에는 로마제국의 황제에 대한 비판도 실려 있다. 가령 네로에 관해서는 직접적인 묘사를 피하면서도, 네로 황제에 대한 반감을 숨기려고 하지 않는다.

네로가 자행한 모든 일들, 즉 순리를 역행한 행위와 재물에 대한 탐욕과 운명의 힘을 기만하려고 자기 형제와 아내와 어머니를 살해한 행위들 그리고 이러한 그의 잔혹함에 덧붙여 로마제국의 인재들을 희생시킨 일들, 그래서 결국은 그의 이런 실패들이 무대와 극장에서 우스갯거리로 되어 버리게 만들었던 사건들을 포함한 모든 일을 누구나 알고 있는 것으로 간주하여 생략하고자 한다. 그 대신 그의 통치 기간 동안 유대 지역에서 발생한 일들만을 언급하기로 한다(『유대전쟁사』 2:250-251).

물론 요세푸스가 당시의 집권 세력인 플라비우스 황실을 두둔하고 로마 지배의 일반적 현실을 인정한다는 측면에서는 친親로마적 자세를 취했다고 볼 수 있다. 더욱이 베스파시아누스를 메시아적 존재로 묘사하는 부분에서는 더욱 그러하다(『유대전쟁사』 6:313). 또한 예루살렘 정복 과정에서 티투스는 계속해서 성전을 보존하고자 애를 쓰는 것으로 묘사된다. 전쟁 묘사의 정점에 해당되는 이 본문에서 티투스는 불을 끄려고 안간힘을 쓴다(『유대전쟁사』 6:260 이하). 그럼으로써 플라비우스 가문의 (훗날 황제가 될) 티투스의 성전 파괴 책임이 경감되고 있음은 분명하다. 그럼에도 불구하고 요세푸스는 이 화재가 '로마군 병사'에 의해 발생한 것임을 숨기지 않는다(『유대전쟁사』 6:252). 또한 전쟁에 진력이 난 로마 병사들의 잔인한 폭력성에 대해서도 여과 없이 보도한다.

로마의 지배권을 현실적으로 인정해야 함을 역설하면서도, 요세푸스는 로마 관료들의 실정, 특히 빌라도, 알비누스, 플로루스 총독의 부패상과 잔혹성을 드러내 놓고 비판하며, 바로 이런 로마 총독의 잘못 때문에 유대 반란군의 세력이 커지고, 평화주의자들의 목소리가 약화되었음을 지적함으로써, 로마 관리들의 실책도 전쟁 원인의 중요 요인이라고 지목한다. 특히 플로루스가 의도적으로 전쟁을 유발하려는 작전을 교묘하게 추진한 일이 여러 차례에 걸쳐 노골적으로 드러나고 있다.

따라서 요세푸스가 플라비우스 가문을 옹호하려는 입장을 취했다는 것은 부정할 수 없으나, 유대인으로서 비굴하게 로마제국을 위해 철두철미 아부의 자세만을 취했다는 판단에는 오류가 있다. 자신에 대한 유대 동족의 맹비난을 익히 알고 있던 요세푸스는 로마제국에 대한 획일적 묘사가 아니라 변호와 비판의 양면적 입장을 동시에 의도했다고 볼 수 있다.

또한 이 민족에서 저 민족으로 통치권을 넘기는 주체는 오직 '하나님'임을 강조하는 것도 이와 연관된다. 즉 이 하나님이 권력을 로마에 넘기셨으나 로마의 지배 역시 '한정적'임이 암시되고 있다고 볼 수 있다. 따라서 기록 목적 가운데 하나는 로마제국에 대한 양면적 이해 방식과 관련되어 있으며, 여기서 요세푸스가 취한 태도를 '비판적 변호 자세'라고 말할 수 있다. 더 중요한 것은 변절자로 오해(!)를 받는 것이 자명한 상황에서 『유대전쟁사』라는 노작努作을 집필할 용기를 갖게 된 또 다른 이유들을 함께 고려해야 한다는 점이다.

### 2) 유대 전통에 대한 변호 및 재해석

유대-로마 전쟁 이후 유대인의 위치는 매우 불안정했으며, 요세푸스는 동포들이 직면한 이러한 위험한 처지를 개선하고자 했다. 요세푸스의 반복되는 주장에 의하면, 전쟁의 원인 제공자는 '소수'의 전쟁광들이었으며, 유대 상류층 사람들이나 일반 백성은 평화를 사랑하고 로마제국에 우호적이었지만, 소수의 폭력적 세력의 강요 때문에 어쩔 수 없이 전쟁에 휘말렸다는 것이다. 요세푸스의 이러한 해석은 팔레스타인 전역에서 반-로마 저항 운동이 발생했다는 '사실'을 무색하게 할 정도로 강한 변증적 성격을 지니고 있다. 따라서 그의 기록은 유대 전통에 대한 '변호'를 목적으로 삼고 있다고 볼 수 있다.

또한 요세푸스는 유대 백성의 내부적 분쟁을 전쟁 발발의 중요한 원인으로 해석한다(『유대전쟁사』 1:10). 이와 함께 그는 율법을 위반한 몇몇 사건들을 전쟁의 원인과 결부시켜 강조한다(『유대전쟁사』2:454-456; 4:314-318, 383-388). 요세푸스에 의하면, 율법을 준수하여 의를 행하고 하나님에게 순종하면 유대 민족의 일치단결이 가능해지지만(『유대전쟁사』2:345-401; 5:362-419;『아피온반박문』2:179-181), 반대로 율법을 준행하지 않고 경시하면 필연적으로 내부적 분열과 불화가 발생한다(『유대전쟁사』5:11-19). 로마의 식민지가 된 일 그리고 예루살렘이 멸망하고 성전이 불에 타 파괴된 일의 궁극적 이유를 이스라엘 백성이 지은 죄에 대한 '하나님의 징벌'로 해석한다는 점에서 그리고 율법에 대한 불순종의 결과로 이해한다는 점에서, 요세푸스의 신학은 예언서와 신명기 사가의 신학 노선과 궤도를 같이 한다(『유대전쟁사』2:455; 5:19). 구약성서에서 하나님이 앗시리아와 바벨론 제국을 이용한 것과 마찬가지로 로마 역시 유대인을 벌하는 하나님의 도구로 사용된 것이다. 파국을 면하는 유일한 길은 돌이키는 것, 즉 회개하는 것이다(『유대전쟁사』1:10; 5:19, 415). 이러한 측면에서 요세푸스의『유대전쟁사』는 유대 전통을 강조하고, 역사적 사건에 대한 신학적 개념화의 목적도 함께 지니고 있다.

이와 연관하여,『유대전쟁사』는 로마제국에 대한 평가와 메시아 예언 해석에 관한 유대 사회의 '내부적 논의'를 반영한다. 요세푸스는 정치적, 신학적 동기를 근거로 폭력을 수반한 민족주의 및 메시아주의에 대한 포기를 촉구한다. '로마는 너무 강하며,[11] 심지어 로마의 지배는 하나님의 뜻이고,[12] 로마는 이스라엘을 징벌하려고 하나님이 보내신 도구'[13]라는 메시지를 던진다. 즉 유대 민족은 폭력을 포기하고

---

11 『유대전쟁사』2:345 이하에 묘사된 아그립바 2세의 긴 연설을 참조하라.
12 『유대전쟁사』5:367.

회개해야 하며(『유대전쟁사』 5:19,415), 하나님의 의지가 확실한 한 로마의 지배에 적응하며 살아야 한다. 이렇게 로마제국에 대한 이해를 강대국에 대한 유대 전통적 해석 방식을 적용하여 설명하는 것과 함께, 요세푸스는 메시아 사상에 대한 새로운 해석을 시도한다. 요세푸스에 의하면 플라비우스 가문의 권력 쟁취는 '복음'('유앙겔리아,' 복수)이었다.[14] 물론 요세푸스가 예수 그리스도에 관한 소식을 의미하는 신약성서의 '복음'('유앙겔리온,' 단수) 개념을 의식하고 동일한 어휘를 적용했다고 보기는 어렵다. 플라비아누스 가문의 황제들 역시 예언된 자들로 여겨졌고, 그들이 행한 기적 이야기도 유포되었으며, 이는 그들의 통치권을 정당화하는 구실이 되었다. 이는 1세기 유대 사회에서 출현한 다양한 '표적 예언자들'이 놀라운 기적을 정당화의 수단으로 삼은 것과 비교할 만하다. 또한 이방인 베스파시아누스를 메시아로 해석하는 요세푸스의 견해는, 넓은 틀에서 볼 때, 당시의 메시아 이해와 관련된 다양한 해석 방식들 가운데 하나라고도 볼 수 있을 것이다.

그러므로 신약성서 기자들이 로마제국에 대한 무력 저항을 반대한 점 그리고 무엇보다도 메시아 주제에 집중한다는 점(십자가에 죽은 예수가 그리스도라는 '독특한' 고백을 통해서)과 비교할 때, 『유대전쟁사』는 적어도 신약성서와 동일한 주제를 유대 전통적 맥락에서 다루고 있다고 볼 수 있다.

덧붙여 유대 전통을 헬라-로마의 독자들에게 우호적으로 묘사하려는 목적을 언급할 수 있다. 요세푸스는 율법의 중요성 그리고 유대인들이 전통적으로 율법을 자기 목숨보다 더 소중히 여겨온 사례들을

---

13 『유대전쟁사』 5:395.
14 『유대전쟁사』 4:618,656.

곳곳에서 강조하고 있다. 유대인들은 오랜 전통을 지닌 보기 드문 민족이며, 그 전통의 수호자들이라는 것이다. 또한 요세푸스는 유대교를 대표하는 세 개의 종파, 즉 바리새파, 사두개파, 에세네파를 장황하게 소개하고 있다(『유대전쟁사』 2:119-166). 여기서 요세푸스는 이 종파들을 '철학학파'라고 강조함으로써, 유대인들이 지혜를 사랑하는 철학적 민족임을, 또 다양한 학파의 공존을 허용하는 민족임을 그리고 특히 에세네파와 바리새파와 같이 숭고하고 합리적이며 신앙심 깊은 모범적 종교 집단들을 배출한 자들임을 강조한다. 또한 이 기록 의도는 그의 방대한 작품 『유대고대사』를 기록하는 주요 동기가 되었다.

### 3) 저자 자신에 대한 변론

요세푸스 자신은 『유대전쟁사』의 등장인물로 현저한 역할을 한다. 전쟁에 참여한 자로서 그리고 원수인 로마로 전향했다는 비난을 받는 자로서, 자기 자신에 대한 신중한 묘사를 시도했음은 당연한 일이다. 그러므로 이 책의 주인공은 유대 민족임과 동시에 요세푸스 자신이라고 말해도 과언이 아니다. 이 '저자 자신에 대한 변론' 내용에서 앞부분에서 다룬 것과 중첩되는 부분은 반복하지 않겠다.

다만 몇 가지 점을 덧붙여 강조한다면, 첫째, 자기 자신에 대한 기록을 남길 때 누구나 기본적인 자기 미화의 경향을 갖고 있으며, 여기서 요세푸스도 예외가 아니라는 점이다. 더욱이 변증적 성격이 강한 헬레니즘적 역사 기록(apologetic historiography)에서 자기 변호적 경향은 오히려 자연스럽다. 어쨌든 자기변호 '현상 자체'는 일반적인 것으로 여겨질 수 있지만, 독자에 따라서는 이것을 정직성과 도덕성의 잣

대로 평가할 수도 있을 것이다. 흔히 생각하듯이 요세푸스가 자신을 시종일관 미화하지는 않았다고 생각한다. 자기 자신에 대한 묘사에서 때로는 중립적이고 담담한 태도도 엿보이며, 드물지만 자기 자신의 치부를 드러내기도 한다. 가령 겁이 나서 요타파타 성에서 도망치려다 주민들에게 발각된 보도가 그러하다(『유대전쟁사』 3:197). 따라서 『유대전쟁사』가 지나치게 '저자 옹호적'이라는 평가는 다소 일면적인 것이다.

둘째, 요세푸스는 주관적 감정을 독자들과 공유하기를 원했다. 요세푸스는 역사가로서 실증적 측면에 집중해야 한다는 점을 잘 알고 있으며, 또한 그렇게 하려고 노력했다. 하지만 조국의 비참한 재난에 충격을 받은 주관적 감정 상태가 여과 없이 드러나기도 한다. 이 전쟁은 '민간인 사이에서 발생한 (어쩌면 사소한) 다툼'에서 촉발되었기에 얼마든지 막을 수도 있었으므로 요세푸스는 너무도 허탈한 심정을 토로한다. 여기서 객관적 사실을 보고해야 할 역사가의 임무는 유보되지만, 또한 그 유보는 이론적 정당성을 갖는다. 왜냐하면 객관적 사실만을 다루는 역사서란 사실상 존재할 수 없기 때문이다. 모든 역사는 역사가에 의해 해석된 역사이며, 단순한 사실들의 나열에 의미를 부여하고 교훈을 주는 것 또한 역사가의 임무 중 하나이기 때문이다. 이러한 주관적 감정 기술을 목적으로 삼은 요세푸스의 진술을 인용하면 다음과 같다.

그렇지만 나는 로마인들에 관한 사실을 찬양하는 자들을 반박하려 하거나, 나의 동족들에 대한 것을 조사하여 그것을 부각시키려는 생각은 없다. 도리어 양자 모두를 객관적이고 상세하게 기록하려 한다. 하지만 그 사건을 언급함에 있어서, 내 조국이 당한 처참함에 대하여 나의 성격과 내 자신의 감정이 표현될 수밖에 없다는 것에 대해서는 양해를 구한다(『유대전쟁사』 1:9).

나는 슬픔을 가눌 수가 없다. 그러나 만일 동정 같은 것에는 인색한 비평가가 있어, 역사의 사실만을 판단하려 한다면, 그것은 역사를 기록하는 사람의 것으로만 돌려지면 될 것이다(『유대전쟁사』 1:12).

## 4) 유사한 반란의 재발 방지 목적: 로마제국의 안정 추구

당시 로마제국은 초대 황제 아우구스투스 이후 약 한 세기를 영위해 왔다. 제국의 안정은 확보된 듯해 보였지만, 사실상 로마 정부 내외의 상황은 꼭 그렇지만은 않았다. 황제마다 거의 예외 없이 '평화'와 '안정'을 모토로 삼았으며, 이는 그 모토와 부합되지 않는 현실을 역설적으로 반영하는 것이었다. 또한 베스파시아누스 집권은 장기간의 정치적 불안을 극복하려는 새로운 세습체제의 출발을 의미했다. 2세기의 상황도 그리 순탄하지 않아 로마는 소동과 혼란을 무자비한 무력으로 진압하기에 급급한 상황이었다. 따라서 광대한 로마제국의 안정적 운영을 위해서는 국지적 불안 요소들이 사전에 제거되는 것이 바람직한 상황이었다.

요세푸스는 서문에서부터 이러한 불안감을 묘사하고 있다. 파르티아인들은 지난 수세기 동안 유대 민족 그리고 로마와 마찰을 빚어오고 있었다(『유대전쟁사』 1:6). 그러므로 요세푸스는 유대 민족이 겪은 초토화되는 경험을 당하지 않기 위해 다른 민족도 조심해야 하며,

로마제국의 틀 속에서 적응해야 한다는 암시를 주고 있다. 즉『유대전쟁사』는 다른 민족의 반란을 미연에 방지하기 위한 정치적 선전 목적을 갖고 있었다고 볼 수 있다.

또한 유대 민족의 또 다른 반란 시도를 막으려는 목적이 담겨 있다고 볼 수 있다(『유대전쟁사』 3:108). 예루살렘 패망 이후에도 유대인들은 로마제국의 안정을 위협하는 소란을 일으켰다. 70년대 초에는 구레네 지역에서 소요가 발생했으며(『유대전쟁사』 7:437-453), 트라야누스 황제 시대에는 팔레스타인 밖에서 유대인들이 반란을 일으켰고 (115-117년), 마침내 유대 땅에 대한 봉쇄 조치를 야기한 바르 코흐바의 반란이 발생했다(132-135년). 결과적으로 유대인들은 성전 멸망의 참상을 겪은 이후에도 반란을 시도했으며, 『유대전쟁사』 저술 목적 가운데 하나는 예상 가능한 유대인 봉기를 막고자 하는 의도가 담겨 있다고 볼 수 있다. 방금 언급한 유대인들의 후속 반란의 증거를 본다면 요세푸스의 의도는 그리 성공을 거두지 못했던 것일까? 아니면 그나마 성공을 거두었기에 그 정도에 그친 것일까? 가능한 답변이 어떤 방향이든 요세푸스 자신은 민족의 앞날을 걱정했던 것이 분명하다.

# 제 3 장

# 요세푸스의 예수
## : 본문의 진정성에 대한 고찰

## 1. 요세푸스는 정말 예수에 관한 기록을 남겼는가?

요세푸스의 작품들이 오랜 기간에 걸쳐 기독교인들에 의해 전수되어 온 이유는 서론에서 언급한 바와 같이 유대교와 기독교 역사에 대한 중요한 배경 지식을 제공하기 때문이었다. 그렇기 때문에 기독교 교회는 일찍부터 성서의 역사성을 밝히거나 혹은 보충하기 위해 요세푸스의 기록을 자주 이용해 왔다.[1] 그런데 이러한 이유보다도 기독교인들이 요세푸스의 기록을 잘 보존해 온 보다 중요한 이유를 든다면 그것은 바로 기독교 신앙에 있어서 중요한 인물들에 대해 '증언'

---

1 예를 들어 오리게네스는 그의 기록들에서 자주 요세푸스의 작품에 나타나는 진술들을 매우 구체적으로 그리고 정확히 인용하고 있다.

하고 있다는 점이다. 즉 요세푸스는 『유대고대사』에서 예수 그리스도,[2] 세례 요한,[3] 주의 형제 야고보에[4] 대해 증언하고 있기 때문이다. 여기서 '증언'이란 말을 사용하는 것은 요세푸스에 나타나는 기독교적 인물들에 관한 보도들이 기독교인들의 입장에서는 마치 신앙 고백적 증언으로 여겨졌다는 것을 말한다. 다시 말해 요세푸스의 작품을 보

---

2 『유대고대사』 18:63-64.

3 『유대고대사』 18:116-119. 요세푸스는 갈릴리와 베뢰아 지역의 분봉왕이었던 헤롯 안티파스에 대한 서술 도중에 세례 요한을 언급한다. 요세푸스는 헤롯 안티파스와 나바태의 아레타스 4세와의 전쟁의 원인을 다음과 같이 설명한다. 헤롯 안티파스는 나바태의 공주와의 정략 결혼을 통해 아레타스 4세의 나바태왕국과 평화협정을 맺게 되었는데, 헤로디아와의 비윤리적인 결혼 소식을 들은 나바태 공주는 부친인 아레타스 4세에게로 돌아가고 만다. 이 헤로디아가 안티파스의 "친형제인 빌립의 아내"였다는 막 6:18과 마 14:3의 언급은 사실과 다를 가능성이 매우 높다. 헤롯 가문의 친족 관계에 대한 상세한 정보를 갖고 있었던 요세푸스는 『유대고대사』 18:110에서 이 헤로디아가 '이복형제 헤롯의 아내'였다고 밝히고 있다. 이 "또 다른 헤롯"이 누구인지는 소상히 밝혀지지는 않았지만, 요세푸스의 보도에 비추어 볼 때 마가 기자와 마태 기자의 보도는 정확하지 못하다고 볼 수 있다. 오직 누가 기자만이 이런 부정확한 진술과 차이점을 보인다. 즉 눅 3:19은 헤로디아의 정체를 안티파스의 "형제의 아내"라고 보도한다. 이러한 이중 결혼을 통해 안티파스와 나바태왕국 사이에 맺어졌던 잠시 동안의 우호 관계는 깨지고, 이 계기를 통해 아레타스 4세는 가말라 지역의 영토권을 문제 삼아 전쟁을 일으켰다(36년). 안티파스는 이 전쟁에서 대패하였고, 유대인들은 이 전쟁에서 패배한 보다 근본적인 이유를 "세례 요한을 죽인 일에 대한 하나님의 징벌"이라고 여겼고, 요세푸스 역시 이러한 여론에 공감하고 있음이 확실하다. 이에 관한 상세한 논의는 본 저자의 박사학위 논문, Chan-Woong Park, *Johannes der Täufer und Jesus von Nazareth: Eine sozio-redaktionelle Untersuchung zu ihrem Bild bei Josephus und Lukas*, Dissertation (Ruprecht-Karls-Universität Heidelberg 1997), 64-66을 보라. 또한 J. Gnilka, "Das Matyrium Johannes des Täufers (Mk 6,17-29)," in: P. Hoffmann (ed.), *Orientierung an Jesus: Zur Theologie des Synoptiker für Josef Schmid* (Freiburg 1973), 78-93, 특히 89f.; J. P. Meier, *A Marginal Jew: Rethinking the Historical Jesus*, II, Anchor Bible Reference Library (New York u.a. 1995), 227, n. 243 등을 참조하라.

4 『유대고대사』 20:200.

존하고 전수했던 과거의 기독교인들은 기독교권 외부의 한 유대인 역사가 요세푸스도 역시 기독교 운동의 핵심적 인물들의 존재와 그들의 고상함에 대해 증거하고 있다고 여겨왔다. 그렇기 때문에 특히 예수에 대해 기록한『유대고대사』18:63-64 본문은 지금까지 '플라비우스의 증언'(Testimonium Flavianum)이라는 별칭으로 불리고 있다.5

물론 요세푸스가 기독교 내의 인물들에 대해 모두 매우 우호적인 보도를 하고 있음은 분명해 보인다. 그러나 요세푸스가 예수를 포함한 성서의 인물들을 기독교 신앙적 입장에서 이해했다고 보는 것은 무리다.

세례 요한의 경우, 신약성서와는 달리 요세푸스의 보도는 예수와 세례 요한의 관계에 대해 전혀 언급하지 않는다. 세례 요한은 매우 긍정적으로 평가되고 있으며, 어떤 측면에서는 오히려 세례 요한이 예수보다도 더 칭송되고 있다고 여겨지는 측면도 있다. 예를 들어 세례 요한 단락은 예수 단락보다도 거의 두 배나 길게 보도되어 있고, 예수 보도에는 다소 모호한 구절들이 포함되어 있는 반면에 세례 요한은 확실한 방식으로 높이 평가되고 있기 때문에, 적절한 의미에서 기독교 신앙을 증언하고 있다고 보기는 어렵다.6

---

5 '플라비우스'는 요세푸스를 가리키는 말인데, 그는 유대-로마 전쟁 초기에 베스파시아 누스에게 체포되어 이후 베스파시아누스, 티투스, 도미티아누스 황조를 가리키는 '플라비우스' 가문의 이름을 사용하였다. 유대-로마 전쟁 당시 포로가 되어 로마로 압송된 요세푸스는 베스파시아누스 장군이 황제로 등극하게 될 것이라는 자신의 예언이 훗날 성취되자, 베스파시아누스 황제의 보호를 받으며 로마 정부로부터 연금을 받으며 살게 되었다. 이런 요세푸스를 가리켜 플라비우스 황조의 요세푸스, 즉 플라비우스 요세푸스 (Flavius Josephus)로 부른다.

6 주의 형제 야고보의 경우에는 야고보에 대한 중점적인 묘사를 주목적으로 한 것이 아니라 당시 대제사장이었던 아나누스 2세의 불법적 사형집행에 대한 비판을 위해 야고보의 이름만이 간략히 언급되고 있을 뿐이다.

또한 요세푸스의 예수 보도 자체도 많은 논란이 되는 부분이 존재한다. 요세푸스의 작품들이 기독교인들 사이에서 잘 보존되어 온 이유가 기독교적 인물들에 대한 기록 때문이라고 앞서 말했지만, 예수 그리스도에 관한 보도는 그 중 가장 결정적인 역할을 했다고 말할 수 있다. 즉 초기 신앙인들은 요세푸스의 예수 증언을 신앙적으로 매우 중요하다고 여겨서 이를 부각시켰던 것이다.

물론 1-2세기에 예수를 언급하고 있는 기독교 외부의 기록들이 극히 드물게 발견된 것은 아니다. 예를 들어 랍비문서(bSanhedrin 43a),[7] 시리아의 스토아 철학자 마라 바르 사라피온(Mara bar Sarapion)의 서신,[8] 타키투스의 기록(『역사』 15:38-44),[9] 수에토니우스의 기록(『클라우디우스 황제 전기』 25:4)[10] 등 신약성서와 근접한 시기에 기록된 적지 않

---

7 물론 이 문서에 대한 역사적 가치에 대한 논의는 양분되어 있다. 가령 J. Maier, *Jesus von Nazareth in der talmudischen Überlieferung*, EdF 82 (Darmstadt 1978, ²1992), 268은 이에 대해 회의적인 입장을 대표하는 반면, J. Klausner, *Jesus von Nazareth* (Jerusalem, 1952), 17-57은 이 본문에 일정 정도 역사적 가치가 있는 초기의 전승들이 포함되어 있다고 판단한다. 본문은 L. Goldschmidt (ed.), *Der babylonische Talmud*, vol. 7 (Berlin 1929-1936), 186을 보라.

8 시리아의 한 스토아 철학자가 감옥에서 아들에게 쓴 편지로, 예수라는 이름을 언급하고 있진 않지만 '현명한 왕'으로 예수를 지칭하고 있다. 여기서 그는 소크라테스, 피타고라스(수학자이자 철학자로 유명한 피타고라스와 동명이인인 조각가) 그리고 예수의 죽음을 언급한 후, 이를 각각 아테네인들, 사모스 섬 사람들, 유대인들의 잘못이요 이에 따른 불운의 사건이 해당 민족에게 잇따라왔음을 말하면서, 자신의 아들에게 철학하기를 계속할 것을 고무하고 있다. J. Blinzer, *Der Prozeß Jesu* (Regensburg, 1969), 53f.에 따르면, 이 편지의 기록 연대는 73년이 이후의 가까운 시기로 추정된다. 본문 내용은 F. Schulthess, "Der Brief des Mara bar Sarapion: Ein Beitrag zur Geschichte der syrischen Literatur," *ZDMG* 51 (1897), 371f.를 보라.

9 116/117년경에 작성된 이 기록에서 타키투스는 64년 네로 집권기에 발생한 대화재 사건을 보도하면서 기독교인들에 관해 언급한다. 여기서 타키투스는 '그리스도'를 예수의 고유명사로 착각하고 있는 듯하다.

10 수에토니우스는 카이사르로부터 도미티아누스에 이르는 12명의 황제들의 전기를

은 수의 비기독교 자료에서도 예수 그리스도가 언급되고 있긴 하지만,11 이러한 기록들은 지극히 단편적일 뿐이다. 그러므로 요세푸스는 비기독교인의 입장에서 예수의 삶을 보다 상세히 묘사하고 있는 유일한 자료라고 말해도 지나치지 않을 것이다.

그렇다면 요세푸스는 예수를 어떻게 묘사하고 있는가? 요세푸스의 보도는 그 진위眞僞 문제에 있어서 어떤 문제점을 갖고 있고, 또 그 문제점은 어떻게 해결될 수 있는가? 요세푸스의 작품에서 예수의 이름은 두 차례 언급된다(『유대고대사』 18:63-64; 20:200). 각각을 보다 자세히 살펴보면 다음과 같다.

### 1) 주의 형제 야고보에 대한 단락에 언급된 예수(『유대고대사』 20: 200)

우선 예수의 이름만이 간략하게 언급되고 있는 곳은 주의 형제 야고보의 죽음에 대한 보도 가운데 포함되어 있다. 여기서 요세푸스는 야고보의 정체를 '그리스도라고 불린 예수의 형제'(τὸν ἀδελφὸν' Ἰησοῦ τοῦ λεγομένου Χριστοῦ)라고 적고 있다. 이 단락을 인용하면 다음과 같다.

---

117-122년 사이에 기록하였다. 이 중 클라우디우스 황제의 생애 가운데, 수에토니우스는 소위 49년에 공포된 클라우디우스 칙령을 언급하였는데, 이 칙령은 기독교적 유대인들을 로마에서 추방한다는 내용이다. 행 18:2 역시 이 칙령에 대해 보도하고 있는데, 사도행전 기자는 수에토니우스의 설명과는 달리 "모든 유대인들"이 추방되었다고 기록하고 있다.

11 그 밖에 예수를 언급하고 있는 비기독교 문헌들에 대한 개론적 이해를 위해서는 게르트 타이쎈·아네테 메르츠/손성현 옮김, 『역사적 예수』(서울: 다산글방, 2001)[Gerd Theissen/Annete Mertz, *Der historische Jesus. Ein Lehrbuch* (Göttingen: Vanderhoeck & Ruprecht, 1997)]을 보라. 또한 F. F. Bruce, *Jesus and Christian Origins outside the New Testament* (London 1974)를 참조하라.

베스도가 죽고 알비누스가 부임하는 도중이었으므로, 아나누스는 이를 적절한 기회라고 생각했다. 그는 공회를 소집하고 그리스도라고 불리던 예수의 형제 야고보와 몇몇 다른 사람들을 그들 앞에서 고발했다. 아나누스는 율법을 위반했다는 이유로 그들을 넘겨주고 돌로 쳐서 죽이게 하였다. 그 도시[예루살렘]에서 존경받고 율법에 충실한 사람들로 알려진 자들은 이 일에 대해 불쾌하게 생각했다.

이 본문은 당시 대제사장 아나누스 2세가 야고보와 그 밖의 사람들[12]을 처형한 사건을 보도하고 있다. 아나누스 2세는 베스도가 죽은 후 새로운 총독 알비누스가 유대 지역으로 파견되기 전까지의 공백기를 이용하여 야고보에 대한 투석형을 실행했는데, 이 행위는 불법적 행위로[13] 간주되어 그의 대제사장직은 박탈당하고 만다. 이 대목에서 요세푸스는『유대고대사』의 마지막 권 끝 부분에 처음 소개되고 있는 이 야고보를 가리켜 "그리스도라고 불리던 예수의 형제 야고보"라고 부르고 있다. 간혹 "그리스도라고 불리던"이라는 구절이 후대 기독교 필사가의 삽입이라는 추측도 있어왔지만, 이 본문 전체는 후대의 조작이 아니라 요세푸스 자신의 것임이 거의 확실하다. 그 이유는 다음

---

12 이들은 기독교인들을 가리키는 것이라고 추측할 수 있다.

13 로마 총독 지배 하에서 산헤드린은 사형과 같은 중대 사안에 대해서는 재판도 열 수 없었고, 물론 사형 집행권도 없었다. 이는 오직 로마 총독의 고유 권한이었다. 따라서 야고보의 처형이 불법적 행위로 간주된 것은 당시의 이러한 사법적 관행에 대한 위반이었기 때문이라고 추정할 수 있다. 로마 총독 지배하의 유대 지역에서의 중대 사안에 관련된 사법적 이해에 관한 중요한 연구 논문은 K. Müller, "Möglichkeit und Vollzug jüdischer Kapitalgerichtsbarkeit im Prozeß gegen Jesus von Nazareth," in: K. Kertelege (ed.), *Der Prozeß gegen Jesus. Historische Rückfrage und theologische Deutung*, QD 112 (Freiburg u.a. 1988), 41-83를 보라.

과 같다.

첫째, 위 본문은 유대 고대사의 그리스어 필사본들에서 거의 동일하게 나타나며, 또한 교회사가 유세비우스 역시 이 본문을 그대로 인용하고 있다(『교회사』 2:23,22).

둘째, "야고보"는 평범한 유대인 이름이었고, 따라서 이런 흔한 이름에 대해서는 "누구의 아들" 내지는 "어느 출신" 등이 반드시 첨가되어 소개되었다. 요세푸스의 작품에서 "야고보"라는 이름을 가진 등장인물은 모두 다섯 명이나 된다.[14] 요세푸스는 이 야고보가 "요셉의 아들 야고보"였다는 사실을 몰랐던 것 같고, 따라서 앞서 『유대고대사』 18:63f.에서 한 차례 언급되었던 예수의 형제라고 소개하는 것이 가장 적절하다고 판단했을 것이라고 추측할 수 있다.

셋째, 요세푸스 본문에 나타난 "예수의 형제 야고보"라는 표현 방식은 기독교 문헌에서 낯선 것이다. 기독교 문헌들은 대개 "주의 형제 야고보"라는 표현을 사용하고 있다(cf. 고전 9:5; 갈 1:19). 따라서 후대 기독교인이 이 구절을 삽입했다면, "예수의 형제 야고보"가 아니라, "주의 형제 야고보"라고 기록했어야 할 것이다.

넷째, 요세푸스 본문에 나타난 야고보의 죽음 이야기는 기독교의 대표적 전승과 차이가 난다. 요세푸스에 의하면, 야고보는 유대-로마 전쟁이 발발하기 전인 62년 투석형에 의해 처형되었다. 반면 유세비우스가 인용하고 있는 헤게시푸스의 보도는[15] 이와 다르다. 헤게시푸

---

14 A. Schalit, *Namenwörterbuch zu Flavius Josephus,* Supplement I zu K. H. Rengstorf (ed.), *A Complete Concordance to Flavius Josephus* (Leiden 1968)를 참조하라.

15 헤게시푸스의 기록은 약 180년경의 것으로 추정된다. Cf. F. M. Gillman, Art. "James, Brother of Jesus," *ABD* 3, 621.

스에 의하면, 야고보는 서기관들과 바리새인들에 의해 예루살렘 성전 탑에서 떨어뜨려졌고, 돌에 맞고 몽둥이에 맞아 숨을 거두게 된다(유세비우스, 『교회사』 2:23,12-18).[16] 또한 헤게시푸스는 야고보의 순교 사건이 발생한 시기가 70년 베스파시아누스가 예루살렘 정복하기 직전이라고 말한다. 유세비우스는 헤게시푸스의 이 보도가 알렉산드리아의 클레멘트의 기록과 일치한다고 말하고(유세비우스, 『교회사』 2:23; 3:19), 이는 곧 야고보의 순교에 대한 교회의 표준적인 이야기로 여겨진다. 따라서 요세푸스의 야고보 본문은 기독교인에 의해 후대에 삽입된 것일 가능성이 매우 희박하다.

마지막으로, 본문은 야고보의 신앙, 야고보의 선행 등에 대한 칭송을 담고 있지 않다. 본문에는 야고보의 순교를 기리기 위한 의도가 담겨 있지 않고, 대제사장 아나누스 2세의 법 오용에 의해 희생된 자로만 묘사되기 때문이다. 위와 같은 논의들에 비추어 볼 때 이 본문이 기독교인의 삽입이 아닌 요세푸스 자신의 기록임을 의심할 근거는 거의 없다.[17]

## 2) 요세푸스의 예수 보도 단락('플라비우스의 증언,' 『유대고대사』 18:63-64)

요세푸스는 예수의 삶에 대하여 다음과 같이 요약적 보도를 하고 있다.

---

16 주의 형제 야고보에 관한 자세한 논의는 유상현, 『사도행전 연구』(서울: 대한기독교서회, 1996), 69-93, 특히 71-82를 참조하라.

17 반면 E. Schürer, *Geschichte des jüdischen Volkes im Zeitalter Jesu Christi*, vol. I (Leipzig 1886-1907), 548ff., 581f, n. 45는 요세푸스 저작설을 부인한다.

이 즈음에 예수라고 하는 한 현자가 있었다, 만일 그를 인간이라고 부를 수 있다면 말이다. 그는 놀라운 일들을 행하는 자였으며, 진리를 기쁨으로 받아들이는 이들의 선생이었다. 다수의 유대인뿐만이 아니라, 헬라인 중 많은 이들이 [그에게] 모여들었다. 이 사람은 그리스도였다. 우리 지도층에 있는 사람들이 그를 고소하였고, 빌라도는 그를 십자가에 처형하라고 명령했다. 그러나 처음에 그를 사랑하던 자들은 멈추질 않았다. 그는 다시 살아서 삼일 째 되는 날 그들 앞에 나타났다. 이는 하나님의 예언자들과 다른 수많은 놀라운 일들이 그에 관해 언급했던 일이었다. 그를 따라 그리스도인들이라고 명명된 그 종족은 아직까지 사라지지 않고 있다(『유대고대사』 18:63-64, 사역).[18]

예수를 "그리스도"로 단정적으로 언급하고 있는 이 본문은 마치 신약 복음서에 나타난 베드로의 메시아 고백과 쌍을 이룰만한 고백적 진술을 담고 있는 듯하다. 혹은 예수의 십자가 밑에서 "이는 진정으로 하나님의 아들이었다"라는 백부장의 증언(마 27:54; 막 15:39; cf. 눅 23:47 "의인")과 짝을 이룰만한 한 유대인의 증언처럼 여겨질 수도 있다.

그러나 17세기 이후 비평적인 요세푸스 연구자들은 이러한 단언적인 그리스도 증언은 요세푸스 자신의 필적이 담긴 것이 아닐 수 있

---

18 그리스어 본문은 다음과 같다. "Γίνεται δὲ κατὰ τοῦτον τὸν χρόνον Ἰησοῦς σοφὸς ἀνήρ, εἴγε ἄνδρα αὐτὸν λέγειν χρή· ἦν γὰρ παραδόξων ἔργων ποιητής διδάσκαλος ἀνθρώπων τῶν ἡδονῇ τάληθῆ δεχομένων. καὶ πολλοὺς μὲν Ἰουδαίους, πολλοὺς δὲ καὶ τοῦ Ἑλληνικοῦ ἐπηγάγετο· ὁ χριστὸς οὗτος ἦν καὶ αὐτὸν ἐνδείξει τῶν πρώτων ἀνδρῶν παρ' ἡμῖν σταυρῷ ἐπιτετιμηκότος Πιλάτου οὐκ ἐπαύσαντο οἱ τὸ πρῶτον ἀγαπήσαντες· ἐφάνη γὰρ αὐτοῖς τρίτην ἔχων ἡμέραν πάλιν ζῶν τῶν θείων προφητῶν ταῦτά τε καὶ ἄλλα μυρία περὶ αὐτοῦ θαυμάσια εἰρηκότων. εἰς ἔτι τε νῦν τῶν Χριστιανῶν ἀπὸ τοῦδε ὠνομασμένον οὐκ ἐπέλιπε τὸ φῦλον."

다고 의심하기 시작했다. 심지어 이 예수 보도 전체가 위조된 것이라는 주장도 제기되었다. 따라서 앞서 지적한 바와 같이 요세푸스의 예수 보도를 가리켜 '증언'이라고 확신하는 것은 다소 문제가 될 수 있지만 '플라비우스의 증언'이라는 이 단락에 대한 전통적 명칭은 오늘날 비평적인 학계에서도 편의상 널리 사용되고 있다.

요세푸스의 예수 보도의 진위 문제에 대한 논의는 크게 세 입장으로 분류된다.

첫째, 본문 전체가 요세푸스 자신의 것임을 옹호하는 입장을 '진정설'이라고 부른다. 현재 우리가 갖고 있는 본문은 요세푸스 자신의 기록이 분명하며, 결국 요세푸스는 예수의 그리스도 되심을 인정하는 기독교인과 다름없다는 입장이다. 따라서 이 입장은 '플라비우스의 증언'이라는 제목과 의미를 일치시켜 이해한다. 그러나 전적인 순수성에 대한 주장은 매우 드물게 제기된다.[19] 요세푸스 저작설을 지지하는 자들 역시 전적인 순수성을 말하기보다는 대개 '전반적인 순수성'을 주장한다.[20]

둘째, 요세푸스는 예수에 대한 어떠한 기록도 남기지 않았고, 후대의 기독교인이 조작하여 현재의 위치에 삽입했다는 입장을 '위조설'

---

19 대표적으로 W. Whiston, "The Testimonies of Josephus Concerning Jesus Christ, John the Baptist, and James the Just, Vindicated," in: his (ed.), *The Genuine Works of Flavius Josephus*, 639-647을 들 수 있다. 또한 F. Dornseiff, "Lukas und Christ," *ZNW* 35 (1936), 129-155; his, "Zum Testimonium Flavianum," *ZNW* 46 (1955), 245-250 역시 완전 순수성을 옹호한다.

20 즉 『유대고대사』 18:64의 "그는 삼일 째 되는 날 다시 살아서 그들 앞에 나타났다. 이는 하나님의 예언자들과 다른 많은 놀라운 일들이 그에 관해 선포했던 일이었다"라고 언급된 부분만은 기독교인의 첨가일 것이라고 추정한다. F. C. Burkitt, "Josephus und Christ," *ThT* 47 (1913), 135-144; A. von Harnack, "Der jüdische Geschichtsschreiber Josephus und Jesus Christus," *IMW* 7 (1913), 1037-1068을 참조하라.

또는 '삽입설'이라고 부른다. 앞의 순수 저작설과 마찬가지로 이 입장의 학자들도 대체로 '전반적인 위조설'을 추정하는 경향이 많다.[21]

셋째, 요세푸스는 예수 단락을 기록했지만, 그것이 오늘날 우리가 갖고 있는 본문과는 일치하지 않을 것이라는 입장으로, 현재의 소위 표준본문standard text은 후대의 기독교인의 첨가 혹은 수정이 가해진 것이라는 주장이다. 이를 '변형설'이라고 할 수 있다.

오늘날 완전한 진정성을 주장하거나, 혹은 완전한 위조설을 말하는 학자들은 극소수다. 본문의 진위 여부에 관한 현대의 요세푸스 연구의 동향은 대부분 '부분적 변형설'을 지지하는 입장으로 정리될 수 있다. 문체의 특징만을 보더라도 본문은 요세푸스 자신의 그리스어 구사 방식에서 이탈해 있지 않음이 분명하다. 따라서 요세푸스가 예수에 관해 무언가를 기록했다는 것은 분명하다는 것을 전제로, 현재 본문은 후대에 일부 변형이 가해진 것이라는 입장이 주를 이룬다. 어떤 본문이 삽입되었고 어느 정도 변형되었는지에 관해서는 학자들마다 다양한 가설을 제기한다. 예를 들어 아이슬러R. Eisler,[22] 비너트W.

---

21 예를 들어 B. Niese, *De testimonio christiano quod est apud Josephum ant. Iud XVIII, 63 sq disputatio* (1893/1894); E. Schürrer, *Geschichte,* 544-549; E. Norden, "Josephus und Tacitus über Jesus Christus und eine messianische Prophetie," *NJKA* 16 (1913), 637-666; S. Zeitlin, "The Christ Passage in Josephus," *JQR* n.s. 18 (1928), 231-255 등을 들 수 있다. 짜이틀린(S. Zeitlin)은 '플라비우스의 증언'을 문자적으로 인용하고 있는 최초의 인물인 유세비우스가 바로 요세푸스의 원래 본문을 위조하여 삽입한 장본인이라고 주장하였다(237-246). 한편 N. J. Birdsall, "The Continuing Enigma of Josephus' Testimony about Jesus," *BJRL* 67 (1984), 609-622는 완전 위조설을 주장한다. 또한 P. Bilde, *Flavius Josephus between Jerusalem and Rom*, 223에 의하면, "기껏해야 이 본문은 부분적으로만 순수하다고 볼 수 있으며, 사실상 기독교인의 철저한 위조 작업일 것이 거의 확실하다."

22 R. Eisler, *ΙΗΣΟΥΣ ΒΑΣΙΛΕΥΣ ΟΥ ΒΑΣΙΛΕΥΣΑΣ. Die messianische Unabhängig-keitsbewegung vom Auftreten Johannes des Täufers bis zum Untergang Jokobs des*

Bienert,[23] 브랜든S. G. F. Brandon[24] 등은 요세푸스가 예수를 대중적 저항 운동가로 묘사했었을 것이라고 가정하면서, 후대의 기독교인이 매우 교묘한 어휘 변경 방법으로, 원래 선동적 인물로 묘사된 예수를 비정치적인 사람으로 탈색시켜 놓았다고 추정한다.[25]

그렇다면 요세푸스 자신은 예수에 대해 어떤 보도를 하였을까? 이하에서는 현재 우리가 갖고 있는 요세푸스 본문이 부분적으로 변형되었을 것이라는 전제에서, 원문을 재구성하는 시도 방식들을 살펴보고자 한다. 다양한 원문 재구성 방식들 중 가장 설득력 있는 두 가지를 언급하면 다음과 같다.


## 2. 예수 단락의 원문 재구성 방식

### 1) 소거 방식

어떤 이들은 몇몇 구절만을 후대인이 삽입하였고, 이를 제거하기만 하면 요세푸스의 원문을 재구성할 수 있다고 주장한다. 이 입장에 의하면 후대의 기독교인에 의해 삽입된 부분은 다음 세 부분이다. 1)

---

*Gerechten: Nach der neuerschlossenen Eroberung von Jerusalem des Flavius Josephus und den christlichen Quellen*, 2 vols., RWB 9 (Heidelberg 1929, 1930).

23 W. Bienert, *Der älteste nichtchristliche Jesusbericht. Josephus über Jesus. Unter besonderer Berücksichtigung des altrussichen "Josephus"* (Halle-Wittenberg 1936).

24 S. G. F. Brandon, *Jesus and the Zealots* (Manchester 1967), 359-368.

25 이들의 원문 재구성 시도에 관해서는 해당 문헌들과, 또 타이쎈·메르츠/손성현 옮김, 『역사적 예수』, 78-80을 참조하라.

"만일 그를 한 사람이라고 말할 수 있다면," 2) "그는 그리스도였다," 3) 부활과 예언 성취에 관한 진술. 이러한 소거 원칙을 적용하여 원문을 재구성한 마이어J. P. Meier의 예를 들면 다음과 같다.

이 즈음에 예수라고 하는 한 현자가 있었다, 그는 놀라운 일들(기적)을 행하는 자였으며, 진리를 기쁨으로 받아들이는 이들의 선생이었다. 다수의 유대인들뿐만이 아니라, 헬라인들 중 많은 이들이 [그에게] 모여들었다. 우리 지도층에 있는 사람들이 그를 고소하였고, 빌라도가 그를 십자가에 처형하라고 명령했음에도 불구하고, 처음에 그를 사랑하던 자들은 멈추질 않았다. 그를 따라 그리스도인들이라고 명명된 이 종족은 아직까지 사라지지 않고 있다.[26]

이렇게 단순하게 세 부분을 삭제하는 방식에 따라 재구성된 본문은 그리 어색하지 않다. 하지만 위 세 부분들 중 "마지막 부활과 예언 성취에 관한 진술" 부분은 종종 요세푸스 자신의 기록이라는 의견도 제기되어 왔는데,[27] 가령 제자들(처음에 그를 사랑하던 자들)이 멈추질 않은 이유가 무엇인지에 대한 언급이 없이 그들이 "아직까지 사라지지 않고 있다"로 종결이 되는 것은 오히려 어색하기 때문이다. 그러므로 단순한 제거 방식만이 아니라 아래와 같은 복합적인 방식이 더 설득력이 있는 것으로 보인다.

---

[26] J. P. Meier, "Jesus in Josephus: A Modest Proposal," *CBQ* 52 (1990), 87.

[27] G. J. Goldberg, "The Coincidences of the Emmaus Narrative of Luke and the Testimonium of Josephus," *JSPE* 13 (1995), 59-77은 부활 진술이 요세푸스 자신의 것임을 주장하고 있다.

## 2) 소거, 변형, 부가를 절충한 방식

이 방식은 앞의 마이어가 취한 방법과는 달리 삭제와 변형 그리고 부가 방식을 함께 적용한다.

첫째, 삭제의 방식이다. 예수가 인간이었음을 불편하게 언급하는 구절인, "만일 그를 한 사람이라고 말할 수 있다면"은 요세푸스 자신의 어투로 보기 힘들기 때문에 제거되어야 한다.

둘째, 변형의 방식을 적용한다. 예수가 그리스도임을 단정하는 진술, "그는 그리스도였다"를 "그는 그리스도라고 불렸다"로 변경할 수 있을 것이다. 이렇게 할 경우 본문의 맨 마지막 문장의 "그를 따라 그리스도인으로 명명된"이라는 표현도 자연스럽게 이어지고, 또한 주의 형제 야고보의 죽음에 관한 단락에서 언급된 "그리스도라 불린 예수의 형제"라는 언급과도 연결이 자연스럽기 때문이다.

셋째, 첨가의 방식을 적용한다. 예수의 부활과 현현을 기정사실로 서술하는 말 앞에 간접화법을 이끄는 새로운 주문장을 첨가한다. 즉 예수의 추종자들의 주장을 간접 인용한 것으로 변형하는 방식을 취한다. 예를 들어 밤멜E. Bammel은 "그들은 다음과 같이 주장했다"(φά-σκοντες ὅτι)라는 분사 구문을 후대의 기독교인이 제거했을 것이라고 추정하면서 이 문장을 다시 첨가하여 원문을 재구성할 것을 주장했다.28

물론 어떤 부분을 삭제하고 어떻게 변형하느냐에 관해서는 다양

---

28 E. Bammel, "Zum Testimonium Flavianum," in: O. Betz u.a. (eds.), *Josephus Studien. Untersuchungen zu Josephus, dem antiken Judentum und dem Neuen Testament. Festschrift für O. Michel* (Göttingen 1974), 20.

한 견해들이 있지만[29] 요세푸스의 원문을 재구성하는 시도들은 대개 위와 같은 세 부분을 어떻게 처리할 것이냐에 가장 관심을 보이고 있다.

이러한 원문 재구성 시도들이 진행되는 과정에 새로운 중요한 연구가 수행되었는데, 그것은 바로 아랍어판 '플라비우스의 증언'을 발견한 사건이다.[30] 10세기 히에라폴리스의 주교였던 아가피우스는 당시까지의 세계사를 정리하여 기록하는 중간에 요세푸스가 예수에 대해 언급한 것을 아랍어로 소개하고 있다. 이는 '아가피우스 본문'으로 불리며, 흥미로운 점은 여러 방식을 절충한 방식에 따른 원문 재구성과 상당히 유사한 점을 보이기 때문이다.

> 요세푸스는 다음과 같이 말했다. 그 당시에 예수라고 불린 한 현자가 있었다. 그의 행실은 선했고, 그는 고상한 사람으로 알려졌다. 유대인과 또 다른 민족들 사이에서 많은 이들이 그의 제자가 되었다. 빌라도는 그를 십자가형으로 죽였다. 그러나 그의 제자가 되었던 자들은 그의 제자됨을 포기하지 않았다. 그들은 말하기를 그가 십자가형 삼일 후에 그들에게 나타났고, 살아있다고 했다. 따라서 예언자들의 놀라운 말씀처럼 그는 아마도 메시아였을 것이다.[31]

---

29 가령 어떤 학자는 위 첫 번째 방식에서 "그리스도였다"와 "그를 사람이라고 부를 수 있다면"의 두 단락만을 소거하고, 부활 단락은 간접화법으로 변형하여 원문 재구성을 시도하기도 한다.

30 아가피우스 본문에 대한 논의를 확산시킨 공헌을 한 연구는 S. Pines, *An Arabic Version of the Testimonium Flavianum and its Implications* (Jerusalem 1971)이다.

31 이는 S. Pines, *An Arabic Version of the Testimonium Flavianum*, 9-10의 번역을 옮긴 것이다. 또한 J. Maier, *Jesus von Nazareth in der talmudischen Überlieferung*, 42f.를 참조하라.

이 본문에는 '플라비우스의 증언'의 진위 문제에 있어서 논란이 되는 세 부분이 모두 다르게 묘사되어 있다. 즉 예수의 사람됨에 대한 부연 설명의 누락("만일 그를 사람이라고 부를 수 있다면"), 예수의 메시아 됨에 대한 진술이 간접 인용으로 나옴(또한 이 진술은 본문의 맨 마지막에 위치한다) 그리고 예수 부활에 대한 진술 역시 간접인용으로 소개되고 있다.[32] 흥미로운 점은 앞서 제기한 원문재구성 방법에 의거해 재구성한다면 일부 차이점을 제외하곤 이 아가피우스 본문과 상당히 일치하는 원문이 재구성 될 수 있다는 것이다. 이러한 결과는 매우 중요한 점을 시사해준다. 즉 아가피우스 본문은 예수 단락에 대한 그리스어 전승이 10세기경에도 단일하지 않았음을 말해주며 현재 사용하고 있는 그리스어판 본문은 요세푸스 자신의 기록에 변형이 가해진 본문일 가능성이 높다는 점을 뒷받침해준다.

## 3. 초기 기독교 문헌에 나타난 증거들

요세푸스의 작품을 담고 있는 그리스어 사본들은 10세기 이후인 늦은 시기의 것들이다. 물론 이 점이 사본들의 신빙성을 반감시키는 것은 아니다. '플라비우스의 증언'을 인용하고 있는 최초의 사가는 300년대 초 유세비우스인데(『교회사』 11:7f.), 그가 인용하는 본문은

---

32 또한 예수의 삶을 기적 수행자와 진리의 교사로 묘사하는 그리스어 본문과는 달리 예수의 선행이 부각되어 있다. 예수 처형 보도에 있어서도 차이점을 보이는데, 예수 죽음에 대한 유대인 지도층의 책임이 나타나 있지 않고 오직 빌라도의 십자가형 집행이 언급되고 있다.

오늘날 우리가 갖고 있는 그리스어 본문과 거의 일치한다. 또한 이후 히에로니무스(제롬, 342-420년)의 인용 역시 단 한 곳을 제외하곤 일치한다("그는 그리스도로 믿어졌다," 『명인록』(De viris illustribus) 13).

유세비우스가 첫 인용자라는 이유를 근거로 혹자는 유세비우스 자신이 예수 단락을 작성하여 요세푸스의 기록에 삽입한 인물로 여겨지기도 한다.[33] 물론 유세비우스 이전에 많은 기독교 기록자들이 요세푸스의 작품들을 이용하면서도 요세푸스의 예수 본문을 언급하고 있지 않다는 점은 일견 의아하게 여겨질 수 있다. 그렇다면 그 이전엔 '플라비우스의 증언' 본문에 관련된 증거가 전무한가를 살펴 볼 필요가 있다.

보다 이른 시대의 오리게네스(185-254년)는 유세비우스 이전의 '플라비우스의 증언'에 관한 중요한 단서를 제공하는 인물이다. 요세푸스의 『유대전쟁사』, 『유대고대사』, 『아피온반박문』 등을 매우 정확하게 인용하고 있는 오리게네스는 요세푸스가 예수를 그리스도로 믿지 않았다고 두 번에 걸쳐서 말하고 있다(오리게네스, 『켈수스에 대한 반론』 1:47; 『마태복음 주석』 10:17).

『유대고대사』 18권에서 요세푸스는 요한을 세례자요, 세례를 받은 자들에게 정결함을 약속했던 자로 증언하고 있다. 그런데 예수를 그리스도로 믿지 않았던 이 저자는 예루살렘 멸망과 성전 파괴의 원인을 찾는 과정에서, 유대 백성이 겪은 이러한 재난의 원인을 그들이 예수를 대적하여 음모를 꾸몄기 때문이라고 묘사하지는 않고… (오

---

33 S. Zeitlin, "The Christ Passage in Josephus," 237-246.

리게네스,『켈수스에 대한 반론』1:47).

오리게네스는 요세푸스가 주의 형제 야고보를 언급하고 있음도
말하고 있는데, 이러한 증거를 통해 볼 때 그는『유대고대사』를 잘 알
고 있었고, 또한 요세푸스가 어떤 방식이로든 예수에 대해서 언급했
음을 알 수 있다. 그런데 오리게네스가 보았던 요세푸스 본문에는 "이
사람은 그리스도였다"라는 표현이 없었거나 또는 지금과 다른 방식으
로 기록되어 있었을 가능성이 높다. 아마도 이러한 이유들 때문에 유
세비우스 이전의 초기 기독교 문헌들이 요세푸스의 예수 단락을 언급
하기를 꺼려했던 것이라고 추정할 수 있다.

## 4. 전후 문맥을 통한 이해

요세푸스의 예수 보도는 빌라도가 유대 지역의 총독직을 맡고 있
던 시기에 일어난 일련의 사건들에 관한 단락(『유대고대사』18:35-
89) 가운데 위치해 있다. 그런데 위조설을 주장하는 견해들 중에는
예수 보도의 위치가 전후 맥락에 잘 맞지 않는다는 근거가 제기되기
도 한다. 이와 같은 견해에 의하면, 전후 문맥은 주로 유대 지역에서
발생했던 소요 사건들에 대한 기록을 담고 있는데, 예수 보도 단락은
전혀 이런 사건들과는 거리가 멀기 때문에 애초에 요세푸스는 예수를
기록하지도 않았다는 것이다.[34] 다시 말해서, 빌라도 재임 중에 처형

---

34 예를 들어 E. Norden, "Josephus und Tacitus über Jesus Christus und eine messia-
nische Prophetie," 637-666.

당한 예수에 관한 본문을 조작하여 누군가가 대충 이 단락에 삽입하였다는 것이다. 그러나 과연 그러한 추정이 가능한지는 전후 문맥을 직접 고찰해야 알 수 있다. 이를 순서대로 간략하게 살펴보면 다음과 같다.

(1) 빌라도 총독의 부임(『유대고대사』 18:35).

(2) 빌라도의 첫 번째 실정(『유대고대사』 18:55-59). 빌라도는 한 밤중에 황제의 상이 그려진 깃발(군기)을 예루살렘에 몰래 갖고 들어온 최초의 인물로, 이에 분노한 유대 백성들은 이를 철수할 것을 요구하는 시위를 했으며, 심각한 소요 사태가 발생할 뻔하였다. 그러나 결과적으로 폭동 사태가 없이 깃발을 철수시킴으로써 무사히 위기를 넘기게 된다.

(3) 빌라도의 두 번째 실정(『유대고대사』 18:60-62). 빌라도는 성전 재산을 팔아 수로 공사에 함부로 사용하였는데, 이로 인해 백성들의 심각한 소요 사태가 발생했고, 빌라도는 무자비한 강제 진압을 감행한다.

(4) 예수 보도(『유대고대사』 18:63-64). 이것을 요세푸스는 빌라도의 세 번째 실정으로 묘사했던 것인지에 관해서는 보다 많은 논의가 필요할 것이다.

(5) 로마에서 발생한 이시스 신전과 관련된 일화(『유대고대사』 18:65-80). 이 이야기는 사실 빌라도와 관련 없고, 유대 지역과도 상관이 없는 이야기다.

(6) 로마에서 발생한 한 악덕한 유대인의 사기극으로 인해 모든 유대인들이 로마에서 추방당하는 일이 발생한다(『유대고대사』 18:81-

84). 이 본문 역시 빌라도와 관련 없이 로마에서 일어난 일이다.

(7) 빌라도의 마지막 실정(『유대고대사』 18:85-87). 사마리아 지
역에서 어떤 인물이 나타나 사마리아인들을 그리심 산으로 이끄
는 대중적 운동을 일으켰다. 이에 대해 빌라도는 수많은 사람들
을 체포하고 처형하면서 무자비하게 진압했다.

(8) 빌라도 총독은 결국 물러나게 된다(『유대고대사』 18:88-89).
앞 사건에 대해 분노한 사마리아인들은 사절단을 파송하고 그 결
과 빌라도는 총독직에서 물러나게 된다.

위 내용 분석에서 알 수 있듯이 빌라도 재임 기간 동안(26-36년)을
기록하고 있는 『유대고대사』 18:35-89에는 여러 다양한 전승들이
묶여 있다고 볼 수 있다. 더욱이 이들 중 두 개의 일화들(『유대고대사』
18:65-80, 81-84)은 로마에서 발생한 일로 빌라도의 재임과 아무런 관련
이 없는 이야기다. 그러므로 만일 예수 단락을 대중적 소요사건과 관
련 없는 것으로 본다고 해도 예수 단락만이 아니라 이어 나오는 두 개
의 단락도 마찬가지라고 볼 수 있고, 따라서 이것은 조작설을 뒷받침
하는 증거로 채택될 수 없다.

또한 요세푸스의 예수 단락이 대중적 운동과 무관하게 그려지고
있다는 식의 판단도 적절하지 않다. 요세푸스가 예수를 마치 철학적
교사처럼 묘사하는 인상을 주고 있다고 하더라도, 요세푸스는 예수의
'대중적 인기'와 '예수 추종자 집단'에 대한 언급을 분명히 하고 있다.[35]

---

35 많은 자들이 예수 주변에 모여들었다는 점, 또한 예수의 추종자들이 멈춤 없이 아직도
존재한다는 점은 요세푸스의 묘사가 예수운동의 대중성을 부각시키고 있다는 것을 말
해준다. 요세푸스에게 있어서 '집단적 운동들'은 어떤 형태로든지 대중적 메시아 운동

또한 예수는 빌라도에 의해 '십자가형'에 의해 죽었다는 보도 역시 예수 단락의 전후 맥락의 다른 사건들에 비해 이질적인 것이 아님을 암시해주는 증거이다. 따라서 전후 맥락 관계를 근거로 위조설 또는 삽입설을 주장하는 것은 문맥 파악의 오류에서 기인한 것이라고 볼 수 있다.


## 5. 결론

이상의 논의를 통해서 다음과 같은 결론에 이를 수 있다.

첫째, 요세푸스 자신이 예수에 대한 기록을 남겼다는 것은 부정하기 어렵다.

둘째, 그러나 요세푸스가 작성했던 원문은 오늘날의 본문과는 다소 차이가 있었을 것이다.

셋째, 그럼에도 불구하고 전체적으로 볼 때 그리고 요세푸스의 예수 단락의 중요한 부분들은 원래적 형태가 많이 손상되지 않고 보존되었다고 볼 수 있다.

넷째, 가장 단순한 근거, 곧 요세푸스가 기독교적 신앙고백을 공유한 자가 아니었다는 점을 토대로 우리는 현재의 그리스어 본문에 대한 원문 재구성 시도를 할 수 있고, 이를 통해 요세푸스가 예수를 어떻게 이해했는지에 관해서도 역시 추정 가능할 것이다.

요세푸스가 어떤 경로를 통해 예수에 대한 정보를 얻었는지에 대

---

과 무관하지 않다.

한 것은 보다 많은 논의를 필요로 한다. 그가 기독교인들을 통해 받은 정보를 가공하여 자신의 관점을 통해 기독교적 시각과는 상이한 묘사를 했다면, 그 통로는 누구, 혹은 어떤 자료인지 그리고 그는 예수를 어떤 측면에서 우호적으로 평가했는지에 관해서는 이하에서 계속 논의를 이어가려고 한다.

요세푸스의 예수 보도는 복음서들이 기록된 1세기말에 기독교권 외부에서 예수를 바라보았던 하나의 중요한 자료가 되고 있으며 이것의 토대가 되고 있는 전승들과 그 전달 경로 그리고 이러한 전 과정의 사회적 배경을 밝히려는 시도는 초기 기독교 시대의 다양한 예수상과 전승들을 연구하는 값진 작업들 가운데 하나가 될 것이다.

제 4 장

# 요세푸스의 예수와 누가-행전 1
## : 예수의 기적에 대한 고찰

## 1. 서론

오늘날 역사적 예수 연구는 호경기를 맞고 있다. 역사적 예수를 추적하는 다양한 학자들이 있는 만큼이나 다양한 이견들이 존재한다. 예수의 특징적 상을 견유학파적 방랑자와 같은 인물에 근접시키는 견해가 있는가 하면(J. D. Crossan,[1] F. G. Downing[2]), 어떤 학자들은 예수를 종말론적 예언자로 규정하기를 선호한다(E. P. Sanders).[3] 또 학자에 따

---

[1] J. D. Crossan, T*he Historical Jesus: The Life of a Mediterranean Jewish Peasant* (San Francisco 1991).

[2] F. G. Downing, *Christ and the Cynics: Jesus and Other Radical Preachers in First Century Tradition* (Sheffield 1988).

[3] E. P. Sanders, *The Historical Figure of Jesus* (London 1993).

라서 종교-사회적 개혁자로서의 예언자 상을 부각하는 학자들(G. Theissen,[4] R. A. Horsley[5]), 지혜로운 현인賢人적 이미지를 강조하는 연구 (B. Witherington)[6] 그리고 예수의 기적 행위에 집중하는 학자들도 있다 (G. H. Twelftree 등).[7]

현대의 역사적 예수 연구의 기본 전제들 중 하나는 분석과 비교의 대상을 신약 문서들에 한정하지 않고, 1-2세기의 다양한 기독교 문헌들도 배제하지 않는다는 점이다. 즉, 학자들에 따라 다소간의 차이는 있지만, 역사적 연구를 위한 비非정경 자료들의 비중이 점차 커져 가고 있는 실정이다.

이 장에서는 누가와 요세푸스의 기록을 비교하려고 한다. 전자는 신약성서에서 단일 기자의 것으로는 가장 많은 분량을 차지하는 기록이며, 후자는 기독교 밖의 역사적 자료들 중 가장 방대하고 비중이 큰 것이다. 이 글은 양자에 대한 이해에 접근하기 위해 비교 관찰 방식을 취하며, 구체적 분석 대상 및 비교 논점은 양자에 나타난 요약적 본문들이다.[8]

여기서는 누가의 요약 전승들 안에 각인된 예수상을 기독교 외부인들 가운데 한 사람인 요세푸스의 요약 전승(플라비우스의 증언)과 비교하는 가운데, 양자의 전승사적 관계 및 사회사적 연관성을 질문하고자 한다. 따라서 주목적이 역사적 예수 재구성에 있는 것은 아니지

---

4 G. Theissen, *Studien zur Soziologie des Urchristentums*, WUNT 19 (Tübingen 31989); 타이쎈 · 메르츠/손성현 옮김, 『역사적 예수』.

5 R. A. Horsley, *Jesus and the Spiral of Violence* (San Francisco 1987).

6 B. Witherington, *Jesus the Sage: The Pilgrimage of Wisdom* (Minneapolis 1994).

7 G. H. Twelftree, *Jesus the Exorcist* (Tübingen 1993).

8 『유대고대사』 18:63-64; 눅 24:17-27; 행 2:22-24; 10:37-43; 13:23-33.

만, 이는 역사적 예수 연구의 관심과 관련되어 있다. 여기서는 먼저 누가와 요세푸스의 요약 전승들에9 나타난 기적 용어들을 분석하고, 기적 수행자 묘사와 관련된 해당 본문들을 비교함으로써, 양자의 유사점과 차별점이 무엇인지 그리고 그러한 점들은 어떤 이유에서 비롯되었는지를 추정하고자 한다.

## 2. 요세푸스의 기적 용어 분석

요세푸스는 예수를 "기적들을 행하는 자였다"(παράδοξα ἦν γὰρ παραδόξων ἔργων ποιητής)라고 한다. 여기서 사용된 παράδοξα ἔργα라는 표현은 신약성서를 포함한 기독교 문헌에서 매우 낯선 것이다.[10] 칠십인역 구약성서에서도 παράδοξος는 기적을 지칭하는 표현으로 거의 사용되지 않는 말이다. 이 말은 구약 외경에서 단 한 번 언급된다.

---

9 요세푸스의 『유대고대사』 18:63f.의 본문은 예수의 삶과 죽음에 대한 요약적 보도다. '요약 전승'(Summarium)의 문학적 장르에 대한 양식사적 고찰에 대해서는 다음 연구서들을 참조하라. W. Egger, *Frohbotschaft und Lehre. Die Sammelberichte des Wirkens Jesu im Markusevangelium*, FTS 19 (Frankfurt am Main 1976), 5,26; T. Onuki, *Sammelbericht als Kommunikation. Studien zur Erzählkunst der Evangelien*, WMANT 73 (Neukirchen-Vluyn 1997), 1-22; K. Berger, *Formgeschichte des Neuen Testaments* (Heidelberg 1984), 331-333. 복음서 기자들이 서술 형식의 이야기 전개와 예수 말씀의 인용을 통해 예수에 대한 정보를 주고 있는 반면, 요세푸스는 자신의 설명을 통해 예수를 '요약적으로' 소개하고 있다. 이런 형태의 요약 전승은 신약 문서들 가운데 오직 누가-행전에서만 발견된다(눅 24:17-27; 행 2:22-24; 10:37-43; 13:23-33). 고전 15:3ff.의 보도는 예수의 삶에 대한 언급을 제외하고 부활 이후에만 집중해 있으므로, 예수 삶에 대한 요약 전승으로 보기 어렵다.

10 2세기에는 παράδοξος가 기독교 문헌들에 간혹 나타난다. 오리게네스, 『켈수스에 대한 반론』 4:80; 7:54 참조.

"항해하는 사람들이 바다에서 목격하는 하나님의 신기하고 놀라운 일들"(παράδοξα καὶ θαυμάσια ἔργα, 집회서 43:25). 또 "물 가운데서 타오르는 불"을 가리키는 말로, 이 용어의 형용사적 용법을 사용하여 "놀라운 일"(τὸ παραδοξότατον)[11]이라고 표현되기도 한다(지혜서 16:17).

보통 παράδοξος는 비정상적인 일이나, 일반적 생각과 기대와는 모순적인 사건(τὸ παρὰ δόξαν ὄν)을[12] 의미하기 때문에, 요세푸스가 예수를 "말도 안 되는 일"을 행한 자라고 냉소적으로 평가하고 있다고 추정되기도 한다. 가령 버메스[G. Vermes]는 요세푸스가 예수를 이렇게 표현한 것은 긍정적인 평가가 아니라는 쪽으로 이해한다. 만일 예수가 신적인 기적을 행한 것으로 표현하고자 했다면 요세푸스가 일반적으로 사용하는 기적 용어인 σημεῖον이라는 그리스어를 사용했을 것이기 때문이라는 것이다.[13] 이런 주장의 타당성 여부는 무엇보다도 요세푸스의 저작들을 통해 이 παράδοξος라는 어휘가 어떻게 사용되고 있는지를 살펴봄으로써 검증될 수 있을 것이다.

이는 잠시 후에 살펴보기로 하고, 요세푸스가 가장 자주 사용하는 기적 용어는 방금 언급한 σημεῖον이다. 이 말은 '표적' 혹은 '하나님의 (혹은 하나님의 중재자의) 기적'이란 의미로 사용된다. 이 용어는 모세[14]

---

11 지혜서 5:2; 19:5; 유딧 13:13: 마카베오스1서 9:24; 마카베오스3서 6:33; 마카베오스4서 2:14; 4:14 참조.

12 G. Kittel, Art. "παράδοξος," *ThWNT* 2, 258.

13 G. Vermes, "The Jesus Notice of Josephus Re-Examined," *JJS* 38 (1987), 6.8. 또한 다음의 연구서들도 이와 유사한 입장을 취한다. R. Eisler, *IHΣΟΥΣ ΒΑΣΙΛΕΥΣ ΟΥ ΒΑΣΙΛΕΥΣΑΣ*, 9-12; M. Smith, *Jesus the Magician* (San Francisco 1978), 45; G. H. Twelftree, "Jesus in Jewish Tradition," in: D. Wenham (ed.), *Gospel Perspectives: The Jesus Tradition Outside the Gospels* (Sheffield 1985), 303,310.

14 『유대고대사』 2:274, 276, 284, 327; 6:91, 93.

의 기적을 표현하기 위해 가장 많이 언급되고, 또 엘리야[15]와 이사야[16]의 기적을 언급하는 말로도 자주 쓰인다.

또한 요세푸스의 작품에는 σημεῖον 이외에 τέρας 라는 용어가 사용되기도 한다. 이 용어는 모세의 기적을 표현하는 두 곳에서만 기적 용어로 사용되고 있다(θεατὴς τεράτων, 『유대고대사』 2:265; 4:43). 하지만 이 용어는 모세의 두 경우를 제외한 다른 곳에서는 신적인 표적이나 기적을 의미하지 않는다.[17] 이 밖에도 θαυμάσιος, θαυμαστός,[18] δύναμις[19] 등도 나타나고 있는데, 이상의 기적 용어들은 경우에 따라 긍정, 혹은 중립적이거나 부정적 의미 모두로 사용된다.

그렇다면 요세푸스는 παράδοξος 를 어떻게 쓰고 있는가? 그의 저작 전체를 통해 보면, 이 말 역시 다양한 측면에서 사용됨을 알 수 있다.

첫째, παράδοξος 는 '모순적이거나 비정상적인 일, 믿을 수 없는 사건'을 의미한다. 이는 이 용어의 본래적 개념에 가장 가까운 의미로 사용되는 경우로, 주로 사건을 가리키는 경우에 해당된다. 바벨론의 느부가넷살에게 벌어진 이상한 일(『유대고대사』 10:235), 요세푸스에 대한 말도 안 되는 비난(『아피온반박문』 1:53) 등이 이에 해당되는 경우이다.

둘째, 놀라울 정도로 높은 수준을 표현할 때 사용된다. 가령 야곱의 아들 요셉의 놀라운 지적인 능력을 말할 때 이 παράδοξος 가 사용된다(『유대고대사』 2:91).

---

15 『유대고대사』 8:347.
16 『유대고대사』 10:28,29.
17 이와 같은 어군에 속하는 τεράστιος 역시 두 차례 사용된다(『유대고대사』 10:28,232).
18 『유대전쟁사』 2:191; 4:478 등.
19 『유대고대사』 1:15,273 등.

셋째, 하나님을 통한 기적적 사건과 행위를 지시하는 경우로 παρ-άδοξος의 용례 가운데 이 의미가 가장 많이 나타난다(『유대고대사』 2:223,267; 3:38 등).

따라서 요세푸스 기록에 있어서 παράδοξος는 첫 번째 경우를 제외하곤 대체로 긍정적 의미로 사용된 개념으로 볼 수 있다. 이상의 어휘 고찰을 통해서 볼 때, 요세푸스에게 있어서 παράδοξος는 σημεῖον과 더불어 기적 행위를 지칭하기 위해 자주 사용되는 어휘이며, 특히 인물 묘사에 관련되어 사용될 때에는 주로 긍정적, 내지는 중립적 의미로 사용되며 부정적 용례는 찾아보기 힘들다. 그러므로 요세푸스가 예수를 παράδοξα ἦν γὰρ παραδόξων ἔργων ποιητής로 소개한 것은 부정적 묘사로 보기 어렵다.

한편 παράδοξα ἔργα의 용어 조합은 예언자 엘리사의 기적 묘사에서 이미 나타난다(『유대고대사』 9:182). 이를 근거로 펠드맨[L. H. Feldman]은 요세푸스가 예수를 엘리사와 동일시하고자 했으며, 이를 통해 예수를 예언자의 대열에 위치시키고 있다고 추정한다.[20] 하지만 그의 견해는 다소 비약적이다. 왜냐하면 요세푸스는 『아피온반박문』 1:40에서 예언자의 시대가 제1성전의 멸망과 함께 종결되었다고 말하고 있기 때문이다. 또 παράδοξα ἔργα는 엘리사 이외의 예언자에게는 한 번도 적용되지 않는 표현방식이기 때문에 예언자의 특징 묘사를 위한 일반적 표현으로 보기 어렵다.

반면 누가에게 있어서는 예수가 예언자로 이해되는 본문이 있다. 눅 24:19에서 글로바는 예수를 예언자로 인식한다. 물론 예언자 상이

---

20 참조. L. H. Feldman, "Prophets and Prophecy in Josephus," in: D. J. Lull (ed.), *Society of Biblical Literature Seminar Papers* 27 (Atlanta 1988), 430, n. 34.

누가 기자의 최종적 이해방식인지는 논의의 여지가 있으나, 흥미로운 점은 해당 본문에서 요세푸스가 예수의 기적 행위를 보도할 때 사용하는 ἔργα라는 어휘가 동일하게 사용되고 있다는 점이다. "(예수는) 하나님과 모든 백성 앞에서, 행함(ἔργα)과 말씀에 힘 있는 예언자였다."[21] 물론 단순한 어휘의 공통성이 누가와 요세푸스 본문 전승의 상호 관계를 결정짓지는 못한다. 그러면 누가의 기적 용어를 분석하면서 양자의 관계를 보다 설득력 있게 근접시킬 수 있을지를 계속해서 살펴보기로 하자.

## 3. 누가의 기적 용어 분석

신약성서에서 기적은 σημεῖον, τέρας, δύναμις, θαυμαστός(혹은 θαυμάσιος) 등의 어휘로 나타난다. 이들은 각각 '표적, 기사, 권능, 놀라운'으로 번역될 수 있다. 누가-행전에서는 이들 중 θαυμαστός, θαυμάσιος[22]를 제외한 나머지 어휘들이 자주 사용된다. 누가에서 이 기적 용어들이 어떻게 사용되고 있는지 구체적으로 살펴보자.

우선 가장 자주 사용되는 σημεῖον은 독립적으로 쓰이는 경우가 많은 반면,[23] τέρας는 단독으로 나오는 적이 없다. 신약성서에서 기적을

---

21 이 표현 방식은 모세를 묘사하는 스데반의 연설 중에 다시 한 번 등장한다(행 7:7).

22 이 두 단어는 신약성서에서 매우 드물게 사용된다. 이 중 θαυμαστός는 공관복음서 안에서 막 12:11; 마 21:42에서만 쓰이고, θαυμάσιος는 신약성서에서 단 한 번만 사용된다(마 21:15). 이와 같은 어근의 동사인 θαυμάζω는 누가 문서에 나타난다(눅 8:25; 9:43; 11:14; 24:12,41; 행 [2:7]; 7:31).

23 눅 2:12,34; 11:16,29,30; 21:7,11,25; 23:8; 행 4:16,22; 8:6,13. 요한복음서에서 기적을 표

가장 즐겨 표현하는 방식은 '표적과 기사'(σημεῖα καὶ τέρατα)[24]다. 이 용어는 신약성서 가운데에서 사도행전에 가장 많이 언급되고 있는데, 예수의 기적(행 2:19, 22), 사도들의 기적(행 2:43; 4:30; 5:12), 바울과 바나바의 기적(행 14:3; 15:2) 그리고 스데반과 모세의 기적에도 이 표현이 사용된다(행 6:8; 7:36).[25]

다음으로 δύναμις는 보통의 경우 '능력, 힘'을 뜻하는 말인데, 예수의 기적과 관련해서는 세 차례 언급되고 있다. 그 중 두 경우는 예수의 치유를 자신의(혹은 주님의) '능력'으로 말미암은 것이라고 강조하는 본문이다(눅 5:17; 6:19).[26] 이는 누가의 편집 작업으로 간주할 수 있을 것이다. 이러한 '능력' 부여의 모티브는 누가만의 독특한 전승 및 편집에서 잘 나타나고 있다. 즉 예수의 공생애 활동은 성령의 "능력"을 입고 시작되며(눅 4:14; cf. 막 1:14f.; 마 4:12ff.), 제자들을 파송하는 장면에서도 예수는 제자들에게 치유와 귀신축출의 '능력'을 부여하는 것으로 묘사된다(눅 9:1).

이러한 예들에서 '능력'(혹은 권능)은 '기적 행위'를 수식하는 말로 쓰이고 있음을 알 수 있다. 한편 이 말은 기적 행위 자체를 대신하는 경우도 종종 있는데, 이때는 늘 복수 형태인 δυνάμεις가 쓰인다. 예수의 모든 '기적들'로 인해 제자들이 그를 찬양하며(눅 19:37), 하나님이

---

현하는 말은 거의 이 '표적'(σημεῖον)이다.

24 혹은 τέρατα καὶ σημεῖα도 가능하다. 이에 대한 언어적 고찰의 값진 연구는 W. Weiß, *Zeichen und Wunder. Eine Studie zu der Sprachtradition und ihrer Verwendung im Neuen Testament*, WMANT 67 (Neukirchen-Vluyn 1995)을 들 수 있다.

25 신약성서에 '표적과 기사' 공식이 적그리스도, 거짓 예언자, 사탄의 것으로 나타나는 곳도 있다. 막 13:22; 마 24:24; 살후 2:9.

26 누가의 본문들을 막 2:1-12; 마 9:1-8 및 막 3:7-12; 마 12:15-21과 각각 비교해 보라. 또 눅 8:46을 참조하라.

바울의 손을 통해 놀라운 '기적들'을 행하셨다(행 19:11).[27] 이와 같이 '능력'은 '표적과 기사'와 함께 예수와 제자들의 기적을 지시하는 표현들이다.

다음으로 주목할 만한 부분은 요세푸스가 예수의 기적을 표현하는데 사용한 παράδοξα라는 용어가 누가에게서도 발견된다는 점이다. 더욱이 이는 신약성서에서 단 한 번만 사용된 예이다. 눅 5:17 이하에는 예수가 중풍병자를 치유하는 단락이 나오는데, 그 곳에 있던 사람들이 모두 놀라 하나님을 찬양하며, "우리가 오늘 신기한 것(παράδοξα)을 보았다"(눅 5:27)고 소리친다. 이는 막 2:1-12 전승에 대한 누가의 편집 작업으로 볼 수 있는데(cf. 마 9:1-8), 누가의 작업 가운데 현저한 점은 무엇보다도 함께 있던 자들의 반응에 관한 것이다. 마태의 경우, 두려워하며 하나님께 영광을 돌린 '무리'(마 9:8)와 마음속으로 예수를 적대하는 율법학자들(마 9:4)이 구별되어 있는 반면, 누가에서는 '모든 자들'이 이 일의 증인이요 찬양자로 설정되어 있다. 따라서 율법학자들과 바리새인들도 감탄하던 자들에 포함되어 있는 것으로 서술되고 있는 셈이요, 또한 마가와 마태와는 달리 누가에게서 동석한 율법학자들과 바리새인들은 "갈릴리와 유대의 모든 마을과 예루살렘에서 온" 자들이다(눅 5:17). 즉 예수의 추종자들이 아닌 외부인들의 입을 통해 예수 활동의 기적이 보도되는 경우, 이를 παράδοξα로 표현하고 있다고 분석할 수 있다.

요세푸스가 자주 사용하는 기적 용어이며, 또 예수를 소개하면서 사용되었던 παράδοξα가 누가의 이 단락에서만 발견된다는 것은 우연

---

27 이 밖에도 눅 10:13; 행 2:22; 8:13을 보라. 이런 복수 형태로 사용된 예는 마가와 마태에서도 자주 볼 수 있다(막 6:2,5,14; 9:36; 마 7:22; 11:20,21,23; 13:58; 14:2).

한 것일까? 기독교 문헌에서 기적 용어로는 생소한 이 어휘가 누가의 특정한 본문 안에서만 사용되고 있다는 사실은 어떤 단서를 제공하는 것이 아닐까? 곧 이 점을 미루어 보아, 누가는 요세푸스의 언어-사회적 정황 안에서 자주 사용되던 이 용어를 알고 있었던 것이라고 추정하는 것도 불가능하지 않을 것 같다. 물론 누가가 요세푸스 작품을 읽었거나, 혹은 그 반대의 경우 역시 가능성이 희박하다.[28]

그리스-로마의 상류층을 독자로 삼고 있었던 요세푸스에게 특징적이었던 용어인 παράδοξα가 신약성서 가운데 오직 누가에게서 발견된다는 점은 누가가 기적 행위를 이처럼 표현하는 정황과 접촉했을 가능성을 시사한다고 볼 수 있다. 또한 예수를 기적 수행가로 지칭함에 있어서 παραδόξων ἔργων ποιητής로 부르는 외부인들과 접촉했을 가능성도 불가능하지는 않다.[29]

누가와 요세푸스의 전승이 직접적인 수용관계가 아니었다는 추정은 다음과 같은 예에서도 잘 볼 수 있다. 가령 누가 문서에는 '표적과 기사'라는 표현이 자주 사용되는 반면, 요세푸스의 전체 작품을 통해서 이 공식은 단 두 번만 사용된다(『유대전쟁사』 1:28; 『유대고대사』 20:168).[30] 누가와 달리 요세푸스는 '표적'이란 말을 독립적으로 사용하거나 παράδοξα라는 말을 더 자주 쓴다. 이러한 점은 누가와 요세푸

---

28 S. Mason, *Josephus and the New Testament* (Massachusetts 1992)는 누가가 요세푸스를 읽었다고 추정한다. 그러나 요세푸스와 누가의 문학적 상호 의존가설은 유지되기가 힘들며, 또한 이를 지지하는 학자도 매우 드물다.

29 혹은 예수와 같은 부류의 인물들을 이렇게 부르는 계층 혹은 집단과의 접촉 가능성도 있을 수 있다.

30 히스기야가 이사야에게 표적과 기사를 요청하는 『유대고대사』 10:28에서는 이와 유사한 σημεῖον καὶ τεράστιον이란 말이 사용된다.

스의 기적 용어에 대한 배경이 상이했음을 말해준다고 볼 수 있다.

## 4. 누가와 요세푸스의 예수 기적 보도 비교

기독교 공동체들의 예수 전승들이 예수의 치유, 귀신 축출, 자연 기적 등에 관한 다양한 이야기들을 담고 있음은 자명하다. 누가도 물론 여기서 예외가 아니다. 즉 기적 수행자로서의 예수 이해는 누가만이 독특한 것이 아니다. 그러므로 누가와 요세푸스를 '기적 수행자'라는 공통분모 위에서 비교, 분석하기 위해서는 왜 누가를 비교하는가라는 정당성을 획득해야 한다. 그렇지 않고는 논의의 의미 자체가 성립하지 않을 수 있을 것이다. 그러므로 이 글은 다음과 같은 측면을 환기함과 동시에 누가와 요세푸스의 본문을 보다 다양한 세밀하게 접근시키고자 한다.

첫째, 예수 삶에 대한 요약 보도는 누가에만 등장한다. 요세푸스 역시 이런 요약 전승의 형태로 예수를 소개하고 있고, 이런 형태의 단락은 누가 문서에만 나타난다. 따라서 형식면에 있어서 누가–행전은 요세푸스의 요약 전승과 비교 가능한 유일한 문서이다. 다른 복음서들에는 예수의 삶을 요약적으로 언급한 경우가 없다. 그들은 예수의 이야기들을 처음부터 마지막까지 다양한 일화들을 편집하여 서술하고 있다. 반면 누가의 요약 전승들에는 예수 사역의 현저한 특징들이 강하게 집중되어 표현된다.[31] 곧 이 요약 전승들에는 개별 전승들에

---

31 G. Theissen, *Urchristliche Wundergeschichten. Ein Beitrag zur formgeschichtlichen Erforschung der synoptischen Evangelien*, SNT 8 (Gerd Mohn 1974, 1990), 271.

나타나는 예수상과는 독립적으로 '전체적 예수상'이 표현되어 있다. 누가의 '예수 삶에 관한 요약적 전승들'은 다음과 같다.[32]

### (1) 눅 24:19-24

[이는] 나사렛 예수와 관련된 일이다. 그는 하나님과 모든 백성 앞에서, 행동과 말씀에 힘이 있는 예언자였습니다. 그런데 우리의 대제사장들과 지도자들이 그를 법정에 넘겨주어서, 사형 선고를 받게 하고, 십자가에 못박아 죽였습니다. (이하 생략)

### (2) 행 2:22-24

나사렛 예수는 하나님께서 능력과 기이한 일과 표적을 가지고 여러분에게 증언하신 분이십니다. 하나님께서는 그를 통하여 여러분 가운데서 이 모든 일을 행하셨습니다. (중략) 여러분은 그를 무법자들의 손을 빌어서 십자가에 못 박아 죽였습니다.

### (3) 행 10:37-43

하나님께서 나사렛 예수께 성령과 능력을 부어 주셨습니다. 이 예수께서는 두루 다니시면서 선한 일을 행하시고, 악마에게 억눌린 사람들을 모두 고쳐 주셨습니다. (중략) 사람들이 그를 나무에 달아 죽였지만 하나님께서는 그를 사흘째 되는 날에 살리시고, 나타나 보이게 해주셨습니다.

---

32 표준새번역 참조.

(4) 행 13:23-32

하나님은 약속하신 대로, 다윗의 자손 가운데서 구주를 세워 이스라엘에게 보내셨으니, 그가 곧 예수입니다. (중략). 예루살렘에 사는 사람들과 그들의 지도자들이 이 예수를 알지 못하고 안식마다 읽는 예언자들의 말도 깨닫지 못해서, 그를 정죄함으로써, 예언자들의 말을 그대로 이루었습니다. (이하 생략)

둘째, 요약 전승들 가운데 예수의 행적 묘사는 무엇보다도 그의 기적 수행에 초점이 맞추어져 있다. 누가의 요약 보도에 나타난 예수의 지상 사역 묘사는 대부분 기적 수행에 대한 것이다. 즉, 하나님이 예수를 통해 능력과 기사와 표적을 보이셨으며(행 2:22), 예수는 선을 행했으며, 귀신 들린 모든 자들을 고치셨다(행 10:38). '플라비우스의 증언'은 '예수는 현자였다'는 말로 시작한다. 따라서 지혜로운 자로서의 철학자적 이미지가 일차적이 아니냐고 반문할 수 있겠지만, 이는 예수 행적에 대한 보도라기보다는 인물의 유형을 말하는 것으로 보아야 한다. 예를 들어 요세푸스는 요한을 '세례자'요, '선한 사람'(ἀγαθὸς ἀνήρ)이라고 소개하고 난 후에 그의 세례와 가르침 활동에 대해 묘사하고 있는 것과 같은 맥락으로 이해할 수 있다(『유대고대사』 18:116-119). 그러므로 요세푸스의 일차적 보도는 예수의 기적 수행에 있다.

요세푸스와 누가의 요약 보도들은 예수 활동의 가장 큰 특징을 모두 기적 수행에 두고 있다. 물론 역사적 예수의 인물 유형이 오직 기적 수행자였다는 말이 아니다. 다만 누가와 요세푸스의 요약 보도에 그러한 점이 부각되어 있다는 것이다.

셋째, 누가 기자는 예수 삶에 대한 요약적 보도와 함께 누가복음서

전체를 통해 예수의 기적 활동 양상을 구체적으로 묘사하고 있다. 그런 누가의 기적과 관련된 묘사들 중 특기할 만한 단락들은 다음과 같다.

우선 누가는 복음서 여러 부분에서 독특한 기적 전승들을 기록하고 있다. 가령, 세례 요한 제자들의 질문에 대한 답변 중에 예수는 귀신축출과 치유를 행한다(눅 7:21). 누가는 예수를 따르던 여자들을 "귀신과 질병에서 고침 받은 여인들"로 묘사하고 있으며(눅 8:2), 안티파스를 비난을 하면서, 자신이 "귀신을 내쫓고 병을 고치는 것"을 강조한다(눅 13:32). 보다 주목할 만한 곳은 눅 19:37이다. 예루살렘 입성 중에 제자의 무리들은 "자신들이 목격한 모든 기적 행위들로 인해서" 하나님을 찬양한다. 또한 누가의 예수만이 예루살렘에서 기적을 행한다. 눅 22:51에서 예수는 대제사장의 종의 잘린 귀를 고쳐준다. 이는 공관복음서 가운데 유일하게 예루살렘에서의 기적 수행이 보도된 예이다(cf. 막 14:47f.; 마 26:51f.).33

예수 기적 사역과 관련된 위와 같은 누가의 독특한 관심은 제자들에 대한 보도에서도 마찬가지로 나타난다. 누가는 유일하게 제자들의 기적을 언급하고 있는 기자이다. 예수 승천 이후 제자들의 첫 공개적 활동은 기적적인 병자 치유이다(행 3:1-10). 바울을 포함한 사도들의 활동에 대한 요약 보도들 역시 그들이 행한 기적에 초점이 맞추어져 있다(행 2:43; 4:9; 5:12,16; 8:13; 14:3; 15:12; 19:11f.; 28:8f.).

넷째, 예수 삶에 대한 요약 전승들 이외의 나머지 누가 보도들을 폭넓게 '플라비우스의 증언'과 비교 분석할 수 있다. 요세푸스가 현자(σοφὸς ἀνήρ)와 선생의 이미지를 예수의 기적과 결부하는 양상을 흥미

---

33 반면 요한복음서에서는 예루살렘에서의 예수의 기적 활동이 자주 보도된다(요 2:23; 5:1-18).

룹게 살펴볼 수 있다.

　우선 요세푸스의 작품들 가운데 현자상과 기적 수행자 이해가 결합되어 있는 것은 요세푸스의 예수 보도 단락이 유일한 예다. 요세푸스가 현자로 부르는 인물은 솔로몬과 다니엘 그리고 자신과 동시대의 예수다. 그런데 이들 중 예수 보도는 독특한 면이 있다.

　솔로몬은 그의 지혜로 말미암아 명성을 얻은 인물로 묘사되지만, 그의 기적에 대해선 언급이 없다. 스바의 여왕이 그를 보고자 했던 것은 그의 덕과 지혜 때문이지(『유대고대사』 8:165) 그의 기적 때문은 아니었다. 요세푸스에 의하면, 솔로몬은 귀신축출과 병을 치료하기 위해 주문 형식을 만들었다. 그래서 요세푸스와 동시대 인물인 엘르아살, 베스파시아누스 황제 등이 이 방법을 통해 치유 활동을 하고 있다고 보도한다. 따라서 솔로몬이 이들의 치유 행위에 있어서 간접적 역할을 하는 것이 되지만, 이 단락의 주목적은 솔로몬이 그만큼 지혜로운 자였음을 부각하는 것이지 그의 기적 활동을 말하고자 한 것은 아니다(『유대고대사』 8:42-49). 다니엘의 경우도 마찬가지이다. 그는 왕과 백성들로부터 위대한 예언자이자 하나님이 보내신 자로 칭송 받았지만(『유대고대사』 10:266-268), 그 역시 기적 수행자였기 때문에 영예를 얻은 것은 아니었다. 반면, 요세푸스의 예수 묘사는 이와 다르다. 예수는 솔로몬, 다니엘과 나란히 현자로 지칭됨과 동시에, 그는 기적 수행자요 또한 유대인과 헬라인의 선생으로도 묘사된다.

　여기서 다시 누가의 기록으로 눈을 돌려보자. 앞서 언급한 바와 같이, 사도행전에 나타난 예수 삶에 대한 세 개의 요약 전승들에는 오직 기적 수행자에 대한 언급만이 발견될 뿐, 가르침을 주는 선생의 이미지는 담고 있지 않다. 오직 눅 24장 본문만이 요세푸스의 보도와 비교할 만한 예수의 가르침에 관한 요약 전승을 담고 있다. 글로바는 예수의 삶을 요약적으로 언급하고 있는데, 여기서 그는 예수의 행함과 함께 '말씀'을 나란히 언급함으로써 기적 행위와 가르치는 자로서의 이미지가 결합되고 있다고 볼 수 있다.

또한 누가는 이외의 다른 본문들을 통해서도 예수의 기적 활동을 가르치는 면모와 연결하고 있는데, 이는 다른 복음서들과 비교해 볼 때 특징적인 점이라고 할 수 있다. 가령 눅 5:17-26의 치유 기적 보도 역시 예수의 가르치는 활동과 연결되고 있다(17절; cf. 막 2:1-12; 마 9:1-8). 이와 같은 누가의 작업은 손 마른 자를 치유하는 단락의 도입을 위해 가르치시는 장면을 삽입하고 있는 눅 6:6에서도 나타나고 있다 (cf. 막 3:1, 6; 마 12:9). 또 마가복음서와 일치하는 것이기는 하지만 그의 첫 귀신 축출 기적 역시 사람들을 가르치는 가운데 발생한다(눅 4:31-37; cf. 막 1:21-28).

예수의 기적과 가르침을 나란히 보도하고 있는 누가의 특징은 또 다른 면에서도 확인된다. 누가는 예수에게 모여든 사람들이 고침을 받고자 해서만이 아니라, 예수에게서 '듣고자' 다가온 것으로 묘사한다. 눅 5:12-16의 나병 환자 치유 단락은 다음과 같은 요약적 언급으로 끝나고 있다. "큰 무리가 그(예수)의 말씀도 듣고, 병도 고침을 받고자 모여들었다"(15절; cf. 막 1:40-45; 마 8:1-4). 또한 평지 설교가 시작되는 단락에서도 큰 무리가 "예수의 말씀도 듣고 자기들의 병도 고치고자 모여들었다"는 짧은 언급을 삽입하고 있다(눅 6:17). 마태의 산상설교 시작 부분에는 이와 같은 청중들의 집합 동기가 소개되지 않는다. 예수에게 모여들었던 자들만이 아니라, 사도행전의 빌립에게 모여든 사마리아인들의 동기 역시 그에게서 "듣고 고침 받기" 위함이었다고 지적되고 있다(행 8:6). 이처럼 누가는 예수와 제자들이 사람들을 이끄는 강한 흡입력을 지녔던 이유를, 빈번이 '기적'과 '가르침'의 이중적 동기로 그리고 있다.

마지막으로, 요세푸스의 요약 전승 안에 나타난 것과 유사하게 현자로서의 예수의 이미지를 기적 행위와 통합하고 있는 누가의 본문은 없다. 하지만 누가에게서도 예수의 지혜로운 특징을 강조하는 독특한 본문이 존재한다. 즉 지혜(σοφία)라는 용어가 어린 시절의 예수에게 두 번 적용되고 있다는 점이다. 즉, 어린 예수는 지혜로 성장해가면서 하나님과 사람에게 더욱 사랑을 받아 갔다(눅 2:40, 52).

그렇다면 요세푸스는 어떤 경로를 통해 예수상을 갖게 되었을까? 요세푸스는 자신의 기록이 철저한 자료 검증을 통해 정확히 기록되었음을 강조하고 있으므로,[34] 또한 요세푸스의 예수 보도 안에 그리고 있는 예수상 역시 이전에 형성된 전승자료들을 통해서 작성되었을 것이다. 위의 비교 분석을 토대로 볼 때, 요세푸스와 누가의 요약 보도에 나타난 현저한 공통점들은 양자 모두 유사한 전승들에 기초하고 있을 것이라는 추정을 가능케 한다. 요세푸스는 기독교 공동체를 통해, 혹은 기독교 공동체와 관련된 인물(들)을 통해 예수에 관한 정보를 전달받았을 것이라고 가정한다면, 아마도 누가공동체가 가장 그럴듯한 후보로 추정될 수 있을 것이다. 즉 누가공동체의 예수 이해가 요세푸스의 사회적 정황 속에 전해졌다면, 그것은 구체적으로 누가공동체의 상류층 구성원(들)을 통해서 이루어진 것이 아닐까 생각해 볼 수 있다.

---

34 누가 역시 눅 1:1-4에서 자신의 기록의 정확성을 강조하고 있다.

## 5. 결론

이 장에서는 누가와 요세푸스의 예수 삶에 관한 요약 보도에 집중하여 논의를 전개하였다. 이를 통해 양자는 모두 예수의 활동들 중 가장 현저한 측면으로 그의 기적 수행자로서의 이미지를 부각하고 있음을 알 수 있다. 이 전승들은 예수의 기적 활동을 세부적으로 언급, 나열하는 대신에 그의 기적 수행자로서의 전체상을 요약적으로 기술하고 있다. 요세푸스는 예수를 기적 수행자라고 부름으로써 예수 활동의 주요 특징을 기적 행위임을 강조하고 있다. 누가의 예수상에도 역시 기적 수행자의 모습이 강하게 각인되어 있다. 이러한 점에서 본다면, 요세푸스와 누가의 (전체적) 예수상은 서로 가까이에 있다고 볼 수 있다.

1세기 팔레스타인 내외의 유대 민족 및 원시 기독교의 정황은 지속적인 긴장과 갈등이 고조되어 가던 시기에 속한다. 이런 긴장감은 66-70년의 유대-로마 전쟁에서 전면적으로 폭발되었다. 사회사적으로 본다면 기적신앙은 역사적 정황에 조건 지워져 있다. "원시 기독교는 고대의 기적신앙이 첨예하게 발전되어 있던 시대에 속한다. … 저항운동 및 개혁운동들은 항상 카리스마적 기적들로 말미암아 합법적인 것으로 여겨졌다."[35] 이처럼 누가와 요세푸스는 모두 기적 신앙이 사회적으로 극도에 달한 시대에 속한다고 볼 수 있다.

누가와 요세푸스는 모두 기적 수행자와 거짓 예언자 내지는 마술적 인물들을 구별한다.[36] 두 기자 모두에게 있어서 합법적 개혁 움직

---

35 G. Theissen, *Urchristliche Wundergeschichten*, 264.
36 참조. P. W. Barnett, "The Jewish Sign Prophets - A.D. 40-70: Their Intentions and

임을 담보한 자들은 당연히 기적 수행자들이다. 누가에게 있어서 예수는 하나님의 아들이신 메시아요, 또 그 당연한 증거들 중 하나가 예수의 기적이었다. 요세푸스가 메시아적 인물로 상정하고 있는 베스파시아누스 황제 역시 기적 수행자로서의 자질을 확보하고 있는 자로 묘사된다는 점은 그가 기적 수행자들을 신적 능력의 소유자로 이해하고 있음을 대변해주는 것이다. 요세푸스의 예수는 잔혹한 로마 총독 빌라도[37]에게 죽음을 당한 지혜로운 선생과 같은 존재요 동시에 기적 수행자였다. 예수의 기적이 마술이나 속임수와는 다른 신적 능력의 표출 방식이었다는 점은 아마도 누가와 요세푸스 모두의 공통된 관점이었을 것이다.

누가와 요세푸스는 각각 독특한 방식으로 예수상을 구축하고 있다. 그 각각의 예수상은 다양한 전승층들과 각자의 정황의 차이에서 비롯된 나름대로의 복합적 이미지로 나타나고 있다. 양자의 예수상에 대한 보다 포괄적인 비교 분석과 이들의 예수 이해의 배후에 놓인 전승사적 내지는 사회사적 공통 요인 분석에 대한 보다 세밀한 연구는 계속해서 진행되어야 할 필요가 있다.

---

Origin," *NTS* 27 (1981), 679-697은 40년대 이후 유대의 표적예언자들을 사회사적으로 분석하면서, 이들과 예수운동과의 연관성을 추정하고 있다.

37 요세푸스는 빌라도를 매우 잔혹한 인물로 평가하고 있다.

# 제 5 장

# 요세푸스의 예수와 누가-행전 2
## : 제자와 교회에 대한 고찰

## 1. 서론

요세푸스의 예수 보도 단락에서 예수 추종자에 관한 진술은 다음
세 가지다.

그는 [예수는] 유대인들 중 많은 자들과 또한 헬라인 중 많은 자들을
끌어들였다.
처음에 [예수를] 사랑하던 자들은 중지하지 않았다.
그를 [그의 이름을] 따라 명명된 그리스도인들의 족속은 오늘날까지
도 아직 사라지지 않았다.

이 세 부분이 변조되었을 가능성은 거의 없다. 그 이유는 첫째, 다수의 헬라인이 예수 추종자에 포함되어 있었다는 진술은 예수가 유대인들 가운데 제자를 선택했다는 복음서의 보도와 분명한 차이를 보인다.[1] 둘째, 본문은 예수 제자들에 대한 구체적인 전승에 의존해 있지 않고 추종자들에 대한 일반적 정보만을 드러내고 있다. 가령 복음서에서와 같이 제자 명단 등을 구체적으로 제시하고 있지도 않으며, 만일 기독교인이 필사 과정 중에 변조했다면, 제자들의 활발한 선교 활동 등에 관해 보다 구체적으로 언급할 수도 있었을 것이다. 본문은 추종자들이 "예수를 사랑했으며," "아직도 사라지지 않고 있다"는 것만 말할 뿐이다. 셋째, "그리스도인"이란 명칭이 예수의 이름을 따라 불렸다는 것은 "그리스도"가 예수의 본명이 아니었다는 사실과 배치된다. 이는 "그리스도"를 예수의 이름으로 보는 수에토니우스, 타키투스 등 로마의 기록들과 마찬가지로 정확성을 결여하고 있으며, 기독교 외부 관점의 또 다른 한 예로 이해할 수 있다.[2]

요세푸스의 예수 보도 단락은 여섯 문장으로 구성되어 있는데, 이중 "그는 그리스도였다"라는 문장을 확실한 변조 삽입으로 간주하고 제외한다면,[3] 본문의 처음 세 문장과 다섯 번째 문장[4]의 주어는 예수

---

1 수로보니게 여인, 병든 종의 치유를 청한 백부장 등의 이방인들은 예수 추종자 범주에 포함되기 어렵다. 이에 관한 논의는 이 장의 뒷부분에서 다루게 될 것이다.

2 이에 관해서도 이 장의 뒷부분을 참조하라.

3 이에 대한 반론이 제기되기도 했다. 이 책의 제3장에서 이미 지적된 바와 같이, E. Bammel, "Zum Testimonium Flavianum," 20은 이 문장이 첨가된 것이 아니라, 본래 "그들은 다음과 같이 주장하기를"(φάσκοντες ὅτι)과 같은 문구가 앞에 놓여 있던 것이 삭제되었다고 추정한다. 이런 견해는 뒤에 나오는 "그리스도인들" 명칭의 생성을 설명하기에 어느 정도 타당성이 있다는 점에서 가능성이 전혀 없다고 단정할 수는 없다.

4 이 문장도 예수 부활에 관한 진술로 변조 삽입의 가능성이 농후하다.

로 되어 있고, 네 번째와 마지막 문장은 "추종자들"이 주어로 되어 있다. 요세푸스가 짤막한 예수 보도 가운데 그의 추종자들을 중요한 세 부분에 걸쳐 언급하고 있다는 점은 그의 관심사가 예수에만 한정되지 않고 그의 추종자들에 대한 정보 역시 중요 기록 목적이었음을 말해준다.

요세푸스와 달리 누가의 예수에 관한 요약 보도들에서는5 추종자들에 대한 언급이 나타나지 않는다. 대신에 누가는 주로 '예수 부활 현현'에 대한 사도들의 '증인됨'을 강조한다.6 누가의 기록은 역사적 서술방식을 취하고 있다. 즉 누가는 사도행전 전체를 통해서 예수 사후 추종자들의 활동을 서술함으로써 다른 복음서 기자들과는 달리 예수 이후 그 추종자들의 선교 활동 과정을 구체적으로 묘사하고 있다. 따라서 요세푸스와 비교하여 누가의 예수 추종자 보도는 누가-행전 전체에 걸쳐 산재된 방식으로 기술되어 있다는 기본적 차이가 있다.

또한 요세푸스는 외부인의 관점을 표방하고 있는 반면, 누가의 요약 보도는 신앙적 관점에 기초하고 있다는 차이점이 있다. 이러한 기본적인 시각 차이에도 불구하고 요세푸스와 누가의 보도는 흥미롭게 비교될 수 있다. 요세푸스의 본문에서 우리는 예수와 그 추종자들에 대한 객관적 정보 입수가 아니라, 예수운동에 대한 요세푸스 자신의

---

5 이는 눅 24:19-24; 행 2:22-24; 10:37-43; 13:23-32 등 누가 문서에만 나타나는 일련의 요약적 보도를 말한다. 이 요약 보도들의 대개 "예수의 행적, 죽음, 부활, 예언의 성취" 등의 일정한 구조를 갖고 있으며 모두 연설문들 가운데 나타난다. '플라비우스의 증언' 역시 그 구조상 이런 누가의 요약 전승과 함께 분류될 수 있다. 이에 관해서는 박찬웅, "예수의 기적 수행: 누가-행전과 요세푸스의 요약 전승 비교," 「현대와 신학」 26(2001), 238-253을 참조하라(이 책의 제4장).

6 단 한 부분에서만 자신들이 예수의 지상 사역에 대한 목격자들임을 강조된다. "우리는 유대인의 땅과 예루살렘에서 그가 행하신 모든 일에 증인이라"(행 10:39).

이해 방식이 어떻게 깔려 있는 지를 물어야 할 것이다. 그리고 그 이해 방식은 곧 요세푸스 당시의 교회상에 대한 한 외부인으로서의 평가를 반영하고 있을 것이다. 이러한 관점을 토대로, 요세푸스의 교회 이해 (추종자 이해)가 누가의 이해 방식과 근접해 있음을 비교 분석을 통해 밝히고, 또 그 인접성의 이유와 1세기 말 두 저자의 교회상의 특징을 추정하고자 한다.

요세푸스의 예수 추종자 보도는 많은 사람들이 예수를 따랐다는 점, 그들이 유대인과 헬라인으로 구성되어 있었다는 점 그리고 그들의 움직임이 지속되고 있다는 점으로 요약될 수 있다. 이러한 세 가지 측면은 특히 누가 기자의 이해 방식과도 상응하고 있다. 아래에서는 이러한 순서에 입각하여 논의를 전개하고자 한다.

## 2. 예수 추종자들의 규모

요세푸스는 예수 당시와 예수 이후의 추종자들을 순서대로 언급한다. "다수의 유대인들과 헬라인들" 및 "이전에 그를 사랑하던 자들"은 예수 당시의 추종자들을 그리고 "그리스도인들 족속이 아직까지도 사라지지 않았다"는 진술은 1세기 말 당시의 그리스도인들을 가리키는 것으로 볼 수 있다.

우선 요세푸스는 예수에게 모여든 사람들이 다수였음을 두 차례에 걸쳐 언급함으로써 추종자들의 규모를 다음과 같이 크게 상정한다. "[예수는] 유대인들 가운데 <u>많은 자들</u>과 또한 헬라인 가운데 <u>많은 자들</u>을 끌어들였다."

그는 다수의 사람들이 예수에게 몰려들었음을 ἐπάγω의 중간태를 사용하여 보도한다. 주로 '끌어들이다' 또는 '누구에게 악한 영향을 미치다'[7]의 뜻으로 사용되는 이 동사를 그는 대개의 경우 '병사를 모집하다'의 의미로 사용하고 있다.[8] 즉 요세푸스가 현자이자 선생인 인물이 '추종자들을 끌어들였다'는 의미로 ἐπάγω를 사용한 것은 다소 예외적이라고 볼 수 있다.[9]

이 ἐπάγω는 신약성서에서 세 번 발견되는데, 항상 능동태로 사용되며 '끌어들이다, 가져오다, 덮어씌우다' 등의 의미로 쓰인다(행 5:28; 벧후 2:1,5).

다른 공관복음서와 비교하여 누가는 ἐπάγω와 같은 어근을 가진 ἄγω 동사를 자주 사용한다(눅 4:19, 29, 40; 10:34; 18:40; 19:27, 30, 35; 22:54; 23:1, 32; 24:21).[10] 이 중 눅 4:40과 18:40은 병자들이 예수에게 모여든 장면을 묘사하기 위해 사용된 경우인데, ἄγω의 이런 용례는 누가에만 나타난다.

---

7 W. Bauer, "ἐπάγω," *Wörterbuch zum Neuen Testament*, 569.

8 『유대전쟁사』 1:172 등을 참조하라.

9 또한 『유대고대사』 14:361의 Codex Parisinus(11세기) 독법은 "많은 무리를 끌어들이다"의 의미로 ἕπομαι 대신에 ἐπάγω가 사용된 경우인데, 물론 여기서도 군사들이 모여들었음을 의미하는 경우로 이해할 가능성도 있다. B. Niese (ed.), *Flavii Josephi opera edidit et apparatu critico instruxit Benedictus Niese*, vol. 1, VIII 참조. 기원전 40년 아리스토불루스 2세의 아들 안티고누스는 파르티아인들의 침략을 이용하여 부상하던 헤롯 가문을 견제하고 하스몬왕조를 다시 일으키고자 했다(기원전 40-37년). 이때 헤롯대왕은 도피 생활을 시작했고, 그의 형제 파사엘은 히르카누스 2세와 함께 포로로 잡혀 결국 자살하고 만다. 당시 헤롯을 따르던 자들은 용병들을 제외하고도 상당히 많은 수였기에 효과적 도피를 위해 결국 9천명 이상의 추종자들을 돌려보낼 수밖에 없었다(『유대고대사』 14:324-369 참조).

10 막 1:38; 13:11; 14:42; 마 10:18; 21:2,7; 26:46 비교.

어휘 사용의 위와 같은 근소한 인접성만을 근거로 요세푸스가 누가의 전승을 토대로 예수 본문을 기록했다고까지 추정하기는 다소 힘들다. 그렇지만 신약 문서들 중 누가의 기록은 어휘 사용과 관련하여 요세푸스의 예수 본문의 어휘 사용과 가장 인접해 있는 문서들이다. 가령, 요세푸스는 예수를 ἀνήρ(사람)라는 어휘를 사용하여 소개하는데, 이와 같은 예는 신약성서에서 오직 누가에만 발견된다(눅 24:19; 행 2:22; 17:31). 예수를 "지혜로운" 사람으로 묘사하가 위해 사용된 σοφός의 경우도 비슷하다. 신약성서에서 이 단어가 예수와 직접 관련된 예는 없는데, 누가에 이와 동족어인 σοφία가 현저하게 나타나고 있다(눅 2:40, 52; 7:35; 11:31; 21:15; 행 6:3, 10; 7:10, 22). 특히 어린 예수가 성장하는 과정을 요약 보도하는 눅 2:40-52 본문은 처음과 끝인 40절과 52절에 각각 이 '지혜'라는 말이 사용됨으로써 예수의 지혜로운 면모를 강조하고 있다. 덧붙여 예수의 기적을 가리키는 말로 사용된 παράδοξος(놀라운, 기이한)는 신약성서에서 단 한 번 발견되는 단어로, 이 역시 누가의 기록 중에 나타난다(눅 5:27).

이러한 증거들과 함께 볼 때, 앞서 논의했던 예수 추종자를 묘사한 ἐπάγω 용법과 관련하여 누가와 요세푸스 본문을 근접한 것으로 이해하는 것은 무리가 아니다.

그렇다면 예수 추종자들이 큰 규모였다는 요세푸스의 강조는 단순히 사실 묘사 보도인가, 아니면 대중성을 부각함으로써 의도하는 바가 있었는가? 이에 대한 해답을 찾기 위해서는 우선 문맥을 살펴보아야 한다. 앞서 언급한 바대로, "이는 그리스도였다"는 진술을 삭제하면, 이 예수 추종 세력의 대규모성 언급 다음에 예수 처형 보도가 곧바로 뒤따르게 된다.

집단 운동의 대중성이 사회적 불안을 야기하고, 지배 당국이 이에 예민하게 반응한다는 것은 요세푸스 보도의 전형적 패턴이다. 그에 의하면, "사기꾼들과 협잡꾼들이 무리를 설득해서… 그들에 의해 현혹된 수많은 사람들이 어리석음에 대한 대가를 치르게 되었다"(『유대고대사』 20:167-168). 파두스 총독 치하에서 드다라는 마법사가 출현하여 거짓 예언자 행세를 하자 "많은 사람이 드다의 말에 현혹되어" 결국 로마의 공격을 받아 많은 수의 사상자가 발생했다(『유대고대사』 20:97-99). 이전 코포니우스 총독 시절 납세 거부 운동을 주도한 갈릴리 유다는 "백성"을 선동하여 폭동을 일으켰다(『유대고대사』 18:23; 20:102; 『유대전쟁사』 2:117). 빌라도 총독 치하의 사마리아 지역에도 한 사람이 모세가 숨겨둔 제사 기구들을 보여주겠다며 무리를 이끌고 그리심 산으로 향하였다. 이 운동 역시 빌라도에 의해서 무참하게 진압되고 만다(『유대고대사』 18:85-87).

이러한 단락들과 비교할 때, 요세푸스에 의하면 예수운동의 대중성 안에 이미 잠재적 위협 요인이 존재했고, 결국 예수 처형은 이 요인을 미리 제거하고자 한 지배층의 필연적 반응이었음을 보도하고자 한 것이었음을 알 수 있다. 이는 물론 요세푸스 자신이 예수운동과 당시 그리스도인들에 대해 부정적으로 평가했다는 의미는 아니다. 그것은 그가 대중성 자체를 늘 부정적인 시각으로 이해하지는 않기 때문이다.

가령 대중적 인기를 누렸던 세례 요한의 죽음 역시 지배 당국의 의혹에서 비롯되는 것으로 묘사된다. 요세푸스에 의하면, 안티파스가 36년 나바태의 아레타스 4세와의 전쟁에서 대패한 것은 바로 세례 요한에 대한 부당한 처형에 대해 하나님의 심판이 내려진 결과였다. 즉 그가 상당히 높이 평가하는 세례 요한 역시 대중성의 맥락에서 죽임을 당하는 것으로 묘사된다는 것이다.

> 요한의 어떠한 말이라도 따를 듯이 보이는 이 사람들이 그의 말에 자극되어 폭동을 일으킬 수도 있다고 여겼기 때문이었다. 그래서 헤롯은 나중에 곤란한 경우에 빠지게 되는 것보다 적절한 시점에 미리 요한을 제거하는 것이 더 낫다고 생각했다(『유대고대사』 18:118).

물론 세례 요한을 처형한 것은 로마가 아니라 헤롯 안티파스이나, 이 본문은 평화적 운동일지라도 지배자의 의심을 받을 여지가 얼마든지 있음을 단적으로 보여주는 예라고 할 수 있다.

따라서 요세푸스 자신이 예수운동에 대한 부정적 인식을 가졌으리라는 해석은 섣부른 추정에 불과하다. 오히려 요세푸스는 예수 죽음의 합리적 이유를 독자들에게 전달하기 위해 그렇게 묘사한 것이라는 추정이 보다 적절할 것이다.

다음으로 누가의 묘사는 예수 추종자들의 규모와 관련하여 세 가지 측면을 알려준다.

첫째, 요세푸스와 마찬가지로 예수 추종자들의 수가 '대규모'였다는 점은 누가의 중요한 강조점이다. 예수는 항상 큰 무리를 이끌었고, 예수 활동은 대규모 백성이 모인 중심에서 수행된다(눅 5:15; 6:17; 9:37; 14:25). 갈릴리 맞은편에서 활동을 마치고 돌아온 예수를 환영한 것 역시 큰 무리이다(눅 8:40). 사도행전의 사도들 역시 백성 가운데에서 활약한다(행 5:12; 8:6). 또한 누가는 요세푸스의 예수 보도와 흡사하게, 바울과 바나바의 선교 활동을 통해서 "수많은 유대인들과 헬라인들이 믿었다"(행 14:1)고 보도한다.

둘째, 누가의 보도에서는 '확장 모티브'가 발견된다. 예수의 제자들을 "제자들의 큰 무리"로 확대 보도하는 것은 신약성서 가운데 오직 누가복음서이다. 예를 들어 막 3:7에서는 예수를 따른 것이 오직 '큰 무리'지만 누가는 이를 '제자의 많은 무리'와 '많은 백성'으로 나누어 보도한다.[11]

> 예수께서 그들과 함께 내려오사 평지에 서시니 그 <u>제자의 많은 무리</u>와 예수의 말씀도 듣고 병 고침을 받으려고 유대 사방과 예루살렘과 두로와 시돈의 해안으로부터 온 많은 백성도 있더라(눅 6:17).

여기서 우리는 예수 추종자들이 '그들'로 언급된 열 두 사도 집단(눅 6:13-16),[12] 제자들의 많은 무리, 백성의 큰 무리의 세 집단으로 구별됨을 알 수 있다. 예루살렘 입성 장면에서도 이와 유사한 묘사가 재차 등장한다.

> 이미 감람 산 내리막길에 가까이 오시매 <u>제자의 온 무리</u>가 자기들이 본 바 모든 능한 일로 인하여 기뻐하며 큰 소리로 하나님을 찬양하여(눅 19:37).

예수 제자들이 무리를 이룰 정도로 다수였다는 위 기록들은 누가

---

11 "예수께서 제자들과 함께 바다로 물러가시니 갈릴리에서 큰 무리가 따르며"(막 3:7).
12 이들의 명단이 눅 6:17 직전 단락(6:13-14)에 언급되어 있으며, 누가는 예수가 이들을 직접 "사도"로 불렀음을 명시한다(막 3:13-19; 마 10:1-4 비교).

의 편집일 가능성이 높다.13 즉 모든 그리스도인들이 예수의 제자로 이해되는 후대 정황이 반영된 것일 수 있지만, 확장 모티브를 통해 누가가 예수 추종자들의 대규모성을 강조했다는 점은 누가 공동체의 큰 규모를 짐작할 수 있게 해준다.

셋째, 누가의 편집은 '추종 모티브'를 잘 보여주고 있다. 십자가 형장으로 향하는 예수의 뒤를 큰 무리가 뒤따르는 묘사는 누가에만 나타난다.14

또 백성과 및 그를 위하여 가슴을 치며 슬피 우는 여자의 큰 무리가 따라오는지라(눅 23:27).15

마찬가지로 구레네 시몬 장면 역시, 막 15:21이나 마 27:32와는 달리 그가 예수의 십자가를 대신 짊어 진 것만이 아니라, 예수를 따라가는 장면이 첨가된다("예수의 뒤를 따라," ὄπισθεν τοῦ᾽Ιησοῦ).16

---

13 H. Schürmann, *Das Lukasevangelium*, I, HThK (Freiburg ⁴1990), 321에 의하면, 눅 19,37의 제자의 온 무리는 오순절 이후 제자 공동체 형성을 위한 "예언적" 징표다. 또 F. Bovon, *Das Evangelium nach Lukas*, EKK III/1 (Düsseldorf 1989), 286에 의하면, "물론 누가는 우선적으로 역사적으로 그리고 기술적(記述的)으로 생각하고 있다. … 그러나 동일한 관계가 원시 공동체에서 그리고 아마도 누가의 시대에서 반복되고 있다. 그들의 주님에 의해 인도되며 12인에 의해 통솔되는 교회는 온 백성들로부터 제자들을 소집하였다."

14 막 15:21-32; 마 27:32-44; 요 19:19-27 비교.

15 눅 23:49에서 예수가 죽는 장면을 목격한 여인들은 갈릴리에서부터 예수를 '추종한' 여자들로 묘사된다. 여기서 누가는 막 15:41 및 마 27:55의 ἀκολουθέω 동사에서 파생한 συνακολουθέω를 사용하고 있다. 요세푸스는 ἀκολουθέω를 대개의 경우 병사들의 추종을 가리키는 말로 사용한다(『유대전쟁사』 6:53,255 등). 하지만 젤롯인들의 추종 세력을 가리키는 말로 이 동사가 사용되기도 한다(『유대전쟁사』 5:7).

16 이는 아마도 눅 9:23의 "또 무리에게 이르시되 아무든지 나를 따라 오려거든 자기를 부

그들이 예수를 끌고 갈 때에 시몬이라는 구레네 사람이 시골에서 오는 것을 붙들어 그에게 십자가를 지워 예수를 따르게 하더라(눅 23:26).

누가의 예수 추종 묘사에 나타난 이러한 세 가지 특징은 요세푸스 본문의 분위기와 유사하다. 즉 누가를 읽는 독자들 역시 로마 당국과 유대 귀족들이 예수운동의 대중성 때문에 정치적 의혹을 갖게 될 수 있음을 알고 있었을 것이다. 실제로 누가는 대중적 운동이 문제를 야기할 수 있다는 점을 여러 부분을 통해 알려주고 있기 때문이다.

가령, 누가복음서에서 예수에 대한 고소 내용은 모두 정치적 위험과 관련된 것이다(눅 23:2). 예수는 "백성을 미혹하고," 로마 황제에게 세금 납부를 금지하며, 자칭 왕 그리스도라고 주장했다는 것이다. 눅 23:14에서 빌라도는 이 고소 내용을 요약하는데, 빌라도의 진술에 나타난 예수 고발의 주요 이유는 '백성을 미혹하는 것'이다. 이는 마가(막 14:55-64)나 마태(마 26:60-66)에서의 고발 이유가 성전을 허물고, 하나님의 아들 그리스도라는 주장과는 차이를 보인다.[17] 예수 활동의 대중성은 이어지는 무리의 외침을 통해 다시금 분명히 언급된다. "무리가 더욱 강하게 말하되 그가 온 유대에서 가르치고 갈릴리에서부터 시작하여 여기까지 와서 백성을 소동하게 하나이다"(눅 3:25).

예수운동의 대중성이 문제를 야기하는 양상은 사도행전에서도 이

---

인하고 날마다 제 십자가를 지고 나를 좇을 것이니라," 그리고 눅 14:27의 "누구든지 자기 십자가를 지고 나를 좇지 않는 자도 능히 나의 제자가 되지 못하리라"(SLk)는 예수 명령이 실천된 모델로 설정되었을 것이다.

17 반면, 빌라도 재판에서는 예수가 유대인의 왕인지의 여부만이 다루어진다(막 15:2; 마 27:11).

어진다. 사도들은 백성들 가운데 많은 사람들을 선교하는 데에 성공하지만, 번번이 사회 불안을 야기한다는 의혹을 받게 된다. 약 5천 명의 사람들을 믿게 한 베드로와 요한은 공회 앞에 소환된다(행 4:1-4). 박해에도 불구하고 계속되는 사도들의 선교 활동으로 "남녀의 큰 무리"가 믿고 주께 돌아오게 되자(행 5:14) 대제사장 가문과 사두개인들의 시기를 받고 이들은 투옥된다(행 5:17-18). 이 투옥 사건 직후 공회에서 바리새인 가말리엘의 연설이 보도된다(행 5:35-39). 가말리엘은 예수운동을 드다와 갈릴리 유다의 추종자들이 각각의 지도자 사망 후[18] 흩어진 점과 비교하며 공회원들을 설득하는 것으로 나타난다. 바울 역시 동일한 이유에서 위험한 인물로 비춰진 것으로 보도된다. 예루살렘에서 한 천부장은 바울을 4천 명의 시카리파 사람을 이끌고 광야로 나간 이집트 선동자로 착각을 한다(행 21:38).[19]

이러한 증거는 적어도 지배층 일부의 시각이 기독교 운동을 위험 요소가 다분한 집단 운동으로 분류하고 있었음을 보여준다. 그리스도인들에 의해 야기된 사회적 불안은 로마 상류층에 이미 알려져 있었다. 그 대표적 예는 49년 경[20]에 내려진 클라우디우스 칙령에서 볼 수 있다. 120년경 수에토니우스는 클라우디우스 황제의 전기를 집필하는 가운데 다음과 같이 기록하고 있다.

[클라우디우스는] 그리스도[Chrestos]에 의해 선동되어 지속적으

---

18 행 5:37은 갈릴리 유다가 죽임을 당했다고 보도한다. 한편 요세푸스는 그의 두 아들 야고보와 시몬이 44년에 십자가형을 당했다고 말하지만 유다 자신의 최후에 대해서는 언급하지 않는다(『유대고대사』 20:102).

19 『유대고대사』 20:169-172; 『유대전쟁사』 2:261-263 참조.

20 P. Lampe, *Die stadtrömischen Christen in den ersten beiden Jahrhunderten*, WUNT 2, Reihe 18 (Tübingen, 1984), 4-8 참조.

로 소요를 일으킨 유대인들을 로마에서 추방했다(『클라우디우스 황
제 전기』 25:4).

행 18:2에도 언급되는 이 칙령은 선교 활동으로 말미암아 여러 지
역에서 소란이 야기된 것을 보도하는 사도행전의 묘사들과 맥을 같이
한다고 볼 수 있다.[21]

비슷한 시기에 타키투스 역시 도처의 그리스도인들이 활동했음을
매우 부정적인 시각으로 기록하고 있다.

> 이러한 소문을 잠재우기 위해 네로는 다른 이들에게 책임을 전가하고
> 그들을 극도로 잔혹한 고문으로 처벌하였다. 이들은 추한 행위로 인
> 해 백성으로부터 미움을 받았던 자들이며, 그리스도인들[Christiani
> 혹은 Chrestiani]이란 명칭을 지녔다. 이 이름은 티베리우스 때 본디
> 오 빌라도 총독에 의해 처형된 그리스도[의 이름]에서 생성되었다.
> 이 추잡한 미신은 잠시 동안 주춤하였지만, 이후 다시 일어나 그것이
> 시작된 유대뿐만이 아니라, 온 세계의 모든 만행과 혐오스러운 것들
> 이 횡행하고 있는 로마에까지 확산되었다(타키투스, 『역사』 15:44).

위 두 로마 기록자들과 마찬가지로 로마의 요세푸스 역시 그리스

---

21 행 18:2의 "모든 유대인들"의 추방 보도는 과장일 것이다. R. Brändle/E. W. Stegemann,
"Die Entstehung der ersten 'christlichen Gemeinde' Roms im Kontext der jüdischen
Gemeinden," *NTS* 42 (1996), 1-11, 특히 9 참조. 누가는 아마도 브리스길라와 아굴라를
포함한 그리스도인들에 대한 추방령이 내려진 것이 로마와 그리스도인들 사이의 심각
한 마찰에서 비롯된 것이 아니라, 모든 유대인들이 쫓겨날 때 이들도 추방된 것임을 강
조하고자 한 것으로 해석할 수 있을 것이다. 곧 누가의 의도는 그리스도인들이기 때문
이 아니라 유대인이기 때문에 추방되었다는 점을 강조하고자 했다고 볼 수 있다.

도인들이 사회적 불안을 야기했다는 전승을 모르고 있지는 않았을 것이다.

앞에서의 분석을 통해 볼 때, 누가와 요세푸스는 모두 예수운동 및 추종자들의 활동 과정의 공통적 특징을 큰 규모의 대중운동으로 이해하고 있음을 알 수 있다. 또한 양자의 일치된 시각은 그러한 대중성이 곧 예수 처형의 중요한 원인이 되었음을 시사하고 있다는 점이다. 이와 함께 지적되어야 할 것은 예수 및 추종자 보도에 있어서의 요세푸스와 누가의 유사한 묘사 방식에도 불구하고 예수의 대중적 운동에 대한 기본적 인식에는 차이가 있다는 점이다. 즉 예수 추종자의 대중성 묘사를 통해 요세푸스는 그리스도인들에 대한 특별한 호감 없이 예수를 지배층에게 잠재적 위협을 느끼게 할 수 있는 한 인물로 이해하는 반면, 누가의 의도는 예수운동이 거대한 로마제국의 중요한 도시들에서 각광을 받고, 많은 백성의 호응을 통해 백성 내부에서 이미 공신력을 획득해가고 있었음을 설득하고자 한 것이었다. 또한 누가는 예수와 그리스도인들에 대한 정치적 의혹이 오해의 소치일 뿐임을 강조하고자 했던 것이다.

## 3. 예수 추종자들의 인종 구성

요세푸스는 예수가 "많은 유대인들뿐만이 아니라 많은 헬라인들도 끌어들였다"라고 기록함으로써 예수 추종자들이 복합 인종이었음을 지적한다. 예수가 끌어들인 자들을 예수의 제자들로 본다면, 이는 분명 역사적 사실과 어긋나는 보도이다. 예수의 제자들 가운데 이방인은 전혀 알려져 있지 않다. 만일 이들의 정체를 예수의 가까운 제자 그룹이 아니라 다수의 무리로 이해한다면, 적어도 누가의 묘사와는 큰 차이를 보인다. 누가의 예수는 철저히 유대인에 국한되어 활동했기 때문이다.

물론 유대인으로 제한된 선교 주제는 마태에 가장 명백하게 드러나 있다. 유대 중심적 경향이 강한 마태의 예수는 제자 파송 단락에서 이방인 선교를 철저히 금지한다. "이방인의 길로도 가지 말고 사마리아인의 고을에도 들어가지 말고 오히려 이스라엘 집의 잃어버린 양에게로 가라"(마 10:5f.; cf. 막 6:8-11; 눅 9:3-5).22

예외적으로 가버나움의 백부장 단락(마 8:5-13)과 가나안 여인 단락(마 15:21-28)은 마태의 예수가 이방인의 믿음을 칭송하는 부분이지만, 이 두 단락도 역시 계획적인 이방인 선교 주제와는 무관하다.

누가의 예수 역시 이방인 선교를 명령하거나 이방인 추종자들을 거느리지 않는다. 그런데 이방인 관계에 있어서 누가는 마태보다도 오히려 더 제한적 경향을 나타내는 면을 보인다. 누가는 복음서 기자들 가운데 예수와 이방인 사이의 간격을 가장 엄격하게 제한하고 있다. 마태의 예수는 배타적 유대 성향을 지녔으면서도 예외적으로 백부장과 가나안 여인을 만나기도 하나, 누가의 예수는 단 한 번도 이방인과 직접 접촉하지 않는다.

가버나움의 백부장 단락(눅 7:1-10)은 누가의 편집 방향을 잘 보여준다. 여기서 누가는 세 번에 걸쳐 백부장이 "유대인 바깥"의 인물임

---

22 물론 마태의 예수는 최종적으로는 모든 민족을 제자로 삼을 것을 명령함으로써 배타적 유대 편향주의를 수정하는 것으로 나타나 있지만(마 28:19-20), 부활 이전 예수의 삶은 철저히 유대 중심적으로 묘사되고 있다.

을 강조함으로써, 우선 그의 이방인 정체성을 강조한다. "[백부장은] 예수의 소문을 듣고 <u>유대인의 장로</u> 몇 사람을 예수께 보내어"(눅 7:3); "그가 <u>우리 민족</u>을 사랑하고 또한 <u>우리</u>를 위하여 회당을 지었나이다 하니"(눅 7:5). 또 마태의 백부장은 예수와 직접 대화를 나누지만, 누가의 예수는 결코 이 이방인 백부장을 만나지 않는다. 마태와 달리 누가는 파송 모티브를 이용하여, 백부장이 보낸 유대인 장로들이 예수와 백부장 사이를 중개하는 것으로 묘사한다. 예수는 백부장의 집에 가까이 이르렀음에도 불구하고 이 이방인의 집에 들어가지 않는다. 심지어 집 가까이 온 예수에게 종이 나았음을 알리고자 할 때에도 백부장은 직접 나서지 않고 그의 친구들을 보낸다.

그런데 사도행전에서 고넬료가 하인 두 사람과 함께 "경건한 병사" 하나를 베드로에게 보낸 이야기(행 10:1-48, 특히 7절)와 관련지어 생각하여, 이 친구들이 이방인이었으리라고 볼 수 있는 증거는 없다. 또 이들의 인종적 정체 불확실성이 예수와 이방인의 직접 접촉을 배제하는 백부장 단락의 명백한 의도를 방해하지도 않는다.[23] 마찬가지로 사도행전의 고넬료가 파송한 사람도 '경건한 병사'(στρατιώτην εὐσεβῆ)로 언급됨으로써 유대적 경건성을 갖춘 자임이 강조되고 있다.

수로보니게 여인 단락(막 7:24-29; 마 15:21-28), 이방 지역에서의 예수 치유 활동(막 6:53-56; 마 14:34-36) 부분에 대한 누가의 생략도 우연이 아닐 것이다. 이들은 마가 자료 생략 부분(막 6:45-8:26)에 속하는 단락들로 예수의 이방인 접촉 일화를 아예 제거해버리고자 한 시도로

---

23 가령 J. A. Fitzmyer, *The Gospel according to Luke I-IX*, I (New York: Yale University Press, 1981), 652는 그 이유에 대해서는 밝히고 있지 않지만 백부장이 보낸 친구들이 '유대인'이었을 것으로 추정한다.

이해할 수도 있을 것이다.[24]

　이러한 점에서 볼 때, 누가의 예수는 율법과 전통에 충실한 한 사람의 유대인이요, 십자가 죽음 이전에 이방인을 추종자로 삼지 않았음을 분명히 하고 있다.[25] 그러나 양자의 이러한 뚜렷한 차이에도 불구하고 누가의 사도행전에서 '이방인 선교'는 중심 주제 중 하나임을 주목할 필요가 있다. 누가의 현시점에서 볼 때 누가공동체의 교회상은 인종적으로 유대인과 이방인이 복합된 정황을 반영하지만, 누가는 통시적(diachronic) 방식으로 이방인 주제를 기술한다. 누가복음서에 묘사된 예수의 지상 삶은 이방인과의 접촉을 피하는 모습을 통해 유대 정결법을 철저히 준수하는 것으로 그려지며, 사도행전에서도 이방인 선교는 베드로와 고넬료 단락에 와서야 시작된다.

　이러한 점에서 볼 때, 요세푸스가 예수 추종자들의 인종적 복합성을 강조한 것은 누가공동체의 인종적 정황에 부합되는 측면이다. 예수가 헬라인들을 끌어들였다는 요세푸스의 착오는 당시 그리스도인

---

24 정결법과 관련된 논쟁 단락(막 7:1-23; 마 15:1-20) 생략도 이와 같은 맥락에서 이해할 수 있을 것이다. 이방인 접촉 문제는 곧 엄격한 정결법에 대한 위반이었고, 누가의 예수는 한 번도 율법 위반 행위를 하지 않는 것으로 묘사된다. 그런데 눅 6:17은 예수에게 모여든 무리 가운데 두로와 시돈 해안 지방에서부터 온 자들이 있었다고 보도한다. 이를 근거로 누가의 예수가 이방인을 전혀 접촉하지 않았다고 볼 수는 없지 않느냐는 반론이 제기될 수도 있다. 하지만 이 단락은 "온 무리"가 예수에게 나아왔다는 예수 활동의 대중적 인기를 강조하기 위한 묘사이며, 두로와 시돈으로부터 온 자들은 이 무리의 일부일 뿐이다. 또한 예수가 이방인과 개인적 접촉을 가졌음도 명시되지 않고 있다.

25 W. Überlacker, "Das Vehältnis von Lk/Apg zum Markusevangelium, in: P. Loumanen (ed.), *Luke-Acts. Scandinavian Perspectives*, SESJ 54 (Helsinki/Göttingen 1991), 157-194 참조. "예수 자신은 오직 유대인 안에서 선교했다. 예수의 이스라엘 선교가 종결된 이후에야 이방 선교가 진행된다"(161). 또한 J. B. Koet, *Five Studies on Interpretation of Scripture in Luke-Acts,* SNTA 14 (Leuven 1989), 145를 참조하라.

들의 인종 구성을 예수 시대로 소급해서 생각한 결과일 것이다.

어쩌면 예수 추종자들의 인종적 복합성이 요세푸스가 예수 단락을 기록하게 된 매우 중요한 동기가 되었을 수 있다. 그 이유는 요세푸스가 특별히 헬라인 추종자들을 강조하고 있기 때문이다. 즉 '많은 헬라인들 또한'(πολλοὺς δὲ καὶ τοῦ Ἑλληνικοῦ) 예수에게 모여들었다는 표현은 이런 현상이 일반적이지 아니었음을 암시한다. 한 유대인이 유대인 추종 집단을 거느리는 것은 특기할 만한 점이 아니겠지만, 이방 백성들 가운데에도 그를 따르던 자들이 있었음은 충분히 특별한 점이 될 수 있다.[26] 요세푸스는 예루살렘이 초토화되고 로마에 저항한 불온한 민족이라는 오명을 안고 살던 유대 민족의 한 사람으로서, 자기 동족 가운데 한 인물이 이방인들 사이에도 현저한 영향력을 행사했다는 기록을 통해 일종의 자부심을 표현하고자 했던 것일 수도 있다.

## 4. 예수 추종자들의 지속성

요세푸스는 두 번에 걸쳐 그리스도인들이 사라지지 않고 존속되고 있음을 강조한다.

이전에 그를[예수를] 사랑하던 자들은 멈추질 않았다.

그의 이름을 따라 그리스도인이라 명명된 그 족속들은 아직까지도 사

---

26 이 헬라인들을 디아스포라 유대인들로 이해할 가능성도 없지 않으나, 곧바로 이어지는 문장이 "우리[즉 유대인들] 지도자들이 그를 고발했다"임을 볼 때, '우리'(유대인)와 대조 개념으로 '헬라인' 단어가 사용되고 있다고 볼 수 있다. 따라서 이 '헬라인'은 이방인들을 가리키는 말로 이해하는 것이 더 자연스럽다.

라지지 않고 있다.

위 두 진술은 서로 다른 추종자 그룹을 가리키는 것으로 볼 수 있다. 예수의 사망 보도와 관련되어 나오는 "이전에 그를 사랑하던 자들"은 예수 생시의 추종자들(아마도 사도들)을 지시한다고 볼 수 있는 한편, 두 번째 진술은 요세푸스 당시의 그리스도인들을 가리키고 있기 때문이다("아직도").

요세푸스는 '예수의 이전 추종자들'을 묘사하기 위해 ἀγαπάω라는 동사를 쓰고 있다. 그는 이 단어를 주로 '개인적인 사랑'이나 '만족' 등의 의미로 사용하는데, 한 인물에 대한 다수인의 호감을 묘사하기 위한 말로 사용되는 드문 경우들[27]을 제외하고는 집단 운동의 추종세력에 대한 묘사로 이 용어가 사용된 적은 한 번도 없다. 따라서 이를 기독교 전승의 영향으로 추정한다 해도 그리 무리는 아닐 것이다.

이 예수 추종자들은 '멈추질 않았다.' 여기서 멈추는 것의 대상이 무엇인지는 나타나 있지 않다. 같은 문장에서 '사랑하다'라는 동사가 사용되었으므로, "예수를 사랑하기를 멈추질 않았다"의 의미로 볼 수도 있을 것이다.

그런데 이 παύω는 『유대전쟁사』에 자주 나타나는데, 주로 반란이나 소요, 저항운동을 '중지하다'라는 의미로 사용된다.[28] 목적어 없이 사용되는 경우 역시 대부분 이러한 '반란이나 저항운동들이 중지되다'의 의미를 갖는다.[29] 그렇다면 요세푸스는 예수 추종자들의 움직임을

---

27 『유대전쟁사』 1:30; 『유대고대사』 7:43; 8:213, 215; 11:339; 13:289, 407.
28 『유대전쟁사』 1:254; 2:494, 647; 3:238; 5:355; 6:239, 329; 『유대고대사』 4:32, 35, 59, 66; 13:293; 14:433; 18:58, 62; 20:109; 117; 『요세푸스자서전』 23, 173.

이런 불온한 운동들 중의 하나로 묘사되고 있다는 말이 되는가?

이 시점에서 '플라비우스의 증언'의 전후 문맥을 살펴보자. 이 본문 바로 앞 단락에서 παύω 동사가 사회적 불안감을 야기하는 소동과 관련하여 두 차례 사용되고 있다. 한 번은『유대고대사』18:58에서 θορυβέω(소동을 빚다) 동사와 다른 하나는『유대고대사』18:62의 στάσις(폭동, 반란)와 함께 사용되었다. 이 두 부분은 총독 빌라도 때문에 발생한 사건을 다루고 있는 부분으로, 첫 번째 이야기는 빌라도가 황제의 상이 그려진 깃발을 한밤중에 몰래 예루살렘으로 반입한 사건이다(『유대고대사』18:55-59). 이 사건으로 야기된 유대인들과의 갈등은 상을 제거함으로써 비로소 끝이 나게 되지만, 시위 진행 당시 빌라도는 무력을 사용하여 항의하던 유대인들을 포위한 후 "소동을 중지할 것"을 명령했다. 두 번째 이야기는 성전 재산을 강제로 이용하여 수로공사비로 사용한 에피소드다(『유대고대사』18:60-62). 많은 유대인들은 빌라도에게 이 작업을 중단하라고 요청했다. 그러나 빌라도는 이 요청을 무시한 채 이들을 강제로 해산시켰고 진압 과정에 많은 사람들이 처참하게 살해당했고 또 부상을 당했다. 요세푸스는 이 단락을 맺으며, "그 폭동은 이렇게 종결되었다(παύω,『유대고대사』18:62)"라고 적고 있지만, 이는 결코 소동을 일으킨 유대인들을 비난하고자 함이 아니었다. 앞의 황제상 반입 사건에서 소동을 일으킨 자들이 유대 전통을 수호하기 위해 죽음도 각오한 이들로 묘사되며, 빌라도마저 이러한 행동에 "감동하여" 반입된 상을 철수하게 된다(『유대고대사』18:58-59). 마찬가지로 두 번째 반란을 일으킨 이 유대인들을 가리켜 요세푸스는 용감

---

29『유대전쟁사』2:316;『유대고대사』19:147 등.

한 자들이라고까지 평가한다(『유대고대사』18:62). 따라서 소동의 원인 과 내용에 따라 평가를 달라졌음을 알 수 있다.

이와 같은 갈등 이야기들 다음에 곧바로 예수 단락이 위치한다. 『유 대고대사』18:60-62에서의 소란이 무자비한 살육으로 끝났듯이, 예 수운동도 중심인물의 처형으로 이어졌다. 그러나 예수의 추종자들은 예수 처형에도 불구하고 중지하질 않았다. 나란히 이어 나오는 이야 기의 첫 번째 반란이 진압되었다면, 이어 나오는 예수 추종자들의 경 우는 그렇지 않다. 즉 요세푸스는 이러한 배열을 통해 두 개의 단락을 의도적으로 대조하고 있다고 볼 수 있다.

누가와 요세푸스에게 예수 추종자들의 '지속성'은 매우 중요한 주 제이다. 누가의 사도행전 기록 목적 중 하나는 온갖 적대에도 불구하 고 그리스도 신자들이 지속적으로 존재함과 동시에 확장됨을 묘사하 기 위함이다. 바리새인 가말리엘은 이 존속 사실을 합법적 종교성의 기준으로 말하고 있다(행 5:35-38). 가말리엘 연설 단락 역시 사도들에 게 가해진 박해 묘사 단락 안에 위치함으로써(행 5:17-42) "핍박에도 불 구하고" 사도들의 지속되는 활동이 누누이 강조되고 있다. 또한 가말 리엘 역시 예수 제자들의 존속성을 드다와 유다의 집단 운동과 비교 하는 점도 위의 논의와 상당한 유사점을 보이고 있음을 알 수 있다. 사도행전의 보도를 다시 표현하자면, 드다와 유다의 운동이 사라졌다 면(즉 중지되었다면) 예수 추종자들의 운동은 지도자가 처형된 동일한 상황에도 불구하고 아직까지도 중지되지 않고 있다. 그리고 이러한 존속의 사실은 곧 하나님의 의지임을 확신 있게 역설하고 있는 것이다.

## 5. 결론

요세푸스와 누가의 예수 추종자 묘사는 각각의 교회 이해를 반영하고 있다. 기본적 인식의 차이에도 불구하고 이들의 묘사는 중요한 비교점을 갖고 있다. 양자에 의하면 예수 추종자들은 큰 규모의, 인종을 초월한 그리고 지속적 운동의 구성원들이요, 이는 곧 저자들 현실의 교회상을 투사한다. 이런 교회 공동체의 성격에는 —적어도 누가에게 있어서는— 누가공동체의 모습이 투영되어 있다. 이는 누가 교회 공동체 현실의 반영이자 나아가야 할 이상적 모델의 제시이기도 하다. 그리고 누가에 있어서 이런 교회상은 공동체 외부의 시각에서 관찰되더라도 합법적이고 보편적 가르침을 표방하는 평화로운 집단임을 강조한다. 즉 누가의 교회는 "세상의 한편 구석에서"(행 26:26) 일어난 움직임이 아니라 온 세상과 상류층의 구성원들에게도 익히 알려진 공동체이다. 또한 그런 넓은 세상 속에 조화롭게 존속해야 할 공동체이다.

요세푸스 역시 이런 교회상의 기본 특징에 동의한다. 그는 비록 예수의 삶과 그 추종자들의 지속적인 활동에 대해 직접적 찬사를 보내는 것은 아니지만 '제3자적 호의'를 갖고 있다. 만일 그가 어느 특정한 교회 공동체를 알고 있었거나 혹은 예수 활동 묘사를 위한 정보를 그의 주변 인물 중 어떤 그리스도인으로부터 입수했다면, 이는 아마도 누가공동체와의 관련 가능성이 높을 것이다. 가령 헤롯왕조의 아그립바 2세와 그 친척들을 상정할 수 있다. 요세푸스에 의하면, 그는 특히 아그립바 2세와 깊은 친분 관계를 나누고 있었다. 아그립바 2세는 그에게 62통의 서신을 보냈는데, 그는 『요세푸스자서전』에서 실제로 2

통의 편지를 공개하기도 한다(『요세푸스자서전』 361-367). 그는 이 서신들을 자신의 기록의 확실성을 뒷받침하는 증거라고 밝히면서, 특히 편지들에서 밝히지 않은 정보들을 구두로 일러주겠다고 약속한 아그립바 2세의 글 내용을 직접 인용하기도 한다(『요세푸스자서전』 366). 이를 통해 볼 때 요세푸스는 역사 기록의 중요한 전승자료들을 그를 통해 확보했음이 분명하다. 상류층 구성원들에 대한 구체적 정보를 지니고 있었던 누가 역시 이 아그립바 2세에 관해 주목할 만한 보도를 하고 있다. 즉 사도행전에서 그는 잠재적 기독교인으로까지 묘사되고 있다(행 26:24-32). 따라서 이 헤롯가의 인물이 누가공동체와 직접 혹은 간접적으로 관련된 인물이었다면, 요세푸스는 아그립바 2세를 통해 누가공동체의 교회 이해 방식을 접했을 것이라고 추정해볼 수 있다.

결론적으로 요세푸스와 누가의 교회 이해에는 한 신흥종교 운동의 사회적 용인성의 측면, 유대인과 이방인의 인종적 관계의 측면 그리고 그 운동 구성원들의 영구적 보존의 측면 모두에 있어서 보편적 체계로 발전해 가는 교회 공동체의 상이 제시되어 있다고 볼 수 있다.

## 제 6 장

# 요세푸스의 세례 요한

## 1. 서론

세례 요한은 예수와 함께 제2성전 시대 유대교 사회의 중요한 예언자적 인물이다. 유대교의 소위 3대 종파인 바리새파, 사두개파, 에세네파의 출현과 활동이 대략 기원전 2세기에 시작되어 기원 1세기까지 이어져 왔다면, 20-30년대에 시작한 세례 요한 운동과 예수운동은 개인적 카리스마에 기초하여 일군의 추종자 집단을 형성한 예언자적 활동이었다. 제2성전 시대의 팔레스타인에서 발생한 유대교 갱신운동의 역사[1]는 기원전 2세기 대제사장 야손 등이 주도한 변화의 시도들, 안티오쿠스 4세 에피파네스의 박해와 그에 맞선 마카베오스 혁

---

1 자세한 역사에 관해서는 타이쎈 · 메르츠/손성현 옮김, 『역사적 예수』, 218 이하를 참조하라.

명, 3대 종파의 출현 등을 포함한다. 특히 기원전 4년 헤롯대왕의 사망을 기점으로 발생한 크고 작은 규모의 (강도떼) 반란들, 메시아 주장 운동들(헤롯의 노예 출신 시몬, 아트롱게스 등)은 세례 요한의 등장 직전 사회, 정치적인 혼란의 상황을 말해준다. 또한 유대 지역에 로마 총독 통치가 시작된 기원 6년을 기점으로 발생한 갈릴리 유다의 반反로마적 급진 신정주의 운동은 유대 사회에 상당한 파급력을 행사했다고 볼 수 있다. 요세푸스는 이러한 일련의 사건들을 보도하며 신중한 해석을 내리고 있다. 여기서는 대중적 지지를 기반으로 일어난 운동들 가운데 현저한 반향을 불러일으킨 세례 요한 운동을 어떻게 묘사하는 지를 살펴보고자 한다.

기독교 전승에 따르면, 세례 요한은 임박한 종말을 예언하며 회개를 촉구하는 강력한 메시지를 선포하는 자로 등장하여 요단강에서 죄 용서의 세례를 베푼 예언자적 인물로 등장했다. "모든 사람이 요한을 참 선지자로 여겼다"(막 11:32)는 전승, "여자가 낳은 자 중에 요한보다 큰 자가 없다"(눅 7:28)는 예수의 말씀은 세례 요한의 강력한 영향력을 암시해주고 있다. 세례 요한의 활동은 예수운동에만 영향을 준 것이 아니다. 36년 경 등장한 한 사마리아 예언자(『유대고대사』 18:85-87), 40년대 중반에 등장한 드다(『유대고대사』 20:97-99), 이후 50-60년대에 출현한 다양한 표적 예언자들은 세례 요한 내지는 예수운동과 직·간접적인 관련성이 있는 것으로 보인다.

제2성전 시대의 마지막 세기에 활동한 이 세례 요한에 대한 자료는 다양하게 존재한다. 복음서와 사도행전에 나타난 묘사는 그에 관한 전승이 매우 다면적이었음을 보여준다.[2] 그럼에도 불구하고 이 전승들은 뚜렷한 공통분모를 갖고 있는데, 즉 예수의 활동과 의미를 기본 중심으로 하여 세례 요한을 해석하고 있다는 점이다. 반면, 요세푸스의 기록은 이러한 기독교 전승의 경향에서 완전히 벗어나 있는 유일한 자료다. 물론 기독교 전승들에 비해 요세푸스의 보도가 더 객관적이거나 중립적인 것이라고 단정할 수는 없을 것이다. 요세푸스의 세례 요한상像 역시 '해석된 것'이기 때문이다. 유대교와 기독교 연구를 위한 자료로서의 요세푸스의 중요성은 역사적 연구를 위한 거의 유일한 사료로서의 기능을 하기 때문이기도 하지만, 다른 한편으로는 그를 통해 제2성전 시대 유대교의 한 흐름을 가늠할 수 있기 때문이기도 하다. 즉, 한 사람의 역사가, 신학자로서 요세푸스가 다루는 사건과 인물들을 해석하는 일은 곧 그리스-로마 시대의 유대교 변화의 한 특징을 탐구하는 것과 같다고 볼 수 있다. 따라서 이 글의 목적은 세례 요한에 대한 요세푸스의 해석의 특징을 살펴보고, 이를 통해 제2성전 시대 말기 유대교의 한 측면을 이해하려는 것이다.

## 2. 요세푸스의 세례 요한 본문

요세푸스는 『유대고대사』18:116-119에서 다음과 같이 기록한다.

116. 어떤 유대인들은 헤롯 부대의 패배가 세례자라고 불리던 요한의 목을 벤 데 대한 하나님의 올바른 징벌이라고 여겼다. 117. 왜냐하면 헤롯은 이 선한 사람을 죽였기 때문이다. 그는 유대인들에게 소리

---

2 신약 문서에 나타난 전승자료는 마가, Q자료, 마태특수자료, 누가특수자료, 요한복음, 도마복음 등이다. 타이쎈 · 메르츠/손성현 옮김, 『역사적 예수』, 293-294 참조.

치기를, 덕행에 힘쓰고 상호간에 정의와 하나님 앞에 경건을 실천하고, 세례를 받으러 오라고 외쳤다. 이렇게 함으로써 세례는 그에게 올바르게 용납될 수 있었다. 즉 세례는 죄를 용서받기 위함이 아니라, 육신의 정화를 위해서만 이용된다는 것이다. 왜냐하면 영혼은 정의로운 삶을 통해 이미 정결해졌기 때문이다. 118. 그러나 그의 매혹적인 설교에 고취된 다른 사람들이 요한에게로 나아오게 되자, 헤롯은 두려워했다. 왜냐하면 요한의 어떠한 말이라도 따를 듯이 보이는 이 사람들이 그의 말에 자극되어 폭동을 일으킬 수도 있다고 여겼기 때문이다. 그래서 헤롯은 나중에 곤란한 경우에 빠지게 되는 것보다, 적절한 시점에 미리 요한을 제거하는 것이 더 낫다고 생각했다. 119. 요한은 이런 헤롯의 의심으로 인해 앞서 언급했던 마카이루스에 있는 감옥에 감금되었다가 처형당했다. 유대인들은 헤롯의 군대가 패배한 것을 요한의 죽음에 대한 하나님의 심판으로 여겼다.[3]

---

3 L. H. Feldman, *Josephus,* vol. 9, LCL (Cambridge 1926-1965), 80-84에 따른 그리스어 본문은 다음과 같다. 116 Τισὶ δὲ τῶν Ἰουδαίων ἐδόκει ὀλωλέναι τὸν Ἡρώδου στρατὸν ὑπὸ τοῦ θεοῦ καὶ μάλα δικαίως τινυμένου κατὰ ποινὴν Ἰωάννου τοῦ ἐπικαλουμένου βαπτιστοῦ. 117 κτείνει γὰρ δὴ τοῦτον Ἡρώδης ἀγαθὸν ἄνδρα καὶ τοῖς Ἰουδαίοις κελεύοντα ἀρετὴν ἐπασκοῦσιν καὶ τὰ πρὸς ἀλλήλους δικαιοσύνῃ καὶ πρὸς τὸν θεὸν εὐσεβείᾳ χρωμένοις βαπτισμῷ συνιέναι οὕτω γὰρ δὴ καὶ τὴν βάπτισιν ἀποδεκτὴν αὐτῷ φανεῖσθαι μὴ ἐπί τινων ἁμαρτάδων παραιτήσει χρωμένων, ἀλλ᾽ ἐφ᾽ ἁγνείᾳ τοῦ σώματος, ἅτε δὴ καὶ τῆς ψυχῆς δικαιοσύνῃ προεκκεκαθαρμένης. 118 καὶ τῶν ἄλλων συστρεφομένων, καὶ γὰρ ἥσθησαν ἐπὶ πλεῖστον τῇ ἀκροάσει τῶν λόγων, δείσας Ἡρώδης τὸ ἐπὶ τοσόνδε πιθανὸν αὐτοῦ τοῖς ἀνθρώποις μὴ ἐπὶ ἀποστάσει τινὶ φέροι, πάντα γὰρ ἐῴκεσαν συμβουλῇ τῇ ἐκείνου πράξοντες, πολὺ κρεῖττον ἡγεῖται πρίν τι νεώτερον ἐξ αὐτοῦ γενέσθαι προλαβὼν ἀνελεῖν τοῦ μεταβολῆς. γενομένης [μὴ] εἰς πράγματα ἐμπεσὼν μετανοεῖν. 119 καὶ ὁ μὲν ὑποψίᾳ τῇ Ἡρώδου δέσμιος εἰς τὸν Μαχαιροῦντα πεμφθεὶς τὸ προειρημένον φρούριον ταύτῃ κτίννυται. τοῖς δὲ Ἰουδαίοις δόξαν ἐπὶ τιμωρίᾳ τῇ ἐκείνου τὸν ὄλεθρον ἐπὶ τῷ στρατεύματι γενέσθαι τοῦ θεοῦ κακῶσαι Ἡρώδην θέλοντος.

위 내용을 간략하게 정리하면 다음과 같다.

1) '어떤 유대인들'은 헤롯의 패전을 요한 처형에 대한 징벌로 해석함.

2) 요한은 선한 사람이며, 덕행과 정의와 경건과 세례를 선포함.

3) 세례 이해: 죄 용서 부정, 육신 정화와 영혼 정화의 구별, 정의 실천 전제함.

4) '다른 사람들'(τῶν ἄλλων)이 합세한 후 헤롯의 의혹으로 처형됨.

5) '유대인들'은 헤롯 부대의 패전 원인을 하나님의 심판으로 해석함.


3세기 오리게네스는 요세푸스가 요한에 대해 기록했고 그에게 세례를 받은 자들이 정결하게 되었다고 증언했다고 보도한다.[4] 오리게네스는 요세푸스의 본문을 인용하지는 않는데, 이는 기독교 전통에 비추어 중대한 모순(가령 죄의 용서에 관한 부분)이 있다고 판단했기 때문일 것이다.[5] 한편 4세기 유세비우스는 요세푸스의 세례 요한 본문을 인용하는데, 현재의 본문과 거의 일치한다. 유세비우스는 별다른 주석 없이 요세푸스가 세례 요한과 예수에 대한 증언을 했다는 점을 긍정적으로 평가하고 있다(『교회사』 1:11,4-6). 이를 통해 볼 때 현재 우리가 갖고 있는 요세푸스 본문이 조작 또는 변개된 것이 아닐까 하고 의심할 필요는 없다.[6] 이 본문이 후대의 크리스천에 의해 첨가된 것일

---

4 『켈수스 반박문』 1:47.

5 오리게네스는 마찬가지 이유로 『유대고대사』 18:63-64의 예수 보도(Testimonium Flavianum) 역시 인용하지 않는다. 다만 요세푸스가 예수를 그리스도로 고백하지 않았다고 함으로써, 요세푸스가 예수에 대한 무언가 기록을 남겼다는 사실을 입증해준다.

6 본문의 진정성에 문제를 제기하는 연구는 거의 없다. C. H. H. Scobie, *John the Baptist* (London: SCM Press, 1964), 18-19; R. L. Webb, *John the Baptizer and Prophet: A Socio-Historical Study*, JSNT.S 62 (Sheffield: JSOT Press, 1991), 39-41; G. H. Twelftree, "Jesus in Jewish Tradition," 294-295 참조.

가능성도 거의 없다. 왜냐하면, 만일 후대 기독교의 가필이라면, 세례
요한을 기독교와 연관시켰을 법한데 전혀 그렇지 않기 때문이다. 가
령 요한은『유대고대사』18:63-64에 언급된 예수 보도와 아무런 관
련 없이 보도된다.7 신약성서에서 언급된 세례 요한 보도는 모두 기독
교적 관심사와 관련된 것이다. 그러나 요세푸스 본문에는 예수와의
그 어떤 관련성에 대해서도 암시되지 않는다. 가령 주의 형제 야고보
의 죽음을 언급한『유대고대사』20:200의 경우, "그리스도라 불리던
예수의 형제 야고보"라고 하여 야고보가 기독교와 관련된 인물임을
드러내고 있다. 또한 요세푸스가 세례 요한을 보도하는 데 사용한 단
어는 총 162단어인 반면, 예수 보도에서는 60단어만이 사용되었다.
기독교인의 가필이라면 세례 요한 본문을 예수 보도보다 훨씬 길게
편집하지는 않았을 것이다. 더욱이 어떤 면에서는 예수보다 세례 요
한이 더 우호적으로 평가되어 있는 것 같은 면도 설명하기가 쉽지 않
다.8

　　신약성서의 보도와는 달리 요세푸스는 상이한 전승을 토대로 세
례 요한 본문을 작성했으며, 본문에 사용된 어휘와 문체 또한 요세푸
스의 다른 본문과 상통한다. 가장 중요한 점은 기독교 전승의 세례 요
한의 모습과는 상이한 가르침을 주는 세례 요한상, 세례에 대한 상이

---

7 요세푸스의 예수 보도의 진위 문제에 관해서는 오랜 토론 과정이 있어 왔다. 현재 가장
　설득력 있는 가설에 따르면, 요세푸스의 예수 본문의 상당 부분이 진정성을 갖고 있지
　만, 몇몇 부분에서는 기독교인의 가필이 있었던 것으로 추정할 수 있다. 이에 관한 상세
　한 논의에 관해서는 박찬웅, "요세푸스의 예수 보도의 진위(眞僞) 문제,"「현대와 신학」
　24(서울: 연세대학교 연합신학대학원, 1999), 96-114를 보라(이 책의 제3장에 해당).
8 가령 J. P. Meier, "John the Baptist in Josephus: Philology and Exegesis," *JBL*
　111 (1992), 227은 요세푸스가 예수보다 세례 요한을 더 중요한 인물로 묘사한다고
　간주한다.

한 해석 등이 본문의 진정성을 확고하게 뒷받침하는 근거가 된다.

## 3. 헬레니즘 유대교의 인물로 묘사된 세례 요한

신약성서의 세례 요한상을 전제로 요세푸스의 본문을 대하면 우리는 낯선 이미지의 요한을 보게 된다. 공관복음서에 나타난 세례 요한의 가장 두드러진 메시지는 임박한 종말에 대한 선포일 것이다. 하나님의 심판은 임박했고, 유대 백성은 회개를 하라고 긴급하게 촉구한다. 그의 독특한 의복과 음식 행위 또한 이와 관련된다. 한 마디로 말해 유대 민족의 독특한 예언자적 인물상이 공관복음에 두드러져 나타나는 주요 특징인 것이다. 이것을 기준으로 보면, 요세푸스는 종말론적 심판 예언자의 이미지를 완전히 제거했다고 볼 수 있다. 세례 요한에게서 종말론적 선포의 특징이 전혀 드러나지 않는 이유는 그를 특정한 모습으로 그리고자 하는 요세푸스의 의도 때문일 것이다. 로마의 눈에는 긴급한 종말을 선포하며, 신비한 표적을 약속하는 유대 사회의 카리스마적 예언자들이 사회 불안을 부추기는 자들로 보였을 것이다. 요세푸스 또한 대중을 끌어들이는 종교 운동들을 다분히 위험한 현상으로 보고 있다.[9] 하지만 요세푸스는 세례 요한의 운동은 다르게 이해되기를 원했다. 요한의 가르침도 그리스-로마 독자들의 긍정적 반응을 이끌어내는 쪽으로 묘사하기를 원했던 것이다.

또한 요세푸스 본문에는 요한의 메시아 선포가 빠져 있다. 요세푸

---

9 게르트 타이쎈/아네테 메르츠, 『역사적 예수』, 218 이하 참조.

스가 세례 요한이 기독교 운동과 관련된 사실을 모르고 있었다고 전제하면, 어쩌면 메시아 선포의 부재는 당연한 것일 수 있다. 또한 세례 요한이 예수를 메시아로 선포한 신약성서 보도의 역사적 사실 관계 여부도 따로 논의해야 될 필요가 있을 것이다. 그러므로 메시아 선포 주제의 부재는 요세푸스의 본문 해석에 있어서 비중 있는 것으로 다루지는 않겠다.[10]

요세푸스는 요한의 인물적 특징을 한 마디로 '선한 사람'(ἀγαθὸς ἀνήρ)이라고 부른다.[11] '선한 사람'은 헬레니즘 문화권에서 현자나 철학자들을 가리키는 표현이며, 요세푸스는 덕망 있고 훌륭한 사람을 이런 개념으로 묘사하곤 한다. 요세푸스가 요한을 '선한 사람'으로 규정하는 것은 유대 사회의 대표적 인물을 그리스-로마 문화권의 이해 방식에 부합되게 소개하는 것이며, 이를 통해 요세푸스는 요한을 마치 헬레니즘 사회의 현자나 철학자처럼 묘사하고 있는 것이다.[12]

---

10 요세푸스의 메시아는 베스파시아누스 황제다(『유대전쟁사』 6:312-315). 이러한 이유로 요세푸스는 유대인들로부터 많은 비난을 받게 된다. 타키투스, 『역사』 5:13; 수에토니우스, 『베스파시아누스 황제 전기』 4에도 이와 유사한 언급이 기록되어 있다. 그런데 요세푸스의 메시아 이해를 단순히 정치적 아부로만 해석하기에는 무리가 따른다. 그의 이해를 제2성전 시대의 헬레니즘적 유대교 사상의 한 변화(내부 논의)라고 간주하면, 요세푸스를 아첨꾼이라고만 비난할 수는 없는 일이다. 이에 관한 자세한 논의는 이 책의 제7장을 보라.

11 또한 요세푸스는 '세례자'라는 요한의 별칭을 알고 있다. 이 별칭은 신약성서에서 공관복음서에만 나온다. 마 3:1; 11:11, 12; 14:2, 8; 16:14; 17:13; 막 6:25; 8:28; 눅 7:20, 33. 요한복음에는 이 별명이 나오지 않는다.

12 R. Schütz, *Johannes der Täufer* (Zürich: Zwingli Verlag, 1967), 18. 이 개념이 적용된 다음의 예를 보면, 대부분 유대인 동족을 가리키는 표현으로 사용했음을 알 수 있다. 『유대고대사』 7:9(사울의 부하 아브넬); 9:132(예후의 친구 여호나답); 10:204(다니엘 시대의 해몽가들), 246(다니엘); 12:224(히르카누스의 아버지인 세리 요셉), 358(역사가 폴리비우스); 13:260-264(대제사장 히르카누스가 로마에 파견한 유대인 사절단); 14:248(로마에 사절로 파견된 빌립의 아들 소시파테르), 251(버가모 의회원 루키우스 펫티우

세례 요한을 이와 유사한 방식으로 묘사하는 것이 마가복음에 나
타난다. 마가복음 6:20에 따르면, 세례 요한은 '의롭고 거룩한 사람'
(ἄνδρα δίκαιον καὶ ἅγιον)으로 표현된다. 이를 근거로 슛츠[R. Schütz]는 요
세푸스가 마가복음 전승을 활용했을 것이라고 추정한다.

> 요세푸스가 마가복음의 한 전승을 자료로 활용했다는 추정은 가능하
> 다. … 세례 요한 묘사에 있어서 요세푸스와 복음서 기자들이 상이함
> 에도 불구하고, 표현상 유사하게 보이는 점이 있음은 주목할 만하다.
> 요세푸스는 요한을 '선한 사람'으로, 마가복음 6:20은 '의롭고 거룩한
> 사람'으로 표현하고 있는 것이다. … 요세푸스는 마가의 표현 방식을
> 고쳐서 자기 나름의 방식으로 기록함으로써 표현상의 차이가 발생하
> 게 된 것이다.[13]

그러나 요세푸스가 신약 문서들을 알고 있었거나, 그 전승들을 공
유했다는 가정은 매우 신중하게 논의되어야 할 사항이다. 이 문제에
관해서, 요세푸스가 신약 문서 내지는 신약 전승에 의존했을 가능성
은 희박하다고 보는 입장이 주를 이루고 있다.[14] 따라서 요세푸스가

---

스); 17:30(바벨론 출신 유대인 야키무스의 아들 빌립); 19:17(가이우스 황제 살해 음모
자들); 『요세푸스자서전』 29(요세푸스와 함께 갈릴리 지휘관으로 파견된 제사장 요아
자르와 유다). 신약성서에서 이와 유사한 표현은 눅 23:50에 나온다. 여기서 아리마대
요셉이 "선하고 의로운 사람"(ἀνὴρ ἀγαθὸς καὶ δίκαιος)으로 묘사된다.

13 R. Schütz, *Johannes der Täufer*, 17-18. 이와 같은 신약 문서 의존설을 주장한 고전적인
예는 다음과 같다. 이들은 특히 누가 문서와의 관련성을 주장한다. H. J. Holtzmann,
"Lucas und Josephus," *ZWT* 16 (1873), 85-93; M. Krenkel, "Ein Nachtrag zu dem
Aufsätze: Josephus und Lucas," *ZWT* 16 (1873), 441-444; E. Schürer, "Lucas und
Josephus," *ZWT* 19 (1876), 574-582; H. J. Holtzmann, "Noch einmal Lucas und
Josephus," *ZWT* 20 (1877), 535-549.

요한을 '선한 사람'으로 언급하는 것은 요한과 관련된 특정한 전승의 영향이라기보다는 요세푸스 자신이 헬레니즘 유대교적 개념을 적용한 것으로 보아야 한다. 즉 이는 요세푸스의 작품, 특히 『유대고대사』의 여러 부분에 걸쳐 유대 민족의 인물들을 그렇게 묘사하는 방식의 한 예라고 볼 수 있다.[15]

요세푸스는 유대 민족의 율법을 보편적, 평화적 특징을 갖는 것으로 묘사하는 것과 마찬가지로(『아피온반박문』, 2:164-219), 헬레니즘 철학적 개념을 적용하여 이스라엘의 인물을 묘사하는 방식을 종종 볼 수 있다. 가령 『유대고대사』 6:160에서 하나님은 사무엘에게 이새의 아들 가운데 '경건과 정의'를 갖춘 자를 이스라엘 왕으로 삼으라고 말씀한다. 또한 『유대고대사』 7권에는 왕으로서 솔로몬이 갖추어야 할 덕목이 '경건과 정의'라고 수차례 언급된다.[16] 에세네파의 입교 규정에도 이러한 쌍 개념이 나타난다. 즉 『유대전쟁사』 2:139에 따르면, "새로운 회원은 공동식사에 참여하기 전에 먼저 중대한 맹세를 해야만 한다. 그는 하나님을 경외하고 또 인간에 대한 정의를 준행한다는 서약을 해야 한다."[17]

---

14 H. Schreckenberg, "Flavius Josephus und die lukanischen Schriften," in: W. Haubeck/M. Bachmann (eds.), *Wort in der Zeit: Neutestamentliche Studien*, Festgabe für K. H. Rengstorf (Leiden: Brill, 1980), 179-209; H. Lichtenberger, "Täufergemeinden und frühchristliche Täuferpolemik im letzten Drittel des 1. Jahrhunderts," *ZThK* 84 (1987), 45.

15 먼저 기록된 『유대전쟁사』에 비해서 『유대고대사』에서 이러한 경향이 더 강해진다. 이는 『유대고대사』를 기록하면서 유대 민족에 대한 변증의 노력을 더 기울이고 있는 것과 연관된다. 가령 아래에서 다루게 될 '경건과 정의' 개념을 유대적 인물에 적용하는 빈도도 『유대고대사』에서 더 많아진다.

16 『유대고대사』 7:338, 341, 356, 374.

17 유대의 많은 인물을 이렇게 묘사하는 『유대고대사』의 여러 예들은 앞의 각주 12번을

요세푸스의 요한은 윤리적 덕목을 가르치는 교사와 같은 모습으로 그려진다. 요한은 그리스-로마 문화권의 독자를 위한 모습으로 바뀌었다.[18] 신을 향한 경건과 인간을 향한 정의라는 이중 공식은 그리스-로마 독자들에게 익숙한 것이며, 이를 통해 유대 출신 인물을 거부감 없이 소개할 수 있는 방식이었다. 그런데 요세푸스가 이렇게 시도한 방식은 제2성전 시대 헬레니즘적 유대교 사상의 일부라고 볼 수 있다. 즉, "요세푸스는 요한의 설교를 토라의 주요 계명인 경건함과 의로움에 대한 요구, 즉 헬레니즘적 유대교의 훈계에 따라 묘사한다."[19]

기원전 1세기에 나타난 신피타고라스학파 이래로, 모든 덕목('아레테') 가운데 경건('유세베이아')이 최고의 덕목으로 간주되었다.[20] 과거 피타고라스학파의 가르침과 비교하면, 신피타고라스학파는 "윤리적 행위의 동기를 새롭게 규정했고, 이 동기는 신앙적 기본자세로부터 비롯된 것이었다."[21] 요세푸스의 경우도 유사하다. 요세푸스도 경건을 최고의 덕목으로 간주한다. 『아피온반박문』 2:170-171에 따르면, '경건'은 덕목의 일부가 아니며, 정의와 그 밖의 다른 사회적 덕목 등 모든 덕목들보다도 위에 존재하는 것이 '경건'이다.[22] 요세푸스가

---

참조하라.

18 R. L. Webb, *John the Baptist*, 1-99, 166. 또한 S. Mason, "Fire, Water and Spirit: John the Baptist and the Tyranny of the Canon," *SR* 21 (1992), 178에 따르면, "이렇게 하여 세례 요한은 아브라함, 모세, 솔로몬의 전통을 잇는 철학자로 나타난다. 그가 원래 가르친 것이 무엇이든 상관없이 이와 같은 틀 안에 들어가게 된 것이다."

19 에케하르트 슈테게만 · 볼프강 슈테게만/손성현 · 김판임 옮김, 『초기 그리스도교의 사회사: 고대 지중해 세계의 유대교와 그리스도교』(서울: 동연, 2009), 276; E. W. Stegemann/ W. Stegemann, *Urchristliche Sozialgeschichte* (Stuttgart: W. Kohlhammer, 1995).

20 A. Dihle, Art. "Ethik," *RAC* 6 (1966), 674.

21 A. Dihle, Art. "Ethik," 673.

22 K. Berger, *Die Gesetzauslegung Jesu: Ihr historischer Hintergrund im Judentum und*

경건과 정의 개념을 함께 사용하는 많은 경우에 경건이 정의보다 상위 개념으로 간주하고 있음은 확실하다. 가령 『유대고대사』 12:290-291에 따르면 하나님을 향한 경건이 유일하게 중요하며, 정의는 그 경건의 표시로서 드러나는 것이다.[23]

이러한 맥락에서 볼 때, 세례 요한 본문에서 경건이 아니라 정의 개념이 먼저 나오는 점은 독특하다. 경건과 정의 개념이 함께 묶여 언급되는 경우가 적지 않은데,[24] 대체로 요세푸스는 '경건' 개념을 앞에 위치시킨다. 그런데 이 순서가 세례 요한 본문에서처럼 뒤바뀌어 언급되는 경우가 또 있다.

『유대고대사』 15:373 이하에서 요세푸스는 에세네파 일원인 므나헴을 소개한다. 헤롯대왕이 어릴 때 이 므나헴을 만난 일이 있는데, 이 때 그는 헤롯이 장차 왕이 될 것을 예언한다. 여기서 므나헴은 헤롯이 왕으로서 갖추어야 할 덕목으로 정의를 먼저 언급하면서('정의와 경건'), 결국은 헤롯이 이 정의와 경건을 망각하고 하나님의 진노를 받게 될 것이라고 예언한다. 므나헴에 관한 보도에는 정의, 경건 개념과 함께 '덕행 또는 선'을 가리키는 또 다른 어휘가 사용된다. 즉 '칼로카가티아'(καλοκαγαθία)는 요세푸스의 기록 중 『유대고대사』에서만 세 번 사용되는데,[25] 므나헴의 인물됨을 묘사할 때 '선한' 삶을 사는 자(『유

---

im Alten Testament. Teil 1: Markus und Parallen, I, WMANT 40 (Neukirchen: Neukirchener Verlag, 1972), 154.

23 K. Berger, Die Gesetzauslegung Jesu, 154 참조.

24 『유대전쟁사』 2:139; 『유대고대사』 6:160; 7:338, 341, 356, 374; 8:121, 280, 300, 304, 314, 394; 9:16, 236, 260; 10:50; 12:56; 14:283, 315; 15:182, 375, 384; 16:42 등.

25 이 개념은 교부들의 글에도 여러 번 등장한다. 예를 들면, 이그나티우스, 『에베소 교인들에게』 14:1. "삶의 시작은 믿음이고 완성은 사랑입니다. 사랑과 믿음을 합한 것이 곧 하느님이십니다. 숭고함(καλοκαγαθία)에 이르게 하는 다른 모든 것은 이 둘에게서 따

대고대사』 15:373)로 언급하고, 또한 에세네파의 많은 사람들이 므나헴처럼 신비한 계시적 지혜를 소유했는데, 그것은 바로 그들의 '선'(덕)에서 비롯된 것이라고 설명한다(『유대고대사』, 15:379).

여기서 우리는 유대 사회의 존경을 받는 종파의 한 인물(요세푸스는 에세네파를 이상적 종파로 묘사한다)이 통치자와 대면하여 그의 몰락을 예언하는 장면을 본다. 안티파스가 몰락의 길을 걷게 되는 패전의 경험이 고상한 철학적 인물 요한과 연관됨을 말하는 우리의 본문도 유사하다고 볼 수 있다. 아마도 정의 개념의 선행先行은 헤롯 가문 지배자들의 몰락이 선한 하나님의 사람과 대결했던 사연과 관계가 있지 않을까 생각해 볼 수 있다.

요세푸스는 『유대고대사』 16:160-173에서 로마제국의 여러 지역에 내려진 로마의 법령들을 소개하는 맥락에서도 '칼로카가티아' 어휘를 사용한다. 요세푸스는 로마의 여러 법령을 소개한 이유를 설명하기를, 헬라인과 비-헬라인의 관습의 차이는 서로를 폄하하는 기준이 될 수 없으며, 오직 정의를 실천하는지가 중요한 평가의 기준이라고 한다. 그리고 이것은 유대인의 율법이 또한 강조하는 바이기 때문에, 율법을 준수하는 것이 유대 민족이 이방인들에게 우호적으로 보일 수 있는 방법임을 역설한다. 즉 덕($\kappa\alpha\lambda o\kappa\alpha\gamma\theta\alpha$)을 추구하는지의 여부가 어떤 민족을 평가하는 중요한 기준임을 강조한다(『유대고대사』 16:178). 여기서 요세푸스는 헬레니즘적 개념을 동원하여 유대인이 덕을 추구하고 정의를 실천하는 민족임과 동시에 세계 모든 민족이 이러한 가치를 추구함에 있어서 보편적임을 역설한다. 이러한 역설은

---

라 나오는 것입니다." 이냐시오스/박미경 역주, 『일곱 편지』, 교부문헌총서 13(서울: 분도출판사, 2000), 39에서 인용함.

이후 세례 요한을 유사한 개념으로 묘사하기 위한 중요한 포석이 된다.

또한 정의 개념이 "[인간] 상호간"으로('프로스 알렐루스')로 연결되고 있음에 주목할 필요가 있다. 대부분의 경우 정의 개념은 다른 구句의 부가 없이 독립적으로 사용된다.[26] 경건 개념의 경우 본문에서처럼 '하나님을 향한'과 같은 구가 첨가되는 경우가 많지만,[27] 정의 개념은 그렇지 않다. 예외적으로 요담 왕을 묘사할 때("사람들을 향한 정의," 『유대고대사』 9:236) 그리고 앞서 언급한 에세네파 므나헴의 예언의 경우("백성을 향한 온유함," 『유대고대사』 15:375)에만 그런 용법이 드러난다.

물론 부가어가 있는지 없는지는 크게 중요하지 않을 수 있으나, 세례 요한 본문의 특이점은 정의를 실천해야 할 주체가 일반 백성으로 확장된다는 사실이다. 본문에서 정의와 경건의 실천 주체는 왕과 같은 특별한 존재가 아니라, 평범한 백성이 된다. 서로를 위해 정의를 구현한다는 표현은 이 본문에만 나온다. 이렇게 요세푸스는 헬레니즘적 덕목을 사회적 영역으로 강조하고 있다고 볼 수 있다.

세례 요한이 헬레니즘 철학적, 윤리적 색채로 윤색되었음은 확실하다. 요세푸스가 세례 요한을 어떤 특정한 철학학파를 염두에 두고 묘사했을 것이라고 추정하기는 어렵지만, 유대 사회에서 호평 받던 이 인물을 그리스-로마 세계의 독자의 공감을 얻을 수 있는 모습으로 그리고자 한 의도는 분명하다. 고대 헬라인들이 그리스 경계 밖의 사람들을 야만인으로 경멸했던 과거의 경향은 이제 교육을 받은 지적인 집단과 그렇지 못한 자들을 구분하는 식으로 바뀌어 갔다. 헬레니

---

26 『유대고대사』 6:160; 8:121, 314; 10:50; 12:56; 14:283 등.

27 『유대고대사』 9:16, 236; 15:375 등.

즘식 철학과 교육을 기준으로 지적인 현자와 무학無學의 민중을 구별
하는 경향으로 변해가는 시대적 상황에서[28] 요세푸스가 유대 종파들
을 철학 집단으로 묘사하는 방식을 이해할 수 있다. 가령 바리새파를
스토아학파로(『요세푸스자서전』12), 에세네파를 피타고라스학파로(『유
대고대사』15:371) 묘사하는 사실은 이와 같은 배경을 말해준다. 세계
의 중심 로마에서 상류층의 지성적 분위기를 감지하며 활동한 요세푸
스는 동족인 세례 요한을 헬레니즘적 철학 교사와 같은 인물로 소개
하고 있는 것이다.


## 4. 세례 이해

요세푸스의 세례 요한은 보편주의적인 가르침을 주는 헬레니즘적
인물로 묘사되며, 이는 신약성서의 요한상과는 많이 다르다. 요한이
선포한 종말의 임박, 회개의 촉구 등에 관한 가르침은 후퇴해 있다.
하지만 세례를 받으러 오라는 촉구는 공관복음 전승과 일치한다. 그
런데 세례 자체에 관한 묘사는 역시 신약성서의 그것과 큰 차이를 보
이고 있다.

### 1) 합리주의적 세례 이해

요세푸스의 세례 이해의 가장 독특한 점은 세례를 통해 죄 용서가

---

28 G. Theissen, *Soziologie der Jesusbewegung: Ein Beitrag zur Entstehungs-geschichtedes Urchristentums*, KT 35 (München: Kaiser Verlag, 1991), 83-84.

이루어지는 것이 아니고, 단지 육신의 정화를 위함이라는 설명이다. 요세푸스가 세례를 죄 용서 개념과 거리를 두는 것은 죄 용서가 중요하지 않다거나 필요 없다는 의미가 아니다. 제2성전 시대 유대인에게 죄 용서는 오히려 중요한 주제였다. 특히 1세기 유대인에게는 더욱 그러했다. 이방인과의 잦은 접촉이 불가피해지면서 정체성의 위기의식이 고조되자 정결법 준수와 그에 따른 죄 용서의 주제는 더욱 강조되었다. 이방인과의 접촉을 가능한 한 경계하고자 하는 의식xenophobia은 유대인의 정체성을 상실하지 않기 위한 노력의 한 단면으로 나타난다. 물을 통해 몸을 씻는 다양한 종교적 운동들은 이러한 의식의 일환이며,[29] 요한의 세례 운동 또한 이러한 시대적 상황과 분리되어 이해될 수 없다. 공관복음서 보도와 같이, 아브라함의 자손 됨만으로는 확실한 보증이 될 수 없다는 요한의 가르침은 이런 시대적 상황에서 광범위한 호소력을 얻을 수 있었다.[30]

요세푸스가 죄 용서 기능을 명시적으로 부정하는 것으로 세례의 주제를 다루는 이유는 무엇일까? 부정 어법(μή)으로 소개한다는 것은 무언가 기존의 세례 이해를 전제하고 있음을 간접적으로 보여주는 증거다. 로마의 독자들에게 알려진 어떤 세례를 요한 세례와 같은 것으로 오해하는 것을 방지하려는 의도인가?[31] 아니면 기독교의 세례와 구별하려는 의도인가?[32] 또 다른 신비주의적 종교의 비밀스런 예식과 구별하기 위함인가?[33] 자료의 부족으로 명확하게 증명하긴 어렵

29 G. Theissen, *Soziologie der Jesusbewegung*, 76.

30 G. Theissen, *Soziologie der Jesusbewegung*, 87-88 참조.

31 R. L. Webb, *John the Baptizer*, 167, n. 13.

32 C. H. H. Scobie, *John the Baptist*, 111.

33 C. H. Kraeling, *John the Baptist* (New York: Scribner, 1951), 121.

지만, 아마도 주술적인 것으로 오해되는 것을 막기 위한 의도가 아니었을까?[34] 또는 세례 요한 제자집단에 대한 반박일 수도 있다. 마이어 J.P. Meier에 따르면, 당시 활동 중이던 요한의 제자들의 선포에 대한 반박을 시도한 것일 수도 있는데, 요세푸스는 그들의 주장 중 일부가 무리가 있다고 판단하여 육체의 정화 기능만을 강조한 것이다.[35] 이러한 다양한 추정에도 불구하고, 구체적으로 어떤 특정한 이해 방식을 교정하려는 것이었는지는 알 수 없다. 오히려 유대 민족의 여러 세례의식들을 신비한 마술적인 효력을 주는 것이 아니라 합리적으로 설명하려는 요세푸스의 일관된 태도의 연장선상에서 이해하는 것이 적절하다. 요세푸스는 지성적인 독자들의 눈에 요한의 세례 또한 건전하고 합리적인 것으로 인식되기를 원했던 것이라고 볼 수 있다.[36]

요세푸스는 세례가 어떤 죄를 없애기 위한 간청의 수단이 아님을 명시하고 있다. 요세푸스는 '파라이테시스'(παραιτήσις)를 죄 개념(ἁμαρτ-)과 연결하여 사용할 때, 구약의 속죄제사를 가리키는 의미로 사용하곤 한다.[37] 여기서도 그런 의미라면, 세례가 죄 용서의 '속죄제

---

34 M. Dibelius, *Die urchristliche Überlieferung von Johannes dem Täufer*, FRLANT 15 (Göttingen: Vandenhoeck & Ruprecht, 1911), 125에 따르면, 세례가 육신에만 관련된다는 해석은 다른 세례와 차별화 될 수 있는 훌륭한 해석이다. 또한 J. Ernst, *Johannes der Täufer. Interpretation-Geschichte-Wirkungsgeschichte*, BZNW 53 (Berlin: Walter de Gruyter, 1989), 254를 보라.

35 J. P. Meirer, "John the Baptist in Josephus," 231, n. 21 참조.

36 R. Schütz, *Johannes der Täufer*, 18은 요세푸스가 로마의 독자들을 신경 쓰려는 의도도 있었겠지만 또 다른 배경도 있었을 것이라고 추정한다. 즉 토라에 열정적이고 조상의 전통에 충실했던 바리새인 요세푸스는 회개의 필요성을 전혀 느끼지 못했기 때문에 그렇게 주장했다는 것이다. 그러나 율법에 대한 요세푸스의 해석이 유연한 면이 많다는 점 그리고 요세푸스의 바리새파적 정체성에 대한 메이슨(S. Mason)의 문제 제기를 감안한다면 슛츠의 주장은 무리가 있다. 이 책의 제7장, 각주 23번을 참조하라.

37 『유대고대사』 3:221, 238, 246, 247; 6:144; 8:278 참조. 하지만 죄 개념과 연결되지 않을

사'와 같은 방식으로 이용될 수 없다는 의미로 해석이 가능하며, 요한의 세례가 성전 제사의 죄 용서 기능을 대신하는 것으로 이해되는 것을 반대한 것인가? 또한 요세푸스가 제사장 출신이었음을 감안하면, 성전 제의가 갖는 공식적 죄 용서 기능을 옹호하려는 의도는 아니었을까? 그러나 위 두 개념의 결합이 그렇게 해석된 예는 속죄제사에 관련된 설명을 하는『유대고대사』3권의 본문들에 국한되기 때문에, 이러한 해석은 무리라고 볼 수 있다. 다만 요세푸스는 요한의 세례가 죄 용서를 위해 특정한 효력을 갖는다는 식으로 여겨지는 것을 방지하고자 했을 것이다.

　이어서 요세푸스는 세례가 육신의 정화를 위한 것이며, 영혼은 정의로운 삶을 통해서 이미 정결해진 상태로 세례를 받는 것임을 주장한다. 즉 세례가 죄 용서와 아무런 관련이 없다는 말이 아니다. 영혼의 정화를 통해 죄 용서는 이미 이루어진 것과 마찬가지라고 볼 수 있다. 웹R. L. Webb에 따르면, 죄 용서를 받는 경로에 관해서는 "요한이 선포한 윤리적 가르침의 문맥으로 설명된다. 즉 정의로운 삶을 촉구하는 요한의 요청에 응답하는 것이 죄 용서로 이어진다. 세례 자체는 육체를 정화하는 기능을 한다."[38] 영혼과 육체를 나누는 이분법은 유대적 사고에도 나타나지만, 당시 팔레스타인 유대교에서는 제의와 연관되어 이와 같은 이분법적 사고가 드러나는 경우는 없다. 세례는 사람을 온전하게 깨끗하게 만들뿐이지, 영혼 또는 육체만을 부분적으로 정화한다는 말은 없다.[39] 그러므로 영혼과 육체를 구분하는 방식은 헬레니

---

때는 '간청'의 일반적 의미로 사용된다. 예를 들어 『유대고대사』 2:43; 11:137, 233; 19:26;『아피온반박문』 2:178, 201 등을 보라.
38 R. L. Webb, *John the Baptizer*, 165.

즘적 유대교의 유산이라고 볼 수 있다. 요세푸스가 직접적인 관계를
맺은 바누스의 정결방법을 묘사할 때도 "육신을 정화하기 위해" 밤낮
으로 찬물로 몸을 씻는다고 강조한 것 또한 육체와 영혼을 구별하여
생각하려는 의식적인 노력을 보여준다.[40]

요세푸스와는 반대로 포퀼리데스 위서Pseudo-Phokylides는 정화 의식
을 육신이 아니라 영혼의 정화를 위한 것이라고 해석한다.[41] 이는 정
화 의식을 영적, 상징적으로 해석하는 경향을 보여주는데, 정결 의식
을 합리적으로 이해하려는 헬레니즘 문화의 시도라는 점에서는 요세
푸스의 노력과 동일하다고 불 수 있다. 정화를 위해 양자가 모두 정의
의 실천이 전제됨을 강조하는 점도 일치한다.[42]

요세푸스의 합리주의적 해석의 예는 기적에 대한 설명들에서도
나타난다. 예를 들어 하나님이 출애굽 집단에게 내리신 메추라기 양
식은 아라비아 만에 많이 서식한 메추라기 떼가 날아와서 날개에 힘
이 빠져 추락한 것이라고 해석한다(『유대고대사』 3:25; 출 16:13). 그렇다
고 해서 요세푸스가 기적적이고 신비한 모든 사건을 이성적으로 설명
한 것은 아니다. 그는 유대교 신앙인의 한 사람으로서 하나님이 인간

---

39 R. L. Webb, *John the Baptizer,* 167.

40 바누스에 관해서는 아래를 참조하라.

41 포퀼리데스 위서, 『잠언』 228.

42 이에 관해서는 N. Walter, "Pseudepigraphische jüdisch-hellenistische Dichtung:
Pseudo-Phokylides, Pseudo-Orpheus, Gefälschte Verse auf Namen griechischer
Dichter," in: G. Kümmel (ed.), *Jüdische Schriften aus hellenistisch-römische Zeit,*
vol. 4,3 (Gütersloh: Gütersloher Verlagshaus, 1983), 182-196; K. Berger, *Die
Gesetzauslegung Jesu,* 47; P. W. van der Horst, *The Sentences of Pseudo-Phocylides:
With Introduction and Commentary,* SVTP 4 (Leiden: Brill Academic Publisher,
1978), 216을 참조하라.

의 역사에 신비롭게 개입한다는 사실을 분명히 믿었다(『유대고대사』 18:284-288 참조). 즉 한편으로는 합리주의적 설명을 시도하는 그리스-로마의 역사 서술방식historiography을 따르고, 또 다른 한편으로는 신비적인 사건을 그대로 묘사함으로써 독자들의 관심을 끌어내고자 했을 것이다.[43]

## 2) 요한 세례의 기원

물로 씻는 행위를 통한 정결 운동은 제2성전 시대의 유대 사회에서 다양하게 발견된다. 이들이 요한의 세례와 어떤 직·간접적인 관계가 있는지에 관해서 간략하게 살펴보고자 한다.[44]

첫째, 쿰란-에세네파와의 관련성을 살펴보자. 『유대전쟁사』 2:12에 따르면, 광야에 거주했던 에세네파는 아이를 입양하여 공동체 규칙에 따라 양육했다.[45] 그런데 누가 기자는 세례 요한 출생 본문에서 아버지 사가랴의 예언이 끝난 후, 요한을 가리켜 이렇게 요약한다. "아이가 자라며 심령이 강하여지며 이스라엘에게 나타나는 날까지 빈 들에 있으니라"(눅 1:80; 사 40:3 참조). 이를 근거로 세례 요한이 에세네파와 접촉했을 가능성이 있다고 추정하는 것이 아주 불가능하지는 않

---

43 P. Bilde, *Flavius Josephus between Jerusalem and Rome*, 201-202에 따르면, "요세푸스의 유대적 사상은 완전하게 헬레니즘화 된 것이 아니었다. 그의 헬레니즘화는 비-유대인 독자를 위한 신중한 교육적 계획(pedagogical strategy)의 일환으로 해석되어야 한다."

44 아래에서 다루지는 않겠지만, 모세의 세례(고전 10:2; 출 14:19-20; 사 4:4)에 관해서는 K. Berger, *Theologiegeschichte des Urchristentums: Theologie des Neuen Testaments*, UTB für Wissenschaft: Große Reihe (Tübingen: Mohr Siebeck, 1994), 108을 참조하라.

45 CD, 1QS, 4Q 414 참조.

을 것이다. 하지만 누가의 보도를 신빙성 있는 근거로 전제한다고 해
도, 요한이 광야에서 살았다는 사실만으로 에세네파와의 연관성을 주
장하는 것은 어렵다. 가령 안토니우스 펠릭스 총독 시절(52-60년) 많은
익명의 예언자들이 출현했는데, 이들 또한 추종자들에게 광야로 따라
나오라고 촉구했다.[46]

한편 세례를 받기 위한 확실한 준비를 강조하는 점도 서로 유사하
게 보일 수 있다.[47] 그러나 큰 차이점이 있다. 쿰란공동체의 목욕은
정해진 시간에 따른 반복적인 일과지만,[48] 요한의 세례는 일회적이기
때문이다. 세례 요한에 대한 가장 방대한 전승을 담고 있는 신약성서
에서 세례가 반복적 행위였다는 것을 암시하는 본문은 없다. 또한 요
한이 에세네파의 일원이었다는 기록도 없다. 오히려 요한은 자신만의
제자 그룹을 이끌었다. 요한이 '세례자'라고 불린 사실도 그가 어떤 집
단에 소속된 자였다기보다는 독자적인 집단의 지도자였음을 시사한
다. 그럼에도 불구하고 요한이 에세네파를 전혀 몰랐다거나 그들과
간접적으로도 접촉한 일이 전혀 없다고 단언할 수는 없다.[49] 하지만
그의 세례의 기원이 에세네파의 그것에서 유래했다는 가정을 위해서
는 보다 많은 근거가 필요할 것이다.

둘째, 예레미아스는 고린도전서 10:1-2을 근거로 요한의 세례가
유대교로 개종하는 자들을 위한 입교의식에서 유래한 것이라고 추정
한다.[50] 그러나 요한의 세례가 오직 유대인을 위한 것이었음은 요세

---

46 『유대전쟁사』 2:258-260; 『유대고대사』 20:167-168 참조.
47 K. Berger, *Theologiegeschichte des Urchristentums*, 107 참조.
48 이는 요한의 세례를 제외한 모든 다른 세례 의식에서도 마찬가지다.
49 가령, J. P. Meier, *A Marginal Jew*, 27은 이런 가능성을 열어 둔다.
50 J. Jeremias, "Der Ursprung der Johannestaufe," *ZNW* 28 (1929), 312-320. 예레미아스

푸스와 복음서가 일치되게 증거하고 있다. 따라서 요한의 세례가 이방인 개종자를 위한 세례에서 유래했다고 보기는 어렵다. 유대교에 입교하려는 이방인을 위한 예식을 모방하여 유대인을 위한 예식을 만들었다고 추정하기는 힘들다. 또한 다른 세례 예식과는 달리 요한의 세례는 씻는 행위 자체가 예식의 중심부에 놓여 있다. 그러므로 결정적인 예식인 할례를 위한 준비 단계에 불과했던 물로 씻는 입교의식이 요한의 세례의 기원이 되기는 어렵다.

셋째, 요세푸스는 요한의 세례와 함께 바누스의 정결예식에 관해서도 보도한다(『요세푸스자서전』 11-12).[51] 그러나 바누스의 세례는 요한의 세례와는 다르게 묘사된다. 요세푸스가 묘사하는 바누스의 세례의 특징은 하루에도 여러 번 실시하는 반복적인 것인 반면, 요한의 세례는 일회적이다.[52] 바누스는 자기 몸을 스스로 씻지만, 요한의 세례는 세례자의 도움을 필요로 한다. 달리 말해서, 요한의 세례는 주는 자와 받는 자의 관계성을 중시한다. 하지만 요한의 세례가 일회적이었는가에 관해서는 단정적으로 말할 수는 없다. 신약성서와 요세푸스 본문 모두 이 점을 명확하게 말하고 있지는 않기 때문이다. 그러므로 요세푸스가 바누스와 요한의 세례를 비슷한 것으로 묘사했다는 가능성을 배제할 수는 없다. 여기서 추가될 점은 요한의 세례에서만 육체

---

에 따르면, 세례 의식은 할례와 제물을 드리는 일에 단순히 부가된 예식에 불과했다. 그러나 1세기에는 세례가 본격적인 입교의식으로 바뀌었다(313쪽).

[51] 『요세푸스자서전』에 따르면, 그는 16세가 되었을 때, 바리새파, 사두개파, 에세네파를 모두 경험한 후에, 여기에 만족하지 못하고 바누스라는 금욕주의자와 함께 광야에서 3년을 보냈다. 바누스는 하루에도 여러 번 찬물로 몸을 씻는 일을 했다.

[52] 그러나 E. F. Lupieri, "John the Baptist in New Testament Traditions and History," *ANRW* 2.26.1 (1992), 452는 요세푸스가 요한의 세례를 반복적인 것으로 묘사하고 있다고 본다.

의 정화와 영혼의 정화를 구별할 뿐 바누스 세례에서는 그렇지 않다는 점이다.[53]

위에서 살펴본 다른 세례 의식들과 달리, 요한의 세례는 그의 운동의 가장 중심적인 역할을 한다는 특징을 갖는다. 또한 요한의 세례는 임박한 종말론적 심판을 전제한 일회적인 것이며, 반복되지 않는다 (물론 종말론적 성격은 요세푸스 본문에는 생략되어 있다). 쿰란-에세네파 역시 종말론적인 공동체였지만, 그들의 세례는 반복적인 것이었다. 또한 다른 세례들과는 달리, 요한의 세례에서는 세례를 베푸는 자와 받는 자의 관계가 부각된다. 바누스와 에세네파는 자발적으로 몸을 씻었지만, 요한의 세례는 예수의 경우처럼, 요한으로부터 세례를 받게 된다. 누가복음 3:7의 이문異文에는 흥미로운 점이 발견된다. D사본에는 '요한으로부터'(ὑπ' αὐτοῦ) 대신 '요한 앞에서'(ἐνώπιον αὐτοῦ)로 되어 있어서, 요한에게 나아온 자들이 요한을 통해 세례를 받은 것이 아닐 수 있음을 시사하고 있다. 물론 찾아온 모든 사람에게 다 세례를 베푼 것은 아닐 수 있다.[54] 그러나 세례자와 제자들 사이의 긴밀한 관계가 요한 세례의 현저한 특징임을 부정할 수는 없을 것이다.

요세푸스는 쿰란-에세네파, 바누스 그리고 요한의 세례를 서로 비교하지는 않는다. 다만 세 가지의 세례가 모두 유대 사회 내의 숭고한 활동임을 암시한다. 에세네파의 경우는 물론이고, 바누스의 경우

---

53 C. H. H. Scobie, *John the Baptist,* 110-111은 요세푸스가 바누스 세례를 요한의 세례와 동일시했다고 추정한다. 요세푸스는 스승인 바누스의 세례를 목격했고, 이를 근거로 요한의 세례를 바누스의 그것과 동일시하고자 했다는 것이다. 이러한 추정에 반대하는 L. H. Feldman, *Josephus and Modern Scholarship (1930-1980)* (Berlin: W. de Gruyter, 1984), 667도 참조하라.

54 J. A. Fitzmyer, *The Gospel according to Luke,* I-IX, 467 참조.

는 요세푸스의 스승으로 나오기 때문에 그의 독특한 씻음의 행위에 대한 평가 역시 높게 이루어지고 있음을 유추할 수 있다. 요세푸스는 이것들과 요한의 세례가 각각 별개의 것이지만, 모두를 유대 사회 내의 고상한 종교적(철학적) 운동으로 간주하고 있다.

## 5. 요한 활동의 사회-정치적 해석

요세푸스의 세례 요한 보도의 사회-정치적 차원을 구성하는 것은 세 가지 요인이라고 볼 수 있다. 즉 세례 요한이 통치자의 처형으로 죽음을 당한 것, 안티파스의 패전이 이 죽음과 관련 있다는 것, 또한 이러한 해석이 요세푸스 자신의 것이라기보다는 당시 유대인들의 여론이었다는 점 등이다.

우선 요세푸스는 기본적으로 요한의 운동을 정치적 의도와 무관한 것으로 묘사하려는 노력을 기울이고 있음은 분명하다. 그럼에도 불구하고 요세푸스는 세례 요한의 사회-정치적 상관관계를 뚜렷하게 드러내고자 한다. 즉 세례 요한 본문이 거시적 정치 사건들의 맥락에서 해석되고 있음을 부정할 수 없다.

요한이 안티파스를 비판한 것이 처형의 주된 원인으로 묘사하는 공관복음서의 보도와 달리, 요세푸스의 요한은 정치 지도자를 비판하지 않는다. 그는 그저 덕행에 힘쓰는 선한 사람일 뿐이다. 공관복음서는 안티파스가 헤로디아와 결혼을 한 것이 불법적이라는 이유로 요한이 질책했다고 보도한다. 그런데 요세푸스는 지배층의 이러한 반-전통적 행태와 관련된 이야기를 세례 요한 본문 직전에 상세하게 다루고 있다.

## 1) 사회-정치적 배경

나바태왕국의 영토는 로마제국의 동쪽 경계에 맞닿아 있었으므로 로마인들에게 나바태인들의 존재는 위협적인 것으로 여겨졌다. 특히 아레타스 4세의 통치가 시작될 무렵 나바태왕국의 세력은 상당히 강해져서 안티파스의 영토로 이어지는 거의 모든 무역로가 아레타스 4세의 영향을 받고 있었다.[55] 이러한 지리적 관계 때문에 유대인들과 나바태인들은 오랫동안 영토를 둘러싼 분쟁과 화평을 반복해온 역사를 이어오고 있었다. 안티파스가 아레타스의 딸과 결혼을 한 것은 양국의 화평을 위한 일종의 정략결혼이었다. 그러나 안티파스는 헤로디아를 새로운 아내로 삼으려고 했고, 이 사실이 알려지자 나바태의 공주는 아버지 아레타스 왕에게로 가버렸다. 이로써 양국의 관계는 불편해졌다. 또한 '가말라'라는 지역의 소유권 문제가 불거졌던 상황이기도 했다. 나바태 공주와의 혼인 관계가 파경을 맞게 되자 아레타스 왕은 가말라 지역의 소유권을 주장했고, 이러한 상황 가운데 36년 경, 전쟁이 발발하게 된다(『유대고대사』 18:109-115). 이 전쟁에서 안티파스는 패전하게 되었고, 요세푸스는 패전의 원인이 헤롯의 군대 내부에 있던 과거 분봉왕 빌립의 군대 출신 병사들이 반역을 했기 때문이라고 해석한다.

---

55 나바태왕국의 영토는 남쪽으로는 이집트 국경에 이르는 지역과, 팔레스타인 동쪽 지역, 다마스쿠스까지 이어졌다. H. W. Hoehner, *Herod Antipas: A Contemporary of Jesus Christ*, BSNTS 17 (Grand Rapids: Zondervan, 1980), 142-143 참조.

즉 안티파스가 맞은 정치적 위기의 원인은 헤로디아와의 결혼으로부터 발생한 것임이 문맥상 명백하게 드러나고 있다. 한편으로는 대외적인 정치적인 관계 때문에 위기를 맞는다. 즉 나바태왕국과의 영토 분쟁, 정략결혼의 파기 등 외교적 문제가 중요한 배경이 되고 있으며, 다른 한편으로 안티파스는 내부 정치적인 문제도 안고 있었다. 그는 전통에 위배되는 결혼으로 유대 사회 내부의 비판을 야기했다(레 18:16; 20:21). 안티파스의 형제 아르켈라우스 역시 이복형제 알렉산더의 아내 글라퀴라를 아내로 취한 일로 비판을 받는다. 요세푸스는 아르켈라우스의 반-율법적인 이 결혼에 대해 유대인들이 '혐오'했음을 명시하고 있다(『유대고대사』 17:340-341).[56] 헤로디아와의 결혼 비판을 처형의 중요 원인으로 보도하는 공관복음서와 달리, 요세푸스는 세례 요한 본문에서 이 사실을 명시하고 있지는 않다. 그러나 율법을 무시하는 헤롯 가문의 행태에 대한 유대인들의 비판적 여론에 대해서는 아르케라우스의 예에서 이미 드러나고 있으며, 안티파스를 묘사하는 단락에서도 이런 비판적 여론이 있었음이 암시적으로 전제된다고 볼 수 있다.

안티파스가 건설한 티베리아스 도시는 과거 공동묘지 위에 건설되었다(『유대고대사』 18:38).[57] 티베리아스 도시에 만든 그의 왕궁에는 짐승의 형상이 만들어졌다(『요세푸스자서전』 65 이하). 이 모든 일은 전통 문화를 무시하고 이질적 문화를 수용하는 반-율법적 처사였다.[58]

---

56 글라퀴라의 경우 남편 알렉산더가 죽은 과부였지만, 자녀를 두고 있었기 때문에 다른 형제의 아내가 될 수 없었다.

57 S. Schwartz, *Josephus and Judaean Politics*, CSCT 18 (Leiden: E. J. Leiden, 1990), 189 참조.

58 G. Theissen, "Jesusbewegung als charismatische Wertrevolution," *NTS* 35 (1989), 344.

헤로디아와의 결혼도 율법 위반이었는데, 이 결혼은 정치적 의도가 있는 것이었다. 안티파스의 아버지 안티파테르는 이두매 사람이었고 어머니 말타케는 사마리아 여인이었다. 그러므로 이 사이에서 태어난 안티파스는 유대인이 아니었고 왕족의 일원이 될 수도 없는 상황이었다. 반면, 헤로디아는 헤롯대왕이 기원 7년에 살해한 아리스토불루스의 딸이었다. 헤로디아는 마리암메의 손녀이기도 했다. 마리암메는 헤롯대왕에 의해 기원전 29년 죽음을 당했다(『유대고대사』 15:202-236).[59] 즉 헤로디아는 헤롯 가문에서 중요한 인물이었다. 안티파스는 헤로디아를 아내로 삼아서 헤롯 가문에서의 권력 획득을 노렸을 것이며, 헤로디아 역시 권력욕이 많았다. 그녀는 '여왕'이 되고자 했다(『유대고대사』 18:240-256).[60]

## 2) 세례 요한 본문의 사회-정치적 이해

요한의 죽음이 안티파스의 '의혹'($\dot{υ}ποψία$)에서 비롯되었다는 표현은 요한의 운동이 내부 정치와 어떤 관계 속에 있음을 암시한다. 요한을 '선한 사람'으로 묘사한 것은 이러한 정치적 동기와 부합되지 않는 듯이 보일 수 있다.[61] 그러나 본문의 논리적인 흐름에는 문제가 없다. 요세푸스의 설명은 이렇게 전개되기 때문이다. 요한은 정의와 경건을 가르친 선한 사람이었고, 그런 가르침에 부합되는 자들에게 세례를

---

59 H. W. Hoehner, *Herod Antipas*, 9, n. 3.

60 E. Schürer, *History of the Jewish People in the Age of Jesus Christ (175 B.C.-A.D. 135)* (Edinburgh 1973), 342-343.

61 P. Vielhauer, Art. "Johannes der Täufer," *RGG* 3 (1959), 804 참조.

베풀었다. 요한의 가르침은 설득력이 있었고, '다른 사람들' 또한 그에게 이끌릴 정도였다. 이 '다른 사람들'은 정의와 경건의 덕목을 실천하는 엘리트적 인물들은 아니었을 것이다. 즉 소수의 사람들만이 아니라 다른 자들이 요한에게 이끌려 나오자 안티파스는 두려움을 느끼게 된 것이다. 즉 안티파스는 세례 요한의 건전한 운동이 정치적 파급력을 지닌 것으로 발전할 수 있다는 정치적 위기감을 느낀 것으로 묘사된다. 공관복음서와는 달리, 요세푸스는 세례 요한의 종말론적인 강렬한 선포 장면을 묘사하지는 않지만, 통치자 안티파스의 능동적인 행동으로 처형되었음을 공관복음서보다 더 뚜렷이 나타내고 있다.

안티파스는 '다른 사람들'이 요한에게 몰려들자 불안감을 느껴 요한을 처형한 것으로 묘사된다(『유대고대사』 18:118). 안티파스의 불안을 야기했던 '다른 사람들'(τῶν ἄλλων)의 정체에 관해서는 크게 세 가지 견해가 있다. 첫째, 다수의 일반 백성으로 해석하는 입장에 따르면, 이 부분이 '백성'(λαῶν)으로 되어 있는 A사본이 중요한 근거가 된다.62 둘째, 18:117에서 소집된 것으로 보이는 자들과 구별된 '평범한 유대인들'로 해석하는 입장에 따르면 요세푸스는 앞부분에서는 소수의 세례 요한 종파를 의미했고, 이 부분에서는 일반 대중을 의미한다고 본다.63 셋째, 유대인과 대조되는 이방인으로 해석하는 입장에 따르면 요한이 처형된 장소로 언급된 마카이루스는 나바태왕국과 인접한 지역이라는 사실이 중요한 단서가 된다. 앞서 언급한 대로 안티파스가

---

62 K. Backhaus, *Die "Jüngerkreise" des Täufers des Johannes: Eine Studie zu den religionsgeschichtlichen Ursprüngen des Christentums*, Paderborner Theologische Studie 19 (Paderborn: Schöning, 1991), 270-271 참조.

63 J. P. Meier, "John the Baptist in Josephus," 232; E. F. Lupieri, "John the Baptist in New Testament Traditions and History," 451 참조.

나바태왕국과 껄끄러운 상황에 있었다면, 나바태왕국과 인접한 장소에서 활동한 요한이 나바태인들과 연루되었다는 의심을 받았을 수도 있다.[64] 그러나 이 경우 요한의 활동 지역이 나바태왕국과 인접한 베레아의 어느 곳이었다는 전제가 필요할 것이다. 위 세 가지 견해 중 무엇이 가능성이 있든지, 안티파스의 불안감을 고조시킨 특정한 사회적 분위기가 있었음을 요세푸스가 암시해주고 있음을 부정할 수 없다.

또한 사람들에게 "세례를 베풀기 위해 소집"을 했다는 표현(βαπτισμῷ συνιέναι)이 무엇을 의미하는지에 관한 토론도 중요하게 다루어져 왔다(『유대고대사』 18:117). 첫째, 이를 통해 세례 요한이 정치적 운동을 전개한 것으로 묘사했다는 입장이다. 대표적으로 홀렌바흐P. W. Hollenbach는 세례 요한의 활동을 정치적 운동으로 암시하고자 했던 것이라고 해석한다.[65] 요한은 유대 민족주의 운동의 지도자로 묘사되고 있으며, 그가 베푼 세례는 저항운동 조직을 결성하기 위해서라는 것이다. 하지만 류만J. Reumann은 이러한 해석에 반대한다. "요한의 선포와 사역이 의도한 것과 헤롯이 두려움을 느낀 이유를 구별하지 않는 홀렌바흐의 견해에는 문제가 있다. 그의 견해는 1세기 팔레스타인의 종교적 운동은 그 운동을 이끄는 인물의 의도야 어떻든 그것과 상관없이 정치적 영향력을 갖고 있는 것으로 두려움의 대상이 되었다는 사실을 이해하지 못하는 것이다. 요한이 한 사람의 '사회 혁명가'였다는 홀렌바흐의 생각은 분별력 있는 해석 및 역사적 재구성을 현재 우리 시대가 당면

---

64 G. Theissen, *Lokalkolorit und Zeitgeschichte in den Evangelien. Ein Beitrag zur Entsehungsgeschichte des Urchristentums*, KT 35 (Göttingen: Vandenhoeck & Ruprecht, ²1992), 87 참조.

65 P. W. Hollenbach, "Social Aspects of John the Baptizer's Preaching Mission in the Context of Palestinian Judaism," *ANRW* 2.19.1 (1979), 863-864.

해 있는 관심사와 혼동하는 것이다."[66] 요한의 세례를 이렇게 묘사하면서 요세푸스가 어떤 정치 혁명적 운동을 염두에 두었을 것이라는 추정은 문맥상 적절한 해석이 아니라고 볼 수 있다. 왜냐하면 같은 문장 안에서 요한은 헬레니즘의 철학 교사처럼 묘사되고 있기 때문이다. 또한 이어지는 다음 문장은 요한의 세례가 이성적으로 파악될 수 있는 행위임을 강조하기 때문이다. 특히 '후토 가르'(οὕτω γάρ)로 시작되는 이 문장은 앞 문장의 근거를 설명하는 것으로, '세례에로의 소집'을 정치적 운집으로 해석하면 문맥상 어색하다고 볼 수 있다.[67]

둘째, 요한 종파 결성의 단서로 해석하는 입장이다. 슛츠는 이 표현이 세례 요한이 종파를 결성했다는 단서를 제공한다고 본다.[68] 이러한 견해에 의하면, 요세푸스의 의도는 로마에서 세례 요한을 메시아로 섬기는 종파를 반박하려는 것이다.[69] 즉 요세푸스는 요한의 제

---

66 J. Reumann, "The Quest for the Historical Baptist," in: John Reumann (ed.), *Understanding the Sacred Text*, Morton S. Enslin Festschrift (PA: Judson Press, 1972), 184-186. C. C. McCown, "The Scene of John's Ministry and Its Relation to the Purpose and Outcome of His Mission," *JBL* 59 (1949), 113-131 또한 이와 같은 입장을 취한다. 한편, R. Eisler, *ΙΗΣΟΥΣ ΒΑΣΙΛΕΥΣ ΟΥ ΒΑΣΙΛΕΥΣΑΣ*, II, 96에 따르면, 요세푸스의 요한 묘사는 정치적 의도로 사람들을 모이게 한 것이라고 한다. 그에 의하면, "새로운 회당, 새로운 이스라엘 민족"으로 모이게 한 것이다.

67 K. Backhaus, *Die "Jüngerkreise" des Täufers des Johannes*, 270 참조.

68 R. Schütz, *Johannes der Täufer*, 24. 세례 요한 종파에 관한 많은 증거에 관해서는 K. Backhaus, *Die "Jüngerkreise" des Täufers des Johannes*, 269를 보라. 반면, C. H. H. Scobie, *John the Baptist*, 131-132는 이러한 해석에 반대한다. 이 표현이 "세례 받은 자들이 종파 형성을 시작했다는 증거를 시사하지는 않는다. 개별적으로 세례를 받으러 온 것이 아니라, 오히려 여럿이 함께 모여들었음을 묘사하는 것이다." R. A. Horsley/ J. S. Hanson, *Bandits, Prophets, and Messias: Popular Movements in the Time of Jesus* (San Francisco: Harper and Row, 1985), 178은 다음과 같이 주장한다. 이 본문에서 "요한이 어떤 종파를 건설하는 시도를 했거나, 단호한 종말론적 해방의 사건으로서의 어떤 대중 운동을 이끌었다는 암시를 전혀 찾을 수 없다."

자들로 구성된 세례 요한 종파가 공유한 세례 이해를 의도적으로 수정하고자 했다는 것이다. 요세푸스의 세례 요한 본문의 첫 부분은 '어떤 유대인들'이 안티파스의 패전을 하나님의 징벌로 여겼다고 밝힌다. 그러나 '다른 사람들'이 모여 들었다는 보도 이후, 18:119에서는 유대인 '전체'가 그렇게 생각하게 되었다는 것이다. 요한의 헬레니즘적 도덕적 가르침을 따른 '어떤 유대인들'은 세례 요한 종파를 말하는데, 이들은 안티파스의 패전을 목격한 순간 이것이 요한 처형에 대한 하나님의 징벌로 해석할 수 있었다. 그러나 유대인 전체는 '다른 사람들'이 몰려든 것을 보고서 그러한 해석을 받아들이게 되었다는 것이다. 그러나 이러한 해석에도 무리가 따른다. 요세푸스는 세례 요한 종파에 대한 언급을 전혀 하지 않고 있다. 또한 만일 세례 요한 종파를 반박하고자 했다면 이 종파에 대해 얼마든지 명확하게 언급할 수 있었을 것이다. 가령 예수 보도에서는 "그의 이름을 따라 불리어진 그리스도인 종족은 아직도 사라지지 않고 있다"[70]는 설명을 덧붙인다(『유대고대사』 18:63-64).

셋째, 요세푸스는 어떤 종파 결성을 암시하거나 정치 선동적 상황을 암시한 것이 아니라, 요한은 단순히 세례를 촉구했고 그에게 나아온 유대인들에게 세례를 베풀었다고 해석하는 입장이다. 에른스트[Ernst]에 따르면, "유대인들은 세례를 받기 위해 몰려들었다가 이내 흩어져버렸다."[71] 즉 '세례에로의 소집' 표현은 어떤 특수한 형태의 정치

---

69 H. Lichtenberger, "Täufergemeinden," 36-57, 특히 45-46을 보라.

70 물론 이는 예수 추종자들에 대한 냉소적인 표현이라고 볼 수는 없다. 오히려 그 반대일 수 있다. 왜냐하면 어떤 운동의 지도자가 사라진 후에도 그 집단이 계속 유지되는 것은 비범한 일이라는 요세푸스의 평가가 여기에 암시되어 있기 때문이다.

71 J. Ernst, *Johannes der Täufer*, 255.

적 또는 종파적 집단의 결성을 가리키는 것이 아니라 요한의 가르침이 사람들을 끌어들이는 견인력이 있었음을 말하는 것이라고 볼 수 있다.

요세푸스가 요한에게는 정치적으로 위협적이거나 비판적인 태도가 전혀 없는 것으로 묘사한다는 점은 분명하다. 공관복음서와 비교할 때, 안티파스와 헤로디아의 혼인 비판도 빠져 있다. 물론 요한과 안티파스의 관계에 대한 정보가 없었을 수도 있지만, 알고도 그것을 제외했을 수도 있다.[72] 어떤 경우이든 요세푸스의 의도는 이 유대 인물을 헬레니즘적 도덕주의자로 묘사하려는 것이었다. 그러나 다른 한편, 요세푸스는 요한이 정치적 이슈가 되었음을 부정하지 않았다. 그가 정치 권력자에 의해 의심을 받아 처형된 사실 자체가 그것을 말해 준다. 이렇게 어떤 사건을 정치적 테마로 연결하는 것은 상류층 사회의 지적인 정서mentality를 반영한다.

도덕적 부정과 정치적 부정은 고대 사회에서 함께 얽혀진 것으로 간주되었다. 안티파스는 이 두 가지 면에서 모두 부정한, 결핍된 자로 여겨졌다. 반면 요한의 운동은 정결을 추구하는 것이었으며, 그의 운동은 헬레니즘 세계에서도 납득되는 보편주의적인 것으로 그려지고 있다. 요세푸스는 이러한 대조를 뚜렷이 드러내지는 않았다. 요한과 안티파스는 서로 분리되어 묘사되고, 간접적으로 접촉할 뿐이다. 이러한 이유로 요세푸스는 이 권력자에 대한 어떠한 비판도 제외시켰다. 요세푸스는 세례 운동의 정치적 특징을 경감시킨다. 세례 요한은

---

72 J. Ernst, *Johannes der Täufer*, 254에 의하면, 요세푸스는 헬레니즘화 된 유대인으로서, 자기 민족에 대한 의혹을 불식시키고자 했으며, 요한을 그런 의혹에서 멀리 떨어뜨리고자 했다. 요세푸스는 요한을 안전하게 보호하고자 했다.

어떠한 정치적 위협도 가하지 않는다. 그러므로 안티파스에 대한 어떠한 공격도 언급되지 않는다. 그럼에도 불구하고 요세푸스는 정치적 측면을 은폐하지 않고, 요한을 정치적 맥락 안에 위치시킨다. 그는 정치적 활동을 하지는 않았지만, 정치적 희생물로 묘사된다. 요한 자신은 정치와 무관했지만, 그의 죽음은 사회-정치적 배경과 불가분의 관계에 있음을 요세푸스는 말해주고 있다.


## 6. 결론

요세푸스의 세례 요한 보도는 헬레니즘적 유대교라는 요세푸스의 정황 속에서 해석된다. 한편으로 그는 유대 사회의 인물과 사상을 우호적으로 묘사하려고 시도했고, 다른 한편으로는 그리스-로마의 독자들에게 익숙한 개념을 적용하고자 했다. 요한의 세례를 묘사하는 방식에서 이러한 점이 두드러진다. 또한 정치적 개념과 관련된 측면에서는 요한의 활동이 섬세한 방식으로 그려지고 있음을 알 수 있다. 요세푸스의 요한은 헬레니즘의 철학적 인물상으로 묘사되는 동시에, 정치의 영역과 관련된 인물로 나타난다. 그의 활동과 죽음은 정치적 동기와 관련되며, 주변 세계의 정치적 역학 관계의 틀 속에서 이해될 수 있음을 요세푸스는 그의 역사 기록을 통해서 말해주고 있다.

The Early Christianity and Josephus

II부

# 헬레니즘 시대의
# 유대교와 원시 기독교

# 제 7 장

# 헬레니즘 시대의 유대교와 기독교
## — 연속적인가 불연속적인가

## 1. 서론

기독교의 기원에 대한 연구에 있어서 헬레니즘 시대의 유대교는 매우 중요한 전제가 된다. 유대교라는 모母종교에서 출발하여 기독교라는 새로운 종교가 성립되는 과정은 연속성을 강조하는 관점에서 보면 구약성서에서부터 이어지는 약속의 성취 주제로 볼 수 있으며, 불연속성을 강조하는 관점에서 보면 이질적인 새로운 종교의 탄생으로 평가할 수 있을 것이다.

헬레니즘 시대의 유대교의 역동성 내부에 이미 원시 기독교가 구축한 종교적 요소들이 내재되어 있었을 것이다. 원시 기독교는 뚜렷한 사회적·역사적 정황을 발판으로 형성되었기 때문에 그 시대를 규정한 정치 · 문화 · 사회 · 종교적 흐름과 확실하게 마주하고 있었다. 즉 원시 기독교 공동체들은 구체적인 삶의 자리(Sitz-im-Leben)들 속에서 형성되고 발전했다. 여기서는 유대교에서 기독교로 변화 · 발전하는 과정에서 나타나는 연속성과 불연속성을 고찰하면서 양자가 긴밀한 관계성을 유지하고 있었음에 주목하려고 한다. 물론 이러한 주제 설정이 새로운 것은 아니지만, 여기서는 유대교의 기본적인 이중 원리(유일신 사상과 언약적 율법주의)를 중심으로 이 원리가 원시 기독교의 형성에서 어떻게 작동하고 평가되었는가를 살펴보려고 한다. 유일신 사상은 당연히 예수의 지위(혹은 기독론) 주제와 관련되고, 언약적 율법주의는 하나님의 언약과 율법의 측면에서 구원의 보편성 주제로 이어진다.

미리 짚어둘 점은 유대교와 기독교의 관계를 주제로 설정할 때, 유대교와 기독교가 각각 어떤 통일된 조직체였다고 전제하는 것이 아니라는 사실이다. 1세기의 원시 기독교를 단일한 집단으로 보는 사람은 없을 것이다.[1] 신약 문서들만 보더라도 이 시기 기독교 공동체들은 매우 상이한 수준과 특징을 지니고 있었던 것이 확연히 드러나기 때문이다. 더욱이 정경이 아닌 문서들까지 검토하면 다양성의 분광은 훨씬 더 넓게 형성될 것이다.[2]

---

1 소위 튀빙엔 학파의 바우르(F. C. Baur)는 헤겔의 변증법적 역사 해석의 영향을 받아 원시 기독교 역사를 이렇게 해석했다. 즉 베드로로 대표되는 유대-기독교 분파와 바울로 대표되는 이방-기독교 사이의 갈등은 40년대 말 예루살렘 사도회의를 통해 봉합되어 통일된 기독교 운동을 전개했다는 것이다. 이런 설명 방식은 아직도 일반 기독교 신자에게 적극적으로 소개되고 있는 실정이다.

2 바우르의 명제는 바우어(W. Bauer)에 의해 수정되었다. 바우어에 의하면, 1-2세기 기독교 집단들은 매우 다양했으며, 또한 그 모든 집단들이 로마 가톨릭교회로 통합되지는 않았다. 그는 정통과 이단의 개념을 근본적으로 고찰하면서, 원시 기독교 시대를 다양

유대교도 마찬가지였다. 어떤 표준적이고 통일적인 공식 유대교가 등장하는 것은 한참이 지나서다. 포로기 이후 위기에 봉착한 유대교는 다양한 변화를 시도했으며, 특히 헬레니즘 시대에 들어서면서 유대교라고 뭉뚱그려 지칭할 수 있는 종교 내부에는 다양한 집단들이 형성되고 있었다고 볼 수 있다. 이는 예수 시대나 원시 기독교 시대에도 마찬가지였다.[3] 따라서 당시의 유대교와 기독교 집단들이 매우 다양했음을 전제하고 논의를 전개할 것이지만, 앞서 언급한 바와 같이 유대교가(혹은 유대교 집단들이) 공통된 기본 원리 위에 서 있었음을 가정하며, 또한 원시 기독교(혹은 원시 기독교 집단들)도 그러한 기본 원리에 대한 새로운 해석을 공통적인 과제로 안고 있었음을 전제한다.

## 2. 유대교와 기독교 — 유사성과 차이점

여기서는 우선 유대교와 기독교의 관계를 비교하는 유용한 모델을 살펴보기로 한다. 유대교의 한 분파로 시작된 기독교 운동이 어떻게 유대교와 차별성을 띠면서 점차 분리하게 되었는가에 관해서 세 가지의 측면을 설명할 필요가 있다.[4]

---

한 이단들의 시대였으며 어떠한 집단(이단)도 정통으로 간주되기 어렵다고 주장한다. 후대에 소위 정통으로 인정된 분파도 실상은 하나의 이단에 불과했다는 것이다. W. Bauer, *Orthodoxy and Heresy*를 보라. 또한 G. Lüdemann, *Ketzerei* 역시 바우어의 주장을 지지한다.

3 역사적 예수는 세례 요한 집단, 바리새파, 사두개파, 젤롯파, 성전세력 등 유대교 사회 내에 존재했던 다양한 파벌들에 대해서 각각 다른 평가를 내리고 있었다. 타이쎈·메르츠/손성현 옮김, 『역사적 예수』, 216-218 참조.

4 이하는 다음 논문에서 제시된 모델을 따르고 있음을 밝혀둔다. 게르트 타이쎈/박정수

## 1) 유대교와 기독교의 공통적인 측면

첫째, 원시 기독교 공동체 조직 내부에는 노예, 자유인, 남자, 여자, 유대인, 이방인, 부유층, 빈민층 등 상호 이질적 멤버들이 소속되어 있었다. 사회적 지위가 상이한 사람들이 결합된 이러한 조직체는 고대 사회에서 매우 특이한 것으로 여겨졌다. 더욱이 기독교 공동체들은 일 년에 몇 차례 모임을 갖는 것이 아니라, 일주일에 적어도 한 번 정기적 모임을 가졌다. 이는 공동체 멤버들이 서로 일상성을 공유했던 것이라고 해석할 수 있다. 그런데 원시 기독교 집단들의 이러한 특징은 로마제국 내에서 전혀 새로운 현상은 아니었다. 즉 로마제국 전역에 넓게 분포되어 있었던 유대교 회당들의 삶 속에서 이러한 계층 포괄적 특징이 발견되는 것이었다.[5]

즉 유대교와 기독교 공동체들은 모두 상이한 계층 간의 포괄적 결

---

옮김, "유대교와 기독교: 바울에게서 시작된 두 종교의 분열에 대한 사회사적 고찰," 「신약논단」 13(2006), 1055-1094; G. Theissen, "Judentum und Christentum bei Paulus: Sozialgeschichtliche Überlegungen zu einem beginnenden Schisma," in: M. Hengel/U. Heckel (eds.), *Paulus und das Antike Judentum*, WUNT 58 (Tübingen: Mohr, 1991), 331-359.

5 로마제국 내 여러 지역에 유대인 회당이 있었다는 것은 충분히 증명된다. 아프리카(특히 알렉산드리아), 시리아(『유대고대사』 12:119; 『아피온반박문』 2:39; 마카베오스상 15:15-21), 소아시아(『유대고대사』 14:223-330, 234-246, 256-264; 16:162-165, 167-168, 171-173; 행 13:14(비시디아 안디옥); 14:11(이고니온); 21:39(다소 출신 바울)] 등에 유대인들이 이미 정착해 있었다. 또한 그리스 지역에는 마케도니아(필로, Leg. 281), 데살로니가(행 17:1), 베뢰아(행 17:10), 스파르타와 시시온(마카베오스상 15:23) 등에 유대인 회당이 존재했었다. 이탈리아에서는 로마를 제외하고는 유대인 정착지에 대한 보도가 거의 없다(『유대고대사』 17:328; 『유대전쟁사』 2:104). 또 바울이 스페인으로 여행 계획을 잡았었다는 사실은 1세기 중엽 스페인에 이미 유대인 공동체가 있었음을 간접적으로 보여준다고 할 수 있다(롬 15:24).

속력을 그 특징으로 하는 종교적 집단들로, 고대의 로마 사회 안에서 '특이한 사회적 틀'을 제시하는 독특성을 지녔다. 또한 유대교와 기독교는 모두 공동체 구성원들에게 높은 수준의 윤리적 삶의 방식을 요구했다. 즉 공동체 내부의 사회 계층적 특징을 보면 기독교와 유대교 양자는 모두 로마제국 안에서 특별한 집단으로 여겨졌다고 볼 수 있다.

둘째, 로마제국 내의 여러 지역에 분포되어 있었던 유대교와 기독교의 공동체들은 범지역적인 결속력을 그 특징으로 하고 있었다. 원시 기독교는 지역을 초월하는 조직력을 갖고 있었다. 이는 두 가지를 전제한다. 즉 구심점이 되는 하나의 중심 공동체와 또 다른 하나는 산재하는 지역 공동체들의 존재다. 이 두 가지 요소는 두 개의 상이한 방식으로 관계한다. 첫째, 모든 교회 공동체들이 수렴되는 중심 공동체인 예루살렘 교회와 지역 공동체들 사이의 (수직적) 관계. 예루살렘에서 사도회의가 개최되었다고 보도하는 갈라디아서 2장은 기독교 공동체들이 이러한 관계를 전제하고 있었음을 반영해준다. 예를 들어 중심 역할을 하는 공동체가 지역 공동체들에 간섭하거나 관여하는 것으로 나타난다고 볼 수 있다. 가령 갈라디아서 2:11 이하에 묘사된 안디옥 사건은 예루살렘 교회의 책임자였던 야고보가 파송한 사람들로 인해 비롯되었다. 이는 예루살렘 모교회가 지역 공동체들에 대한 통제권을 갖고 있다고 인식했던 점을 암시한다. 또한 바울 서신 곳곳에서 나타나는 다른 선교사들에 의해 빚어진 갈등들은[6] 예루살렘의 중심 공동체와 아주 무관하다고 볼 수는 없을 것이다. 다른 한편, 원시 기독교의 지역 공동체들은 수평적 상호 관계를 형성하고 있었던 것으

---

6 특히 갈라디아서와 고린도서의 상황이 이러한 가정에 부합되는 유력한 후보다.

로 보인다. 특히 바울 교회들의 경우 한 지역 교회에서 다른 지역 교회로 신자들이 자주 왕래를 했던 증거들이 나타난다.[7] 많은 사람들이 이 지역에서 저 지역 공동체로 여행을 하고, 서신을 교환했던 것은 지역 공동체 사이의 수평적 상호 관계가 어느 정도 활발했음을 반영해 준다.

그런데 원시 기독교 공동체들의 이와 같은 수직적·수평적 상호 관계는 금시초문의 현상으로 등장한 것이 아니라, 유대교 공동체들의 상호 관계의 모양새로 이미 알려져 있었던 것이다. 디아스포라 유대교 공동체들은 예루살렘 성전을 중심점으로 하고 있었다.[8] 디아스포라 유대인들은 성지 순례를 위해 예루살렘을 방문했으며, 또한 매년 성전세를 모아 예루살렘 성전으로 보냈다. 예루살렘 교회를 위한 원시 기독교의 모금 활동 역시 이러한 맥락에서 이해할 수 있다.[9]

## 2) 유대교와 기독교의 연속적인 측면

디아스포라 유대교의 확산력은 약했다. 그 가장 큰 이유는 유대교의 입교 조건이 할례였기 때문일 것이다. 회당에 이방인이 출입을 할 수는 있었지만, 할례를 받지 않는 한 유대교인으로 간주하기는 어려

---

7 예를 들어 스데바나, 브드나도, 아가이고는 고린도로 이동했으며(고전 16:17), 에바브로디도는 빌립보로 여행했다(빌 2:25; 4:18).

8 유대-로마 전쟁이 발발한 원인 가운데 하나는 플로루스 총독 시절 가이사랴에 있던 회당의 유대인들과 그 지역 헬라인들 사이에서 벌어진 분쟁이었다. 이 분쟁에서 유대인들이 패하게 되는데, 이 사건으로 예루살렘 주민들이 분노했다는 보도가 연이어 나오는 점을 보면, 아마도 이 소식은 즉각적으로 예루살렘에 알려졌던 것 같다. 이는 회당과 예루살렘이 긴밀한 관계를 유지하고 있음을 암시한다고 볼 수 있다. 『유대전쟁사』 2:284 이하 참조.

9 행 11:29; 고전 16:1-3; 고후 8:20; 9:11 참조.

운 것이다. 따라서 유대교의 문호가 완전히 확장되는 데에는 어려움이 따랐다(마 23:15 참조). 이와 달리 기독교는 확산력을 키워나갈 수 있는 장치들을 갖추어가고 있었으며 그 결과 여러 지역 공동체에서 새로운 입교자를 영입하는 데 성공할 수 있었다. 즉 원시 기독교는 유대교 율법에 대한 자세를 전환하여 율법관을 수정한다. 원시 기독교는 유대인의 정체성을 구별하기 위해 강화되었던 율법 조항들을 '부분적으로' 철폐함으로써 유대인과 이방인 상호간의 관계 단절에 중요한 역할을 했던 율법의 장벽을 제거했다. 가령 할례법, 식사법과 관련된 율법을 이방인에게 부과하지 않기로 결정한 사도회의의 결정은 이러한 노력의 일환으로 볼 수 있다(행 15:19-20).[10] 이러한 점에서 보면 기독교는 유대교 내부에 여전히 뿌리를 두고 있는 한 주변 그룹으로 이해된다. 이는 기독교 내부의 관점이라고 볼 수 있는데, 즉 원시 기독교 신자들은 처음부터 자신들이 유대교를 이탈한 자라고 여기지 않았음을 의미한다. 즉 기독교는 이방인들을 위해 문호를 열어주되 유대교의 율법과 신앙원리를 전면적으로 버린 것은 아니었다. 이러한 점에서 바울의 역사적 의미는 비유대인들을 위한 유대교의 기초를 닦는데 중요한 역할을 했다는 데 있다. 이 모델에 의하면 기독교는 유대교의 일부다. 즉 기독교는 외향적인 개방성과 확산력을 갖고 있는 유대교의 한 집단으로 이해될 수 있으며, 이 경우 유대교와 기독교는 상호 연속적이라는 점이 부각된다.

---

10 사도행전 보도의 역사적 신빙성 문제는 논의하지 않겠지만, 적어도 바울서신 곳곳에서 이러한 율법에 대한 문제제기가 나타난다는 것은 이른 시기부터 원시 기독교 내부에 이미 율법관 수정의 노력이 있어왔다는 점은 충분히 가능한 가정이다. 또한 사도행전은 사도회의의 결정이 공식적 성격을 갖고 있음을 강조한다.

### 3) 유대교와 기독교의 불연속적인 측면

이방인을 향한, 즉 외부로 향한 개방성을 담보했던 기독교는 또한
종교의 '내부 구조 변화'를 시도하는 유대교의 한 변형으로 이해할 수
있다. 이를 설명하기 위해서는 종교를 크게 민족주의적 종교와 보편
적 경향을 지닌 종교로 구분한 멘싱G. Mensching의 모델을 이용하는 것이
좋다.[11] 그에 의하면, 유대교는 민족주의적 종교인 반면, 기독교는 보
편성의 종교라는 점에서 차이가 난다. 자기 의지와 상관없이 출생과
함께 어떤 종교의 일원이 되는 것을 민족종교라고 한다. 그런데 이러
한 이유로 민족종교에서는 구원론이 중요시되지도, 발전되지도 못할
가능성이 높다. 반면 특정 혈연과 무관하게 자기의 선택에 의해 종교
에 가입하게 되는 보편 종교에는 구원 개념이 중시되고 발전될 수 있
는 필연적 이유가 내재되어 있다.

민족종교에서는 한 개인은 태어난 사회에 자동으로 소속됨으로써
구원은 미리 보장된다. 그 개인에게 주어진 과업은 이미 주어진 이 구
원 상태를 유지하는 것이다. 반면 보편 종교에서는 사회와 세상에 대
한 개인의 보다 강도 높은 자발성을 요구한다. 구원은 미리 보장된 사
회적 소속감에 의해 주어지는 것이 아니다. 오히려 누구나 구원받지
못한 상태로 태어남을 전제로 한다. 개인은 철저한 자기 변화를 통해
서만 이런 구원받지 못한 상태를 벗어나 구원의 상태에 이를 수 있

---

11 G. Mensching, *Volksreligion und Weltreligion* (Leipzig, 1939); *Die Religion.
Erscheinungen, Strukturtypen und Lebensgesetze*(Stuttgart, 1959), 66-77. 게르트 타
이쎈, "유대교와 기독교: 바울에게서 시작된 두 종교의 분열에 대한 사회사적 고찰,"
1060, 각주 8에서 재인용.

다.[12] 그러므로 보편적 종교에서는 구원론이 매우 특징적인 주제로 발전될 수밖에 없는 것이다. 이방인들은 많은 신들을 섬기는 다신교로부터 유일신인 하나님에게로 회심해야만 하고, 또 구원의 상태에 도달하기 위해서 근본적이고도 깊은 변화를 겪어야만 한다는 것이다. 이러한 점에서 기독교는 유대교와 분명히 구별된다.

기독교와 유대교의 구원관 차이는 바로 예수 그리스도에 대한 인식의 상이성에 있다. 가령 그리스도를 믿는 신앙으로 의롭다 함을 입을 수 있다는 바울의 신념은 유대교로부터 분리되는 분기점으로 작용한다. 기독교는 예수 그리스도라는 카리스마적 인물을 종교의 중심인물로 상정함으로써 이후 유대교와는 독립적인 길을 걷게 된다. 물론 어떤 인물을 메시아를 상정하는 것 자체가 유대교 전통에서 벗어나는 것은 아니다. 오히려 그것은 지극히 유대교적 발상과 연속선상에 있다. 하지만 종교적 권위 구조와 관련하여 유대교를 구성하는 율법이라는 중요 요소와 메시아적 인물의 관계를 설정함에 있어서 기독교는 유대교를 벗어난다. 유대교의 관점에서 카리스마적 존재는 율법에 하위 종속된 것으로 이해된다.[13] 반면 기독교의 카리스마적 인물 예수는 율법에 하위 종속된 인물이 아니다. 예수는 율법에 문제제기를 했으며, 의도적으로 율법을 위반하기도 했다. 이후 바울은 그리스도가 '율법의 마침'이라고 선언한다(롬 10:4). 따라서 율법과 율법에 대한 해석에 중요한 비중을 둔 유대교의 관점에서 볼 때, 한 개인의 카리스마

---

12 게르트 타이쎈, "유대교와 기독교: 바울에게서 시작된 두 종교의 분열에 대한 사회사적 고찰," 1060.

13 가령 132-135년 제2차 유대-로마 전쟁을 지휘했던 바르 코흐바는 아키바에 의해 메시아로 공식 인정된다. 그렇다고 해서 그가 모세 율법을 능가하거나 율법을 폐기하려는 시도를 한 적은 없다.

에 근거한 구원관을 전면에 내세운 기독교는 이질적인 것으로 간주된다. 이러한 모델을 적용하면 양자는 서로 다르며, 이는 상호 분열의 중요한 이유라고 할 수 있겠다. 이와 같이 유대교와 기독교의 단절성 내지는 불연속성을 조명한 시점에서, 우리는 다시 서론의 문제제기를 재론할 필요가 있다. 예수라는 한 인물에 두 종교의 결별의 혐의가 씌워지는 것이 어느 정도 타당한가? 유대교와 기독교는 원시 기독교 시대에 이미 결정적으로 갈라선 것인가? 이러한 물음에 대한 해답을 시도하며 논의를 계속해보자.

## 3. 유일신 신앙과 언약적 율법주의

유대교 신앙의 두 가지 중요한 전제는 유일신 신앙과 언약적 율법주의라고 할 수 있다. 이 두 개의 기본 주제는 유대교와 기독교의 관계를 이해하는 데에 중요한 틀을 제공한다고 볼 수 있다.

### 1) 유일신 신앙 원칙

유대교 유일신 신앙의 중요한 근거가 되는 것은 십계명과 '쉐마'("이스라엘아, 들으라, 우리 하나님 여호와는 오직 유일한 여호와시니," 신 6:4-9)다. 포로기 이후 이 유일신 신앙고백 전승은 이스라엘의 기본적 신앙고백 내용으로 형성되었으며, 헬레니즘 시대에 들어서14 배타적

---

14 헬레니즘 시대의 종교사에 관해서는 라이너 알베르츠/강성열 옮김, 『이스라엘 종교사』 II (서울: 크리스챤 다이제스트, 2004), 331-460; R. Albertz, *Religionsgeschichte Israels*

유일신 신앙은 강화된다.[15] 헬레니즘 유대교를 대표하는 필로와 요세
푸스를 통해서 이러한 점을 확인할 수 있다.

알렉산드리아의 필로는 모세가 화염에 휩싸인 떨기나무 앞에서
하나님으로부터 다음과 같은 명령을 받는 것으로 묘사하면서 오직 하
나님만이 존재자임을 강조한다.[16]

> 저들에게 말하기를 나는 존재하는 자라고 하라. 그래서 저들이 존재
> 하는 자와 존재하지 않는 것들을 구별할 수 있게 하라. 또한 어떠한
> 명칭을 통해서도 나에게 도달할 수 없으며, 오직 나만이 존재할 수
> 있음을 저들에게 가르칠 수 있게 하라(필로, *Vita Mosis* 1.75).

또한 필로는 세상에 대해 언급하면서 이를 유일신 사상과 연관시
키며 다섯 개의 명제를 주장한다. 첫째, 하나님은 존재하는 분이며,
통치하는 분이다. 둘째, 하나님은 한 분이다. 셋째, 세상은 창조된 것
이다. 넷째, 세상은 하나인데, 이는 그 창조자가 한 분이시기 때문이

---

*in alttestamentlicher Zeit* 2, ATD 8/2 (Göttingen: Vandenhoeck & Ruprecht, 1997)을
참조하라. 특히 332-352의 '사회사적인 발전들' 부분은 헬레니즘 시대의 유대 사회의 역
동적인 변화상을 잘 묘사한다. 알베르츠에 의하면, 이 헬레니즘 시대에 종교사적으로
중요한 변화로 간주되는 것들은 서기관들이 중심이 된 신정통치의 이상(역대기), 토라
를 중심으로 한 경건성의 부각, 후기 예언서와 묵시문학에서 보이는 저항적 신학의 출
현 등을 들 수 있다.

15 게르트 타이쎈/박찬웅·민경식 옮김, 『기독교의 탄생: 예수운동에서 종교로』(서울: 대
한기독교서회, 2008), 46-47 참조; G. Theissen, *Die Religion der ersten Christen: Eine
Theorie des Urchristentums* (Gütersloh: Verlagshaus 2000).

16 알렉산드리아 필로에 관해서는 다음을 참조하라. E. Schürer, *History of the Jewish
People*, III.2, 809-889; P. Borgen, "Philo of Alexandria," in: M. E. Stone (ed.), *Jewish
Writings of the Second Temple Period. Apocrypha, Pseudepigrapha, Qumran
Sectarian Writings, Philo, Josephus* (Philadelphia: Fortress Press, 1984), 233-282 참조.

다. 그 창조자는 자신의 유일성과 유사하게 세상을 만드셨다. 다섯째, 하나님은 세상 가운데에서 자신의 뜻을 펼치신다(필로, *Opificio mundi* 170f.).

유대인 역사가 요세푸스의 신학의 중심에도 유일신 사상이 자리 잡고 있다. 요세푸스에 의하면, 하나님은 유일신이며 영원한 불멸의 존재다.[17]

그[모세]는 하나님을 유일한 분이요, 창조되지 않았으며 영원히 불변하시는 분이라고 가르쳤다. 그 아름다움은 필멸의 모든 개념을 초월하신다. 하나님의 권세로 우리에게 알게 해주셨지만, 그의 본성의 진면목은 우리에게 도무지 알려질 수가 없다(『아피온반박문』 2:167).

그는 또한 성전의 유일성을 강조하기 위해서 하나님의 유일신 되심을 적용한다(『아피온반박문』 2:193 참조). 성전 파괴로 종결된 유대-로마 전쟁에 대한 그의 포괄적인 평가 역시 유일신 사상과 연관된다. 66-70년 발발한 유대-로마 전쟁을 생생하게 목격한 요세푸스는 유대인의 패망 이유를 유대 민족에 대한 유일신 하나님의 징벌이라고 해석한다.[18] 가령 율법을 위반한 몇몇 사건들에 관련하여(『유대전쟁사』 2:454-456; 4:314-318, 383-388),[19] 요세푸스는 율법을 준수하여 의를

---

17 E. Sarobinski-Safran, Art. "Monotheismus (III)," *TRE* 23 (1994), 249-251 참조.
18 물론 유대-로마 전쟁 발발의 원인이 유대 백성 내부의 분쟁에 있었다는 점도 인정한다(『유대전쟁사』 1:10).
19 요세푸스는 유대인 지도자층의 설득에도 불구하고 전쟁을 시작한 경위를 묘사하면서, 유대인들이 전쟁 초기에 로마인들을 당혹하게 만들었던 사건 보도를 정리하면서 다음과 같이 묘사한다. "유대인들은 이제 돌이킬 수 없는 전쟁의 구실을 만들어 주었으며,

행하고 하나님에게 순종하면 유대 민족의 일치단결이 가능해지지만 (『유대전쟁사』 2:345-401; 5:362-419;『아피온반박문』 2:179-181 참조), 반대로 율법을 준행하지 않고 경시하면 필연적으로 내부적 분열과 불화가 발생한다고 강조한다(『유대전쟁사』 5:11-19). 또한 요세푸스는 동시대의 유대인들이 경험해온 사건들, 가령 로마의 식민지 지배를 받고 있는 현실, 하나님의 도시 예루살렘이 멸망하고 성전이 파괴된 근본적 원인을 '하나님의 징벌'로 해석한다. 즉 이 모든 사태는 이스라엘 백성이 지은 죄에 대한 하나님의 징벌이며 율법에 대한 그들의 불순종의 결과 때문이라고 이해한다는 점에서, 요세푸스의 신학은 예언서와 신명기 사가의 신학 노선과 궤도를 같이 한다(『유대전쟁사』 2:455; 5:19). 하나님이 앗시리아와 바벨론을 이용한 것과 마찬가지로 로마 역시 우연히 등장한 적이 아니라 유대인을 벌하기 위해 하나님이 동원한 도구라는 것이다. 파국을 면하는 유일한 길은 돌이키는 것, 즉 회개하는 것이다(『유대전쟁사』 1:10; 5:19, 415). 이러한 측면에서 요세푸스는 유대 전통을 현실 정황에 비추어 새롭게 해석하고, 역사적 사건에 대한 신학적 개념화를 시도했다고 볼 수 있다.

헬레니즘 시대의 유대교가 유일신 신앙을 가장 기본적인 신앙의 원리로 삼았다면, 이는 또한 원시 기독교에서도 마찬가지다. 예수와 원시 기독교는 정면으로 유일신 신앙에 문제를 제기한 적이 없다. 오히려 예수와 원시 기독교는 유일신 신앙을 전제로 이 유대교의 제1신

---

예루살렘이 심각한 죄악으로 더럽혀졌기 때문에 만에 하나 로마의 보복을 피할 수 있다 해도 필연적으로 그 일에 대한 하나님의 심판을 받을 수밖에 없다고 생각했다… 게다가 이 사건은 율법적으로 허용된 일조차 해서는 안 되는 날, 즉 거룩한 예배를 드려야 하는 안식일에 발생했다"(『유대전쟁사』 2:455-456). 즉 유대인의 심판하는 주체는 근본적으로 하나님이라는 점이 강조된다.

앙 원칙 안에서 '구원하시는 분'으로서의 특징을 강조했다고 볼 수 있
으며, 그 중심에 하나님의 아들인 인간 예수를 새롭게 추가한 것이라
고 볼 수 있다.[20]

## 2) 언약적 율법주의 원칙

유대교 신앙의 또 하나의 기본 원칙은 '언약적 율법주의covenantal
nomism'다. 샌더스는 헬레니즘 시대의 유대교를 망라할 수 있는 '공통
유대교common Judaism'를 상정하는데, 즉 다양한 유대교 종파를 묶을 수
있는 공통적인 종교 구조를 언약적 율법주의[21]라고 명명하고, 이러한
공통 유대교는 "제사장들과 백성들이 동의한 것"[22]이라고 추정하면서
제2성전 시대 유대 사회의 핵심적 지도 그룹을 제사장들로 파악한다.
샌더스에 의하면 제사장들의 역할은 한 바리새파 등과 같은 종파의
영향력에 비교할 수 없을 정도로 막강했다는 것이다. 그의 이러한 주
장은 유대교 파벌들 가운데 바리새파의 역할을 강조하는 전통적 입장
을 거부한다.

이러한 샌더스의 주장과는 달리 메이슨은 요세푸스의 중요한 텍
스트를 새롭게 해석하면서 당시 유대 사회 저변에 바리새파의 영향력
이 컸음을 시사한다.[23] 당시 유대 사회를 제사장 중심 사회라고 규정

---

20 게르트 타이쎈/박찬웅·민경식 옮김, 『기독교의 탄생: 예수운동에서 종교로』, 31 참조.

21 E. P. Sanders, *Paul and Palestine Judaism. A Comparison of Patterns of Religion*
    (London: SCM, 1977), 75.

22 E. P. Sanders, *Judaism: Practice and Belief 63 BCE - 66 CE* (London, 1992), 47.

23 메이슨에 의하면, 요세푸스가 바리새파, 사두개파, 에세네파를 두루 거치고 나서 결국
    바리새파의 법을 따르는 삶을 살았다는 진술(『요세푸스자서전』 10-12)은 새롭게 해석

하는 샌더스의 추정은 당시 사회의 다양성을 쉽게 간과한 것이라고
볼 수 있다.

그럼에도 불구하고 그가 제기한 '언약적 율법주의' 개념은 널
리 수용되고 있는 편이다. 이는 하나님의 일방적 은총을 드러내는
개념인 '언약'이 그에 상응하는 의무를 인간에게 부과한다는 '율
법' 개념보다 우선한다는 것이다. 즉, 하나님이 이스라엘 백성의
구원을 보장해준다는 사실은 하나님의 일방적 사랑에서 비롯된
것이며, 율법 준수 의무는 그러한 선민답게 살기 위한 안내서라고
볼 수 있는 것이다.

이 개념은 소위 바울 신학에 대한 '새로운 전망new perspective'24의 연
구에서 중요한 부분을 차지하는 것으로, 샌더스는 헬레니즘 시대의
다양한 유대교 문헌들이 '하나의' 공통적인 종교 패턴에 기초하고 있
다고 주장한다. 샌더스는 바울과 팔레스타인의 유대교를 비교한다.

---

되어야 한다. 그에 의하면, πολιτεύεσθαι 동사는 '바리새파로 개종했다,' 혹은 '바리새법
에 따라 살게 되었다'로 번역될 수 없고, 단지 (수도 생활을 마치고) 바리새파가 지배하
는 '공적 삶의 영역에서 살게 되었다'는 의미로 이해되어야 한다는 것이다. 그렇게 되면
요세푸스가 바리새파의 조직원이 되었다고는 볼 수 없으며, 오히려 그가 복귀한 유대
사회에는 바리새파의 영향력이 크게 작용하고 있었다는 의미가 된다. S. Mason,
*Flavius Josephus on the Pharisees. A Comparison-Critical Study* (Leiden 1991),
347-356, 특히 359. 이와 관한 논의는 또한 P. Schäfer, "Der vorrabbinische
Pharisäismus," in: M. Hengel/U. Heckel (eds.), *Paulus und das antike Judentum*
(Tübingen 1991), 125-175, 특히 166-172를 보라.

24 이 용어를 바울 연구에 본격적으로 유행시킨 것은 J. D. G. Dunn, "The New
Perspective on Paul," *Bulletin of the John Rylands Library* 65 (1983), 95-122다. Ch.
Strecker, "Paulus aus einer 'neuen Perspektive': Der Paradigmenwechsel in der
jüngeren Paulusforschung," *Kirche und Israel* 11 (1996), 3-13은 바울 신학의 패러다
임 교체를 이끈 중요한 연구로 샌더스의 연구(1977년)와 스텐달의 연구를 분석한다. K.
Stendahl, *Paul among Jews and Gentiles, and other Essays* (Philadelphia: Fortress,
1976).

즉 바울의 종교와 팔레스타인의 유대교, 즉 두 개의 종교 구조에 대한 비교 작업을 수행한다. 샌더스에 의하면, 종교 구조란 "하나의 종교가 그 구성원들에 의하여, 어떻게 기능적으로 이해되는가에 대한 묘사"다. 여기서 "기능적으로 이해된다"라는 말은 한 신자의 일상적인 종교적 행위에 대한 이해를 의미하는 것이 아니라, 어떻게 그 종교 안에 들어가고getting in, 머물게 되는가staying in를 이해하는 것이다. 그 결과 유대교 문학들에 나타난 공통적인 기초는 '언약적 율법주의'라는 것이다. 따라서 팔레스타인 유대교에 있어서 토라는 결코 구원의 방도가 될 수 없었고, 유대교가 토라를 구원의 방편으로 이해하고 있다고 해석해 온 입장들은 거부되어야 한다고 샌더스는 주장한다. 율법은 언약관계에서 이미 보장된 선민으로서의 상태를 유지하기 위한 수단일 뿐이다. 그러므로 바울 당시의 유대교를 '율법을 통한 구원 종교,' 혹은 '행위를 통해 스스로 의롭게 되려는 종교'로 보아서는 안 된다. 유대교에서의 구원은 오로지 하나님의 은총에 의한 것이다. 샌더스에 의하면, 결국 기독교와 마찬가지로 유대교는 공로사상에 입각한 종교가 아니라, '은총의 종교'라고 명명해야 한다. 이렇게 볼 때 제2성전 시대의 다양한 유대교의 분파들과 원시 기독교의 다양한 공동체들은 결국 하나님의 '은총'을 기본원리로 삼는 공통된 전제 위에 서 있었다고 볼 수 있으며 따라서 이방인도 구원의 범주에 들어갈 수 있다는 원시 기독교의 주장은[25] 결국 '언약적 율법주의'의 연장선상에서 이해될 수 있다. 즉 이스라엘 민족으로만 배타적으로 제한되었던 구원의 대상이 온 인류로 확장된 것은 결국 '유대인의' 하나님의 '은총'에 기인한 것이다.

---

25 K. Stendahl, *Paul among Jews and Gentiles*.

### 3) 하나님 중심과 인간 중심의 주제

위와 같이 유대교의 기본 원리는 유일신 사상과 언약적 율법주의라고 요약할 수 있다. 한편으로는 야웨 하나님은 유일한 신이라는 엄격한 신-중심주의가 유대교 신앙의 기반이다. 다른 한편으로 언약적 율법주의에 의하면, 하나님은 세상에서 오직 한 민족과 관계를 맺었다. 이들에게만 거룩한 율법이 주어졌으며, 이러한 근거로 유대교는 신-중심주의와 함께 인간-중심적인 원리에 의해 작동한다고 볼 수 있다.[26]

이렇게 유일신 신앙과 언약적 율법주의 원칙의 내부에는 하나님이 부각되는가, 인간이 부각되는가의 기준을 통한 구별이 가능하다. 각각을 중심으로 논의를 계속해보자.

첫째, 유일신 신앙 원칙의 측면에서 보면, 하나님의 주권적 개입에 대한 주제가 강조된다. 유대교의 세계관에 의하면 하나님은 인간의 상상력을 초월하는 놀라운 방식으로 천지를 창조하는 기적의 하나님이다. 전능한 하나님은 인간의 경험 세계를 능가하는 어떠한 기적도 행하실 수 있는 분이다. 하나님은 모세를 통해 이스라엘 민족(출애굽 집단)이 기적적인 방식으로 이집트를 탈출하여 국가를 건설하게 하신 분이다. 하나님은 이스라엘이 위기의 상황에 처하면 사사를 보내어 외적의 침입을 물리쳐주신 분이다. 그런데 이스라엘을 선택하고, 다윗왕조를 굳게 서게 해준다고 약속하셨던(대상 22:10), 그 하나님이 이 민족 바벨론을 도구로 삼아서 그 유대 민족을 멸망하게도 하신다. 하

---

26 게르트 타이쎈/박찬웅·민경식 옮김, 『기독교의 탄생: 예수운동에서 종교로』, 382.

나님은 다윗과 솔로몬을 시켜 정성스럽게 성전을 세우게 하지만(대상 22장), 그 성전과 예루살렘을 버리고 떠나기도 하신다(겔 11:23 참조). 이러한 역사 이해 방식은 요세푸스의 기록에서도 드러난다. 그는 하나님의 섭리가 의외의 방식으로 이루어짐을 강조한다. 가령, 요세푸스는 유대-로마 전쟁으로 예루살렘이 멸망하게 된 이유를 하나님이 그곳을 떠나셨기 때문이라고 해석한다.[27]

마찬가지로 신약성서 역시 이러한 하나님의 주권적 개입 주제를 계승한다. 공관복음의 핵심 개념인 '하나님 나라' 주제는 이 점을 명확히 보여준다. 하나님만이 유일한 통치자임을 주장하는 이 신정통치의 이상적 구호는 다른 어떤 인간의 통치도 거부하는 하나님의 주권적 개입을 강조하고 있다.[28] 바울도 유일신 하나님이 주도하는 세계관을 공유한다고 볼 수 있다.[29]

둘째, 언약적 율법주의와 관련하여 인간을 중심 대상으로 삼은 논의를 전개할 수 있다. 여기서 우리는 (유대인에 제한되지 않는) 인류 전체를 구원하기 위한 하나님의 '은밀한' 계획에 관한 주제를 읽을 수 있다. 하나님의 주권적 개입에 대한 측면과 함께, 우리는 창조된 세계 속에 감추어져 있는 하나님의 구원 계획, 즉 이스라엘을 포함한 온 인류에 대한 구원의 계획을 감지해낼 수 있다.[30] 『솔로몬의 시편』에 의하면, 한편으로 메시아는 이방인을 쫓아낼 것이지만(『솔로몬의 시편』 17:21 이하), 다른 한편으로는 온 인류를 사방에서 모여 들게 함으로써

---

27 『유대전쟁사』 5:412; 6:127,299; 7:376 참조.
28 예수운동 이전 갈릴리 유다의 신정주의 운동도 역시 유대교 내의 이러한 신-중심주의의 한 갈래라고 볼 수 있다.
29 바울에 관해서는 아래에서 논의를 하겠다.
30 게르트 타이쎈/박찬웅·민경식 옮김, 『기독교의 탄생: 예수운동에서 종교로』, 46 참조.

시온으로 향하는 거대한 순례의 물결을 만들어낼 것이다(『솔로몬의 시편』 17:31).[31] 이방인의 구원 가능성에 대한 암시가 헬레니즘 유대교에 나타나는 것과 마찬가지로, 원시 기독교에서도 마찬가지다.

가령 마태복음은 이방들이 메시아를 대망하는 것으로 묘사하는데("또한 이방들이 그의 이름을 바라리라 함을 이루려 하심이니라," 마 12:21), 이는 바로 이사야 42:1-3을 발전시킨 것이다.

누가와 달리 마태 기자는 이방인 백부장의 종 치유 단락(마 8:5-13)에서 백부장의 믿음을 하나님 나라와 관련된 성대한 종말론적 잔치와 연관시킨다. 이에 의하면, 유대인의 족장 아브라함, 이삭, 야곱과 함께 하려고 동쪽과 서족에서 사람들이 몰려들 것인데, 여기서 몰려드는 자들은 바로 이방인이라는 점이 강하게 암시되어 있다. 잔치에 이방인이 몰려드는 반면 본래 그 나라의 자손들은 혹독한 버림을 받는다.[32] 이러한 개념의 출처가 되는 구체적인 문헌이 인용되고 있지는 않지만, 루츠U. Luz에 의하면, 이는 종말의 때에 만민이 시온으로 순례하는 것과 관련되어 유포되어 있던 유대적 전승들에서 비롯된 것이다.[33]

이방인의 사도 바울도 유대교의 전승에 의거하여 열방이 이스라엘 백성과 함께 즐거워하고, 주를 찬양하며 심지어 메시아를 고대하며 그에게 소망을 둔다고 해석한다("열방이 그에게 소망을 두리라," 롬 15:12 = 사 11:10).

---

31 게르트 타이쎈/박찬웅·민경식 옮김, 『기독교의 탄생: 예수운동에서 종교로』, 170.
32 "그 나라의 본 자손들은 바깥 어두운 데 쫓겨나 거기서 울며 이를 갈게 되리라"(마 8:12).
33 U. Luz, *Das Evangelium nach Matthäus (Mt 8-17)*, EKK 1/2 (Benziger Verlag/ Neukirchener Verlag, 1990), 13.

성전정화 사건에 나타난 예수 말씀 전승은 유대교의 제의적 중심 장소인 성전에 대한 이사야의 말씀(사 56:7)을[34] 인용하여 성전은 '만민'이 기도하는 집이라는 점을 분명히 한다(막 11:17).

이 네 개의 본문에 국한하여 볼 때, 이방인이 유대인 주위에 동참한다는 묘사와 이방인이 유대인의 자리를 대신한다는 묘사를 흥미롭게 비교할 수 있다. 이 가운데 이방인과 유대인의 운명이 뒤바뀜을 명시하는 마태의 백부장 단락은 말씀 전승으로 되어 있다. 성전정화 단락에서는 명시적으로 드러나지는 않지만, '만민'을 유대인과 대립 어휘로 간주할 수도 있다. 즉 '유대인의' 성전은 오히려 '이방인의 기도처'라는 말이 될 수도 있다. 그리고 이 본문에서 예수는 성전 '안에 있는(아마도 유대인이었던) '매매하는 자들'과 '돈 바꾸는 자들'과 '비둘기 파는 자들'을 내쫓거나 공격했다. 이렇게 강한 비판적 태도는 모두 말씀 전승에 해당되며, 따라서 유대인에게 적대적이면서 오히려 이방인에게 우호적인 태도의 근거를 예수에게 소급시키고 있음을 알 수 있다.[35]

---

34 마가는 칠십인역을 따라 이사야를 인용하고 있다. 마 21:13; 눅 19:46과 비교.

35 "또 선지자 엘리사 때에 이스라엘에 많은 나병환자가 있었으되 그 중의 한 사람도 깨끗함을 얻지 못하고 오직 수리아 사람 나아만뿐이었느니라"는 눅 4:27의 경우도 마찬가지다.

## 4. 그리스도 신앙과 유일신 신앙의 연속성

### 1) 메시아 이해의 다양성

원시 기독교는 카리스마적 인물의 중요성을 그 어떤 유대교 집단들보다 강조한다. 앞서 언급한 대로 이 점이 유대교와 기독교가 결별하는 중요 요소로 작용했을 것이다. 우선 검토할 내용은 헬레니즘 시대에 그리고 특히 원시 기독교 시대에 유대교의 틀 속에서 이러한 카리스마적 인물, 혹은 메시아적 인물에 대한 이해가 어떠했는가 하는 점이다. 당시의 유대교 내부에서는 메시아적 인물 상정과 관련된 다양하고 상이한 시도가 존재했다고 볼 수 있다. 그리고 그러한 다양한 시도의 각축장이 조성된 점이 예수에 대한 승화(신격화) 작업을 위한 중요한 배경이 되었다고 본다.

기원전 2세기 쿰란공동체를 창설한 '의義의 교사'는 대제사장 출신으로, 기원전 152년 마카베오스 가문의 요나단이[36] 불법적으로 대제사장직을 차지한 일에 항거하며 성전을 나와 쿰란공동체(에세네파)를 건설한 것으로 알려져 있다. 쿰란공동체의 건설과 '의의 교사'의 활동 시점은 헬레니즘 시대 유대교의 격동의 중심기에 놓여 있다. 즉 야손과 메넬라우스의 대제사장직 각축전으로 대표되는 유대교 상류층의 헬레니즘적 개혁 드라이브의 실패와, 대제사장 안티오쿠스 4세 에피파네스의 박해, 마카베오스 혁명의 발발, 이집트 오니아스 성전의 건설 등 유대교 내부에 혼란의 소용돌이가 일어나고 있는 시대의 한가

---

[36] 쿰란문서에 "사악한 제사장"으로 언급된 인물은 바로 이 요나단일 가능성이 아주 높다.

운데 카리스마적 인물 '의의 교사'는 유대 사회에서 주목받게 되는 경건한 집단을 건설한다.37 쿰란-에세네 공동체는 기원 1세기에도 유대교 종파 가운데 존경받는 집단이 되었고, 또한 자신들을 대안 성전으로 이해했던 것으로 보인다. 이 쿰란-에세네 공동체의 중심에 이 '의의 교사'가 위치한다. 그는 공동체 내에서 현저히 중요한 인물로 간주되었다. 쿰란문서에 의하면, 그는 "계시의 중개자이며 성서 해석의 전권을 가진 자"이며 그의 가르침의 수용 여부에 따라 구원 또는 심판을 받게 된다.38 따라서 이 인물은 헬레니즘 시대의 유대교 역사에서 카리스마적(메시아적) 인물로 상정된 첫 예라고 볼 수 있다. 쿰란-에세네파가 문서 활동을 중시했다는 점에서 사후에도 그의 가르침이 권위로 받아들여졌을 가능성이 있다.39

'의의 교사'가 종교적 인물이었다면, 상당히 의외의 정치 권력가를 메시아로 상정하는 유대교 문헌도 있다. 요세푸스는 『유대전쟁사』를 통해 로마 황제 베스파시아누스를 메시아로 다음과 같이 명시한다.

그러나 유대인들이 전쟁을 일으켰던 가장 큰 이유는 유대 땅 출신의 인물이 온 세상을 통치하게 된다는 성경에 기록된 애매한 예언 때문이었다. 유대인들은 이 통치자가 유대인 출신일 것이라고 이해했으

---

37 쿰란문서의 종말론적 세계관에 관한 김판임, 『쿰란공동체와 초기 그리스도교』(서울: 비블리카 아카데미아, 2008), 216-217의 분석은 이러한 역사적 배경과 관련된다고 볼 수 있다.

38 김창선, 『쿰란문서와 유대교: 중요 유대 문헌을 중심으로 한 유대학 입문』(서울: 한국성서학연구소, 2002), 105 이하. 특히 110에 의하면, 의의 교사는 자신의 모든 행위와 결정이 하나님의 인도하심을 받은 것이라고 여겼으며, 종말론적 선악의 구별도 자신에게 달려 있다고 여겼다.

39 김창선, 『쿰란문서와 유대교: 중요 유대 문헌을 중심으로 한 유대학 입문』, 110 참조.

며 많은 지혜로운 자들도 그런 해석에 현혹되었다. 그러나 하나님의 말씀은 유대 땅에서 황제로 선포된 베스파시아누스의 통치를 가리키는 것이었다.[40] 설사 미리 예견된 운명이라도 인간이 그것을 피하기는 불가능한 일이다. 유대인들은 이런 표적들을 자신들이 바라는 방향으로 해석하거나 아예 무시해 버렸고, 그 결과 예루살렘의 함락과 무지한 그들 자신의 멸망을 자초했던 것이다(『유대전쟁사』 6:312-315).

요세푸스에 의하면, 유대-로마 전쟁의 지휘관이었던 유대 땅에서 전쟁을 수행하던 베스파시아누스가 바로 예언된 메시아이며, 실제로 그는 그의 추종자들에 의해 알렉산드리아에서 황제로 간주된다(『유대전쟁사』 4:585 이하). 요세푸스의 이러한 해석은 메시아 이해와 로마제국 이해에 관련된 유대 사회의 '내부적 논의'를 반영한다고 볼 수 있다. '내부적 논의'라 함은 요세푸스를 유대교 내부의 해석자로 이해한다는 말이다. 요세푸스는 유대교를 버렸고 로마제국에 완전히 충성하는 변절자에 불과하다는 통념은 무리한 견해다. 요세푸스는 여전히 유대교 내부의 인물이며 새로운 방식으로 유대 전통을 해석한 자라고 보는 것이 요세푸스 연구의 공통된 입장이다.[41] 요세푸스는 정치적, 신학적 동기를 근거로 폭력을 수반한 메시아주의를 포기하라고 촉구한다. '로마는 너무 강하며,[42] 심지어 로마의 지배는 하나님의 뜻이고,[43] 로

---

40 베스파시아누스를 메시아로 해석하는 이와 같은 진술 때문에 요세푸스는 동족인 유대인들로부터 많은 비난을 받게 된다. 타키투스, 『역사』 5:13; 수에토니우스, 『베스파시아누스 황제 전기』 4에도 이와 유사한 언급이 기록되어 있다.
41 이에 관해서는 이 책의 제2장을 보라.
42 『유대전쟁사』 2:345 이하 참조.
43 『유대전쟁사』 5:367.

마는 이스라엘을 징벌하려고 하나님이 보내신 도구'라고 강조한다. 이렇게 로마제국에 대한 이해를 강대국에 대한 유대 전통적 해석 방식을 적용하여 설명하는 것과 함께, 요세푸스는 메시아 사상에 대한 새로운 해석을 시도한다. 요세푸스에 의하면, 플라비아누스 가문이 로마제국의 권력을 잡은 일은 '복음'('유앙겔리아')이다.[44] 이렇게 요세푸스는 이방인 정치 권력자를 메시아로 상정하는 파격적인 단면을 보여준다. 많은 유대인 독자들이 자신의 역사서를 읽을 것을 알고도 왜 이렇게 사뭇 무리한 시도를 한 것일까? 이에 대한 확답은 어렵다고 해도, 가정할 수 있는 것은 유대교 내부에서 카리스마적 인물에 대한 이해방식과 관련된 다양한 시도가 허용(?)되고 있었음을 요세푸스를 통해 감지할 수 있다는 점이다.

기원전 4년 경 헤롯의 노예 출신 시몬은 자신을 왕으로 선포했고 (『유대고대사』 17:273), 목동 출신 아트롱게스는 제2의 다윗으로 스스로를 인식했다(『유대고대사』 17:278-280). 히스기아의 아들 유다(『유대고대사』 17:272), 므나헴(『유대전쟁사』 2:433 이하), 시몬 벤 기오라(『유대고대사』 4:510, 575; 7:26-31, 118, 154 이하) 등도 역시 그러한 인물의 범주에 속한다.[45] 세례 요한의 제자들은 그의 사후에도 활동을 하며 요한의 가르침에 충실했던 것으로 보인다.[46] 이와 같이 원시 기독교의 시

---

44 『유대전쟁사』 4:618,656. 실제로 베스파시아누스의 황제 등극 전승들에 의하면, 그는 '치유기적'을 행하기도 했다(타키투스, 『역사』 4:79; 수에토니우스, 『베스파시아누스 황제 전기』 7).

45 게르트 타이쎈/아네테 메르츠, 『역사적 예수』, 220-222 참조.

46 가령 발덴스페르거는 요한복음 서막이 세례 요한을 메시아로 추앙하는 집단에서 기원한 전승을 수정한 것이라고 추정하며, 불트만은 이런 추정을 영지주의 사상과 연결하여 해석한다. W. Baldensperger, *Der Prolog des vierten Evangeliums. Sein polemisch-apologetischer Zweck* (Freiburg 1898); R. Bultmann, *Das Evangelium des Johannes*,

대는 메시아 기대감으로 충만한 시대였다. 이러한 점이 원시 기독교가 예수를 무언가 독특한 방식으로 고백할 수 있었던 배경으로 작동했다고 볼 수 있다.

## 2) 그리스도 신앙과 유일신 신앙의 연속성

여기서는 구원사의 주제가 원시 기독교에서 어떻게 발전하고 있으며, 이 주제와 관련하여 유일신 사상과 그리스도 고백을 어떤 관계로 이해할 수 있는지를 살펴볼 것이다. 이는 신약성서에 나타나는 다양한 이야기들, 즉 원시 기독교의 '기초설화'를 분석함으로써 파악될 수 있다.

기초설화(Grunderzählung, basic narrative)란 한 종교의 역사적 경험을 이야기 전승과 말씀 전승으로 설명하고 풀어놓은 것을 말한다. 이것은 '신화' 개념을 내포할 수도 있고, 그렇지 않을 수도 있다. 신화 개념을 내포한다는 말은 기초설화에 과학적·합리적 사고방식으로는 설명되기 힘든 고대인의 사유체계가 반영되어 있음을 의미하며, 그렇지 않을 수도 있다는 것은 좁은 의미에서 신화를 허구적인 무언가로 이해할 경우에 그렇다는 것이다. 그렇다고 해서 성서의 모든 진술들이 실제 일어났던 사건에 기초한다는 것을 증명하기는 어렵다. 어쨌든 유대교와 원시 기독교의 문헌들은 철학적·논리적 설명보다는 이야기와 말씀으로 가득하다는 점에서 서로 같다. 물론 여기서 문학 양식적 차원의 비평을 시도하고자 하는 것은 아니다.

---

KEK 2 (Göttingen, 1986) 참조.

다시 한 번 개념을 정의하면, "성서의 기초설화 속에는 신화적 요소와 역사적 요소가 서로 긴밀하게 연결되어 있다… 기초설화는 공동체 전체의 정체성의 기초가 될 뿐만 아니라 개별적 인간의 정체성의 기초가 된다."[47] 즉 집단으로서의 이스라엘과 원시 기독교 공동체에게 있어서 그리고 각각의 종교에 속했던 개별적 멤버들에게 있어서 그들이 보유한 그 설화 자체가 정체성의 기반이자 삶의 기초로 작용했다는 것이다. 또한 유대교와 원시 기독교가 보유한 기본 설화는 궁극적으로는 구원사史로 귀결된다는 점에서 공통적이다.[48]

구약성서의 경우, 창세기의 태고사 보도는 물론이고 하나님이 아브라함을 멀리 약속의 땅 가나안으로 보내시는 이야기, 모세의 출애굽 이야기, 예언자들의 이야기 등을 통해서 볼 수 있는 것은 이 설화들이 모두 야웨 하나님과 이스라엘 백성 사이에 맺어진 관계를 겨냥하고 있다는 것이다. 이스라엘은 유일신 하나님을 선택하고, 하나님은 그 이스라엘을 인류의 대표격으로 선택하셨다. 하나님은 그들을 돌보기도 하고 꾸짖기도 하신다.

한편, 원시 기독교에 의하면, 예수는 하나님의 구원 의지와 은총의 증거로 이 땅에 왔는데, 이 인물이 결국 신앙의 대상으로 승화(신격화)된다는 기초설화가 형성된다. 그런데 원시 기독교에서 예수의 승화는 유대교와의 단절로만 이해될 수 없고, 오히려 유대교의 구원사의 연장선상에서 이해해야 한다는 점이 지적되어야 한다. 왜냐하면 예수가 어떤 새로운 종교의 창시자로 묘사되기보다는 하나님의 구원사역의 대리자이자 동역자로 묘사되기 때문이다. 처음으로 명확하게 예수를

---

47 게르트 타이쎈/박찬웅·민경식 옮김, 『기독교의 탄생: 예수운동에서 종교로』, 49, n. 18.
48 심판의 주제도 궁극적으로는 '의인'에 대한, 혹은 '만인'에 대한 구원의 주제와 결부된다.

다른 신(the unknown God)과 연결하여 유대교의 전통적 하나님과 구별하고자 했던 것은 2세기의 마르키온일 것이지,[49] 원시 기독교는 그런 시도를 하지 않은 것으로 보인다. 오히려 원시 기독교 당시에는 유일신 신앙과 예수의 승화 주제가 충돌하지 않는 것으로 여겼다.

기독론과 관련된 중요한 전승인 소위 그리스도 송가(빌 2:6-11)는 이를 분명히 보여준다.

> 그는 근본 하나님의 본체시나 하나님과 동등됨을 취할 것으로 여기지 아니하시고, 오히려 자기를 비워 종의 형체를 가지사 사람들과 같이 되셨고, 사람의 모양으로 나타나사 자기를 낮추시고 죽기까지 복종하셨으니 곧 십자가에 죽으심이라.
> 이러므로 하나님이 그를 지극히 높여 모든 이름 위에 뛰어난 이름을 주사, 하늘에 있는 자들과 땅에 있는 자들과 땅 아래에 있는 자들로 모든 무릎을 예수의 이름에 꿇게 하시고, 모든 입으로 예수 그리스도를 주라 시인하여 하나님 아버지께 영광을 돌리게 하셨느니라.

여기서 6-8절의 주어는 그리스도 예수로, 9-11절의 주어는 하나님으로 명확히 구분된다. 예수가 주어로 되어 있는 부분에서 그의 태도는 낮추는 것으로 묘사된다. 심지어 본래 하나님과 동등됨을(τὸ εἶναι ἴσα θεῷ) 포기하기까지 한다. 반면 하나님이 주어로 되어 있는 부분에서는 승화의 주제가 부각된다. 예수를 지극히 높이시는 주체는 하나님이며, 이로써 유일신 신앙은 훼손되지 않는다. 이 모든 낮춤과

---

49 B. Aland, Art. "Marcion," *TRE* 22 (1992), 89-101 참조.

높임의 궁극적 목적은 "하나님 아버지께 영광을 돌리게" 하려는 것이기 때문이다(11절). 더욱이 이 전승이 적용하고 있는 것은 제2이사야의 말씀이다(사 45:23, 칠십인역). 따라서 바울의 이 전승은 유대교의 유일신론 원리에 기초하고 있는 것으로 보아야 할 것이다.

사도행전에 기록된 설교 본문들도 이러한 원칙을 따르고 있다. 즉 사도행전의 설교들은 예수의 부활을 하나님의 살리심으로 증거하며 (행 2:23, 32; 3:15; 10:40 등),[50] 이를 구약성서 예언의 성취로 파악한다.[51] 즉 사도행전 역시 예수의 죽음과 부활을 유일신 신앙의 연장선상에서 이해하고 있는 것이다. 더욱이 하나님의 살리심을 강조하는 사도행전 2장의 베드로 설교는 이렇게 마무리된다.

> 그런즉 이스라엘 온 집(πᾶς οἶκος Ἰσραήλ)은 확실히 알지니 너희가 십자가에 못 박은 이 예수를 하나님이 주와 그리스도가 되게 하셨느니라 하니라(행 2:36).

'이스라엘 온 집'[52]이 알아야 할 것은 예수를 주님이자(κύριος) 그리스도로 되게 만드신 장본인은 바로 유일신 하나님이라는 고백이다. 빌립보서의 그리스도의 송가와 마찬가지로 이 본문에서도 유일신 사상의 토대 위에서 예수의 승화가 이루어지고 있다. 이렇게 한 분이신 유일신 하나님, 즉 그 곁에서는 다른 어떤 신도 '아무 것도 아닌 존재'

---

50 "하나님께서 그를 사망의 고통에서 풀어 살리셨으니"(행 2:24); "이 예수를 하나님이 살리신지라"(2:32); "그러나 하나님이 죽은 자 가운데서 그를 살리셨으니"(3:15); "하나님이 사흘 만에 다시 살리사 나타내시되"(10:40).

51 행 2:25-29 참조.

52 레 17:8,10; 렘 2:4, 26; 23:8; 33:17 참조.

로 만들어 버리는 하나님은 자신이 보낸 독생자 예수를 다른 모든 능력과 권세를 능가하고 승리하는 분으로 만드셨다.[53]

어록자료(Q) 또한 예수를 유일신 신앙에 충실한 자로 묘사한다 ("내게 엎드려 경배하면," 마 4:10. 눅 4:8 참조). 예수는 공생애 초기에 유일신 신앙과 관련된 이 시험을 극복했고, 이로써 향후 예수의 활동은 권위 있는 것으로 받아들여진다. 즉, 예수의 놀라운 능력과 주되심은 유일신 신앙을 제치고 적용된 것이 아니라, 오히려 유일신 신앙의 기초 위에서 인정된 것이다.

신약성서에서 유일신 신앙 원칙에 위배된다는 혐의가 포착되는 유일한 문서는 요한복음이다. 요한복음에서 예수는 신성모독의 의혹을 받아 살해의 위협을 초래하는 것으로 묘사된다(요 5:17-18; 10:30-36). 즉 여기서 예수는 하나님과 동등해지려고 한다는 의심을 받는다. 그러나 요한복음의 본문에서도 예수 자신의 발언과 그 발언에 대한 대적자들의 (다소 임의적인) 해석을 구별할 필요가 있다. 아버지와 자신이 하나라고 진술을 하기는 했지만, 예수는 "내 아버지께서 이제까지 일하시니"라는 단서를 달고 나서, "나도 일한다"(요 5:17)고 진술한다. 또한 예수가 여러 가지 선한 일을 보인 것은 바로 "아버지로 말미암은 것"이라고 진술한다(요 10:32). 즉 요한복음도 완벽하게 유일신 신앙을 침해하지 않는다고 볼 수 있다.[54] 또한 '아버지'의 주도권을 강조하는 요한복음 17장은 지상의 삶에서 받았던 그와 같은 간헐적인 오해를

---

53 게르트 타이쎈/박찬웅·민경식 옮김, 『기독교의 탄생: 예수운동에서 종교로』, 105.
54 요한복음서에서는 승화된 예수의 높은 지위가 지상의 예수에게도 적용된다고 봄으로써 유일신 신앙을 위반하는 것으로 해석한, 게르트 타이쎈/박찬웅·민경식 옮김, 『기독교의 탄생: 예수운동에서 종교로』, 106의 입장은 재고의 여지가 있어 보인다.

불식시키기 위한 시도라고 이해할 수도 있다.[55]

## 5. 결론

기독교와 유대교는 한참 이후 시대에 가서야 확실하게 갈라선다. 적어도 여기서 논의된 범위에서 본다면 양자의 연속성이 보다 전면에 나타난다. 물론 불연속성의 동기는 이미 내재되어 있다. 기독교가 유일신 신앙의 기초 위에 근거하고 있다고 아무리 주장해도, 기독교 공동체 외부의 관점에서는 그리스도 신앙을 신성모독의 이유로 파악했을 것이기 때문이다. 미처 다루지 못했지만, 성만찬과 세례라는 새로운 제의의 도입은 기독교를 유대교에서 떨어뜨리는 촉매제 역할을 했던 것으로 볼 수 있다. 유대교로부터의 분리를 애당초 원하진 않았겠지만, 너희는 유대교가 아니라는 배척의 목소리를 잠재우기 위해 시도할 법도 한 일을 원시 기독교는 하지 않았다. 즉 예수라는 카리스마적 인물을 유대교가 허용할 수 있는 공식 속에 편입시키려는 시도를 원시 기독교는 거부했다. 원시 기독교의 정체성이 바로 그에게서 비롯되었는데 그것을 어찌 포기할 수 있었겠는가?

---

55 물론 "나의 주, 나의 하나님"(요 20:28)이라는 진술은 부활 이후에 적용된 고백이므로 이 논의와는 구별되어야 한다.

# 제 8 장

# 헬레니즘 문화와 유대교 전통 1
## : 칼리굴라 위기에 대한 고찰

## 1. 서론

요세푸스의 자서전에 따르면, 그는 훌륭한 귀족 계층 출신이다.[1] 그의 부계父系 혈통은 제사장 가문에 속하는데, 24반차 중에서 가장 첫 번째에 속하므로, 그의 표현에 의하면 "제사장 가문 가운데에서도 가장 우월하고 구별된 집안"으로부터 피를 물려받은 것이다(『요세푸스자서전』2).[2] 그의 모친은 하스몬 왕족 출신이며, 요세푸스의 부모 이전 세대에도 조상들은 하스몬 왕족의 여인들과 혼인 관계를 형성해왔다. 따라서 그의 태생은 제사장 가문과 왕족 가문을 기반으로 하는 상류

---

1 요세푸스의 삶에 관한 자세한 정보에 대해서는 이 책의 제2장을 보라.
2 역대하 24:1-19(특히 7-18절)를 참조하면 요세푸스의 집안은 여호야립 가문에 속한다.

층에 속한다고 볼 수 있다.

　요세푸스는 자신의 성장기가 학문적, 사상적 관심으로 가득 찬 시기였음을 강조한다. 그럼으로써 자신이 탁월한 지적知的 통찰력의 소유자임을 암시한다.[3] 인생의 일대 전환점이 된 유대-로마 전쟁에서 그는 갈릴리의 지휘관으로 발탁된다. 66년 겨울부터 67년 여름까지 그는 갈릴리에서 베스파시아누스의 로마군과 대치했지만, 결국 갈릴리 북서부 요타파타 성에서 패배하고 만다. 로마군이 포위하고 있는 상황에서 47일 동안을 버텼지만, 결국 생포되어 로마 지휘관 베스파시아누스 앞에 끌려간다. 이때 요세푸스는 베스파시아누스가 나중에 로마의 황제가 될 것을 예언하여 플라비아누스 가문의 총애를 받게 되는 계기를 만든다.[4] 베스파시아누스가 비텔리우스를 몰아내고 황제로 등극한 후, 요세푸스는 베스파시아누스의 아들 티투스와 함께 예루살렘으로 가서 유대인 반란군의 항복을 설득한다. 그 설득은 실패로 끝났으며 결국 예루살렘은 티투스에 의해 파멸하고 만다.

　요세푸스는 전쟁 이후 로마 황실의 보호 아래 특권적 삶을 살았지만, 그와 동시에 심리적으로 고통스러운 생애를 보냈을 것이라고 추정된다. 반군 지휘관에서 로마군 지지자로 정체가 뒤바뀐 상황, 유대인으로서 예루살렘 성전의 멸망을 목도한 참담한 경험, 가해자의 편에서 역사를 기술해야 하는 심적인 부담감, 이 모든 것이 역사가 요세푸스의 심적 부담감으로 작용했을 것이다.

---

3 『요세푸스자서전』 7-12에 따르면, 그는 16세의 나이에 이미 유대교의 대표적인 종파인 바리새파, 사두개파, 에세네파의 수련 과정을 모두 마쳤고, 이들 종파와는 다른 기행적이고 금욕적인 문화를 대표하는 '바누스'의 제자로 3년의 시간을 보냈다고 언급한다.

4 『유대전쟁사』 3:400-402 참조. 또한 수에토니우스, 『베스파시아누스 황제 전기』 4-5; 디오 카시우스, 『역사』 65:1.4에도 이러한 예언에 대한 증거가 남아 있다.

헬레니즘적 유대교 문화권에 있었던 요세푸스는 오랜 헬레니즘 문화의 물결 속에서 유대교 전통이 적응, 변화해 가는 과정에서 때때로 심각한 충돌과 위기의 국면을 맞는 것이 불가피함을 목도한 인물이다. 성도聖都 예루살렘이 함락되고 성전이 파괴되는 현장을 그 누구보다도 생생하게 목격한 자로서 요세푸스는 그러한 참담한 결과가 결국은 헬레니즘 문화와 유대교 전통의 필연적 충돌에서 비롯된 것이라고 암시한다.

1세기 유대인의 역사에서 70년 성전 멸망이 가장 충격적인 사건이었다면, 그보다 앞선 40년경에 발생한 칼리굴라의 위기는 예루살렘 성전 멸망을 예견하게 만드는 사건으로 유대 전통이 로마가 표방하는 헬레니즘 문화에 의해 언제든지 심각한 위험에 처할 수 있음을 깨닫게 만든 사건이었다. 이 경험을 통해 요세푸스는 거대한 주도적 문화의 확장은 불가피한 것이며, 문화의 바탕과 원리가 이질적인 한, 주도적 문화(헬레니즘)와 지역적 문화(유대교)의 충돌 또한 불가피한 현상인 것을 알았다. 여기서는 팔레스타인에서 발생했던 '칼리굴라 위기'를 헬레니즘화의 과정, 즉 문화적 조우의 필연적 귀결로 이해하고자 한다. 아래에서는 70년 성전 멸망 사태에 버금가는 중요한 사건이었던 칼리굴라 위기가 진행된 과정을 살펴보고, 이를 통해 요세푸스는 헬레니즘 문화와 유대교 전통의 충돌을 어떻게 해석하고 있는지를 보려고 한다.

## 2. 팔레스타인 내·외적인 상황
### : 헬레니즘 문화와 유대교 전통의 만남5

유대교 사회는 제2성전기에 들어서 급격한 변화를 겪는다. 알렉산더 대왕의 동방 진출로 유대인들은 새로운 지배자 헬라제국과 관계를 맺게 되었다.6 이를 통해 유대인들은 월등한 문화적, 경제적, 군사적 힘에 직면한다. 알렉산더 사후 이집트 프톨레마이오스왕조의 지배에 이어 시리아 셀류코스왕조의 지배를 받게 된 유대교 사회는 셀류코스왕조의 안티오쿠스 4세 에피파네스의 통치가 시작되면서 한층 더 심각한 갈등을 겪게 된다. 그는 헬레니즘 문화의 강력한 전파 정책을 추진했으며 그 결과 예루살렘 성전과 그리심 성소에 제우스의 제단을 쌓아 제사를 거행하게 하고 할례를 금지했으며, 유대인의 절기도 금지하고, 부정한 돼지고기를 먹도록 강요했다. 이렇듯 안티오쿠스는 유대인의 신앙적 유산을 말살하는 헬레니즘화 정책을 강요했다.

헬레니즘 문화의 유입에 직면한 유대인 사회의 다양한 집단들은 다양한 방식으로 대응한다. 가령 안티오쿠스 시대의 야손과 메넬라우스와 같은 상류층 인사들은 유대교 개혁·개방 정책을 추진하기도 했던 반면, 마카베오스 가문은 강력한 보수주의적 노선을 취했다. 또한

---

5 헬레니즘 문화가 팔레스타인에 미친 문화적 영향에 관해서는 다음을 참조하라. M. Hengel, *Judentum und Hellenismus. Studien zu ihrer Begegnung unter besonderer Berücksichtigung Palästinas bis zur Mitte des 2. Jh.s v. Chr.*, WUNT 10 (Tübingen 1969, 1988), 108-198.
6 이하의 서술에 관한 자세한 내용은 다음을 참조하라. 박찬웅, "원시 그리스도교 사상 형성과 유대/로마 세계의 상호성에 대한 사회사적 연구," 「신약논단」 8(2001), 187-223.

하스몬왕조와의 주도권 싸움에서 밀려난 자들은 이집트 망명지였던 레온토폴리스에 새로운 성전을 세우거나(오니아스), 속세를 떠나 수도원 공동체를 건설하여 그 공동체를 대안 성전급으로 간주하기도 했다 (쿰란-에세네파).

이 모든 현상들은 근본적으로 헬레니즘 문화의 유입에 직면하여 발생한 것들이며, 유대 사회는 싫든 좋든 이방 문화와의 관계 속에서 대응책을 강구할 수밖에 없었다. 로마의 등장은 헬레니즘 문화의 유입을 가속화했다. 타문화에 대한 로마의 기본적 관용성에도 불구하고 로마의 헬레니즘 정책은 유대 사회의 대응을 끊임없이 (본의 아니게) 요청했다. 칼리굴라 위기 발생 직전의 팔레스타인의 내외적 상황도 평온하지 않았다. 다음과 같이 그 상황을 입체적으로 묘사할 수 있을 것이다.[7]

## 1) 파르티아의 상황

동방의 파르티아 왕국과 로마의 갈등 관계는 당시 중요한 팔레스타인 외부 국제정치 상황이라고 볼 수 있다. 페트로니우스의 선임인 시리아 총독 비텔리우스(35-39년)는 파르티아 왕 아르타바노스를 견제하기 위해 티베리우스 황제에 의해 파송되었다. 아르타바노스 왕이 얼마 전 아르메니아를 정복했기 때문에 로마는 그를 견제할 필요가 있었던 것이다. 결국 아르타바노스는 비텔리우스에 의해 쫓겨났지만, 티베리우스 황제가 죽은 후 다시 돌아 올 수 있었다. 유프라테스 강의

---

7 이하의 분석은 다음 연구를 중요한 토대로 삼았다. Gerd Theissen, *Lokalkolorit und Zeitgeschichte*, 146-161.

다리 위에서 비텔리우스와 그는 정치적 합의를 이루어냈는데, 이 당시에 안티파스가 배석했다(『유대고대사』 18:101ff.).

## 2) 나바태의 상황

안티파스는 장인인 아라비아 나바태왕국의 아레타스 4세와 충돌했다. 갈등의 빌미는 안티파스가 제공했다. 안티파스는 베레아 지역의 국경 문제를 해결하고자 인접한 나바태왕국과 정략결혼에 성공했는데, 로마에서 헤로디아와 사랑에 빠지는 바람에 이 노력이 물거품이 되었다. 남편 안티파스의 외도 소식을 들은 아레타스 4세의 공주는 본국으로 가버렸고, 이 파혼의 결과 안티파스와 나바태의 전쟁이 발발했다(36년). 로마는 위에서 언급한 바와 같이 파르티아와의 갈등으로 안티파스가 처한 곤란한 상황을 도와줄 여력이 없었다. 인접한 분봉왕국의 형제 빌립 또한 얼마 전 34년에 사망했기 때문에 안티파스를 지원할 세력이 없는 상황에서 그는 대패했다. 이후 시리아 총독 비텔리우스가 아레타스를 응징하려고 했지만, 이 응징 계획이 실현될 수 없었던 것은 역설적이게도 유대인들에 의해서였다. 왜냐하면 유대인들은 로마의 군대가 유대 땅을 통과하는 것을 부담스럽게 여겼기 때문인데, 로마 군대가 이동할 때는 형상이 그려진 깃발이 동반된다는 이유에서였다(『유대고대사』 19:120ff.).

## 3) 혼란스런 팔레스타인 내부 상황

이렇게 팔레스타인 외부 동방 지역에서 혼란한 상황이 진행되고 있는 가운데, 팔레스타인 내부에서도 어려운 형편이 전개되고 있었다. 36년경 사마리아에서는 익명의 한 예언자가 출현했는데, 그는 그리심 산으로 민중을 이끌어 숨겨진 모세의 유물들을 보여주겠다고 하며 사람들을 현혹했다. 총독 빌라도는 이 예언자 운동을 중지시켰는데, 그 과정에서 너무 잔혹하게 제압했다는 이유로 비텔리우스는 빌라도를 총독직에서 몰아내고 로마로 추방했다(『유대고대사』 18:85-89). 한편 유대 지역에서도 종교적으로 예민한 일들이 벌어졌다. 비텔리우스가 나바태 왕을 치려던 계획을 포기하고 퇴각하는 가운데, 로마 군대가 예루살렘을 통과하려 하자, 유대인들은 이방 군대가 거룩한 땅을 통과해서는 안 된다고 거부했다. 결국 비텔리우스는 자기 군대와 분리되어 홀로 예루살렘에 들어와서 안티파스와 함께 예루살렘에서 유월절 절기를 보냈다(37년 4월 20일). 이때 유대인들은 로마로부터 대제사장 예복을 넘겨받아 직접 관리할 수 있게 되었다(『유대고대사』 18:90-5; 참조. 15:405).

이렇게 볼 때, 사마리아와 유대 지역에서 비슷한 시기에 공통된 일들이 벌어진 것이라고 볼 수 있다. 사마리아와 유대 지역 모두 각각 자기 문화의 고유한 유산, 특히 예식과 관련된 것들(모세의 유물, 대제사장 예복)이 자기 관할권에 들어와야 한다는 당위성을 인식하는 계기가 되었던 것이다. 또한 사마리아에서 발생한 갈등으로 이방인 빌라도가 추방당한 것과 마찬가지로, 유대 지역에서도 이방인 로마 군대가 거부당하는 일이 발생한 것이다.

## 4) 아그립바 1세의 상황

헤롯 가문은 당시 팔레스타인에서 가장 유력한 가문이었는데, 이 가문에서 두각을 나타낸 가장 중요한 두 인물이 갈등을 빚게 된다. 헤롯대왕의 아들 가운데 가장 막강한 권력을 발휘한 안티파스는 헤롯대왕의 손자로서 정계에 급부상하던 아그립바 1세를 견제할 필요를 느꼈다. 39년, 안티파스는 로마에서 아버지 헤롯대왕에 버금가는 왕위를 요구하지만 실패했고, 오히려 아그립바 1세를 모함했다는 이유로 칼리굴라로부터 폐위되는 수모를 당하게 된다. 반면 아그립바 1세는 승승장구한다. 왕위(βασιλεύς)를 받은 그는 41-44년 기간 동안에는 유대지역을 포함한 팔레스타인 대부분 지역을 차지하게 된다.

## 3. 칼리굴라 위기의 전개 과정

칼리굴라 위기에 대한 중요한 정보는 요세푸스와 필로의 자료에 담겨 있다. 각 자료의 보도를 비교하면 다음과 같다.

| 요세푸스, 『유대전쟁사』 2:184-203 | 요세푸스, 『유대고대사』 18:261-309 | 필로, 『가이우스에게 간 사절단』 197-337 |
|---|---|---|
| [원인] 1. 칼리굴라의 자기신격화 | [원인] 1. 칼리굴라의 자기신격화 2. 알렉산드리아 유대 사절단에 대한 칼리굴라의 진노 | [원인] 1. 칼리굴라의 자기신격화 2. 유대인들이 얌니아의 황제 제단을 파괴함 3. 반-유대주의자의 조언 |

| [위기의 시작] | [위기의 시작] | [위기의 시작] |
|---|---|---|
| 1. 시리아 총독 페트로니우스<br>2. 3개 군단 파견, 황제의 상들(복수)을 예루살렘에 세울 것.<br>3. 저항 시, 살해, 노예화 명령<br>4. 전쟁의 소문이 퍼짐. | 1. 비텔리우스 후임으로 페트로니우스가 (로마에서) 시리아로 파송됨.<br>2. 2개 군단 파견, 황제의 상 하나를 예루살렘에 세울 것. | 1. 시리아 총독 페트로니우스<br>2. 유프라테스 주둔군 절반(2개 군단) 파견, 황제의 상 하나를 예루살렘에 세울 것.<br>3. 페트로니우스는 사전에 미리 알고 있음. |
| [1차 협상: 페니키아]<br>1. 유대인들은 여자, 아이들과 함께 프톨레메스로 와서 페트로니우스에게 철회 간청.<br>2. 의견 수용하여 페트로니우스 홀로 티베리아로 감. | [1차 협상: 페니키아]<br>1. 페트로니우스는 프톨레메스로 가서 이동해 겨울을 나고 새해에 전쟁 시작 계획 (직후 황제와 주고받은 편지 통해 칭찬을 받음).<br>2. 유대인들은 황제에 대한 충성심을 강조하면서 유대 전통을 수호하기 위해 목숨도 버릴 것이라며 철회 간청(하나님은 황제보다 위대하다!). | [페니키아 협상]<br>1. 페트로니우스는 시돈에서 상을 제작함(시간을 지연하기 위한 조처).<br>2. 유대인 지도자들과 협상.<br>3. 유대인들은 여자, 아이들과 함께 연기를 요청.<br>4. 황제에게 서신을 보냄. 황제의 답신은 중립적 입장.<br>5. 시기: 추수기(연초). |
| [2차 협상: 티베리아]<br>페트로니우스는 유대 백성과 지도자들을 티베리아로 소집.<br>1. 자신의 충성심과 수난 감수를 강조. | [2차 협상: 티베리아]<br>페트로니우스는 친지와 시종들과 함께 티베리아로 이동.<br>1. 40일간 파종이 지체됨(가을). | |

| | | |
|---|---|---|
| 2. 지도자들과 백성과 따로 따로 협상을 진행.<br>3. 양보의 근거: 50일간 파종이 지체됨(가을, 10/11월).<br>5. 군대를 이끌고 안디옥으로 돌아옴. 황제에게 서신 보내 명령 철회를 요청. | 2. 헤롯 가문과 귀족들과 협상: 저항운동 발생, 세금수입문제, 강도떼 증가 우려.<br>3. 페트로니우스 연설: 하나님은 인간보다 위대하심!<br>4. 기적적인 많은 비: 1년 이상의 가뭄 이후.<br>5. 황제에게 서신을 보내 명령 철회를 요청. | |
| | [아그립바 1세의 역할: 로마]<br>연회를 베풀어 소원을 들어 주겠다는 약속을 듣고 황제를 설득함. | [아그립바 1세의 역할: 로마]<br>아그립바는 상황을 전혀 모르고 로마에 도착. 소식을 듣고 놀라서 정신을 잃음. 병석에서 황제에게 편지를 보내 청원함. |
| [해결]<br>칼리굴라는 편지를 통해 페트로니우스의 자결을 명령함.<br>편지 도착 전에 황제가 암살되고, 편지는 27일 후에 도착. | [해결]<br>칼리굴라는 조건부로 명령을 철회함. 아직 명령을 수행하지 않았을 경우에, 철회를 명함. 페트로니우스는 자결을 명령 받았지만, 칼리굴라의 죽음 소식이 먼저 도착함. | [해결]<br>칼리굴라는 조건부로 명령을 철회함. 페트로니우스는 명령을 수행하지 않아도 됨. 그러나 예루살렘 이외의 장소에서는 황제 제의가 수행되어야 함. 칼리굴라는 이후 직접 예루살렘으로 상을 가져갈 계획. |

## 1) 칼리굴라 위기의 원인

요세푸스의 두 자료와 필로의 보도를 통해 명확하게 드러나는 공통적 원인은 칼리굴라 황제의 자기신격화가 결정적이라는 점이다. 여기서 '상像'을 가리키는 그리스어는 '안드리아스'(ἀνδριάς)로 인간을 신으로 묘사하는 것을 분명히 하고 있다.

우선 필로의 보도에 드러나는 독특성은 유대인들이 새로 세워진 얌니아 황제제단을 파괴했다는 점이다. 이는 요세푸스에는 드러나지 않으며, 필로만 언급하고 있다. 총독 카피토Herennius Capito가 이 사실을 과장된 어조로 로마에 보고했고, 황제는 반-유대적인 성향의 유대인들의 견해에 의지하여 시리아 총독 페트로니우스에게 중대한 명령을 내렸다. 칼리굴라는 자기를 묘사한 상 한 개를 예루살렘에 세우도록 명하고 여의치 않을 경우에는 무력 동원도 허가했다(『가이우스에게 간 사절단』 200-207). 사건이 터지자 필로는 유대인 편에서 영향력을 행사했다. 그에 따르면, 얌니아에 제단을 세운 것은 이방인들이 유대인에게 도발을 한 행위로 볼 수 있고, 그것을 파괴한 것은 가증스러운 침해에 대한 응징인 것이다.

필로와는 달리 요세푸스는 얌니아 사태에 대해 보도하지 않는다. 대신 필로가 인솔하여 칼리굴라를 방문한 3명의8 알렉산드리아 유대인 사절단이 이 로마 방문에서 칼리굴라와 갈등을 빚은 것을 간접적인 배경으로 암시한다(『유대고대사』 18:257-260). 알렉산드리아에 거주하던 유대인들은 이집트 프톨레마이오스왕조와 로마 아우구스투스

---

8 요세푸스는 사절단을 3명으로 보도하지만, 필로 자신에 의하면, 그 수는 5명이었다. 필로, 『가이우스에게 간 사절단』 370 참조.

황제로부터 알렉산드리아 시민권을 보장 받았었는데, 칼리굴라의 집권 이후 상황이 달라졌다. 칼리굴라 황제에 의해 왕으로 임명된 아그립바 1세는 38년에 알렉산드리아를 방문했는데, 이 때 유대인들은 열렬하게 그를 환영했던 반면, 헬라인들은 그를 조롱하며 '마린'(μαρίν)이라고 불렀는데, 아람어로 '우리 주님'이란 뜻이다. 헬라인들은 정치적으로 어려운 시절에 아주 빈궁한 상태로 알렉산드리아를 방문한 적이 있던 아그립바 1세를 놀렸던 것이다. 이 일을 두고 칼리굴라 황제가 불쾌하게 여길까봐 헬라인들은 황제를 기쁘게 하기 위해 방법을 생각해 냈는데, 모든 회당 안에 칼리굴라의 상을 세워 그를 예배하자는 것이었다. 당시 총독 플라쿠스는 헬라인의 입장을 지지했고, 유대인들을 시민권자가 아닌 이방인으로 취급했던 것이다. 그 직후 유대인 학살 사건이 벌어졌다. 이런 상황에서 필로는 사절단을 이끌고 칼리굴라를 만나러 로마로 갔다.

요세푸스는 필로가 보도하는 이 사건을 "알렉산드리아에서 유대인들과 헬라인들 사이에서 충돌이 발생"했다고 간략하게 기록한다(『유대고대사』 18:257). 사절단 가운데 아피온은[9] 모든 민족이 제단과 신전을 통해 칼리굴라 황제를 존경하고 있지만 오직 유대인만이 이를 거부하고 황제를 무시한다고 비난했다. 한편 필로는 이에 대한 변론을 제대로 하지 못한 채 심한 모욕을 당하고 나와서, 동행한 유대인들에게 칼리굴라가 하나님에게 대적하고 있다고 비난했다. 요세푸스에 의하면, 이 사건에 분개한 칼리굴라는 페트로니우스를 시리아 총독으로 임명하고,(이전 총독은 비텔리우스였다) 예루살렘에 자신의 상 한 개

---

9 반-유대주의를 대표하는 인물이었던 아피온에 관하여는 요세푸스의 『아피온반박문』에 자세히 언급되어 있다.

를 세우라고 지시했다. 또한 만일 유대인들이 이 명령에 순종하지 않으면 무력을 사용하라고 지시했다.

요세푸스에 기록된 사절단 사건을 필로는 기록하지 않고 있는데, 만일 요세푸스의 보도가 정확하다면, 필로가 기록을 누락한 이유는 아마도 필로 자신의 외교적 능력에 문제가 있어서 예루살렘에서의 칼리굴라 위기가 발생한 것이라는 인상을 주고 싶지 않았기 때문일 것이다.[10]

요세푸스와 필로의 공통점은 칼리굴라 위기가 유대인과 이방인 사이의 갈등에서 출발했다고 밝히는 점이다(요세푸스는 이방 지역 알렉산드리아에서의 위기를, 필로는 팔레스타인 내부의 얌니아에서의 위기를 각각 강조한다). 얌니아에서 발생한 제단 파괴 사건은 모든 회당에 칼리굴라 상을 세우려는 시도와 관련하여 알렉산드리아에서 발생한 유대인과 헬라인 사이의 갈등 직후에 벌어졌다(필로, 『플라쿠스』 41ff.).

유대인들은 갑작스런 경험을 하게 된다. 유대 전통으로서는 타협하기 어려운 극단적인 헬라 문화의 강요로 정체성 유지가 위태로운 사태가 여러 장소에서 갑작스럽게 발생하고, 자신들의 종교가 근본적으로 위협당하는 상황이 발생했다. 우선은 팔레스타인 외부 이방 세계에서 위협이 발생하고, 그 직후 황제의 정책적 결정에 따라 위협이 상승한 것이다.

물론 로마의 시각에서는 알렉산드리아와 얌니아에서의 사태가 로마 황제에 반역하는 조직적인 움직임으로 보였을 것이다.[11] 유대인들이 얌니아의 제단을 파손한 행위를, 로마인들은 자신들이 유대 문화

---

10 G. Theissen, *Lokalkolorit und Zeitgeschichte*, 153.

11 E. M. Smallwood (ed.), *Philonis Alexandrini: Legatio ad Gaium* (Leiden 1961), 264.

에 대해 전통적으로 취해왔던 관용주의를 무시하는 행동으로 보았을 것이다. 가령 빌데Per Bilde는 예루살렘에 상을 세우려고 한 칼리굴라의 결정을 한 독재자의 경솔한 행동으로 볼 것이 아니라, 얌니아에서 행한 유대인들의 행동을 로마에 대한 충성을 거부하는 태도이자 로마의 관용정책을 무시하는 처사로 간주한 "합리적인 해석"에 입각한 것이라고 본다.[12] 예루살렘에 자신의 상을 세우기로 한 칼리굴라의 결정이 얌니아 사태에 대한 카피토 총독의 과장된 보고에 기초한 것이라면, 로마의 입장에서 그러한 결정은 납득 갈 만한 것이다. 물론 칼리굴라가 자기신격화를 시도하지 않았으면 아예 그런 일이 발생하지 않았을 것이므로, 그의 결정이 정치적 실책에 가깝다는 점은 분명하다. 기록자의 관점을 염두에 두고 해석하자면, 요세푸스와 필로는 유대인의 입장에서 칼리굴라의 자기신격화를 갈등의 유일한 원인으로 묘사했지만, 사실은 칼리굴라 위기는 황제 개인의 실정 때문에 우연히 발생한 것이 아니라, 헬레니즘 문화와 유대 문화의 오랜 상호 접촉의 결과로 누적되어 온 갈등의 필연적 표출로 볼 수 있다.

## 2) 칼리굴라 위기의 시작

칼리굴라가 예루살렘에 자신의 상을 세우라는 명령을 내림으로써 위기는 본격적으로 시작된다. 필로의 기록과 요세푸스의 『유대전쟁사』는 칼리굴라가 39년 이후 시리아 총독으로 있던 페트로니우스에게 명령을 하달한 것으로 일치되게 보도한다. 반면, 『유대고대사』에

---

12 P. Bilde, *Josefus som historieskriver* (Kopenhagen 1983), 69f. G. Theissen, *Lokalkolorit und Zeitgeschichte*, 154에서 재인용.

서 요세푸스는 비텔리우스의 후임으로 페트로니우스를 임명하여 로마에서 시리아로 보낸 것처럼 묘사하고 있는데(『유대고대사』 18:261), 나중에 칼리굴라가 명령을 철회하면서 쓴 편지에서 군대를 해산하고, "처음에" 하달한 일들을 처리할 것을 주문하는 것으로 보아, 칼리굴라 상을 세우는 명령을 내리기 전에 이미 다른 명령을 내렸던 적이 있음을 알 수 있다. 따라서 페트로니우스는 이미 시리아에 있었던 것으로 추정되며, 페트로니우스가 새로운 시리아 총독으로 임명된 사실을 이 대목에서 함께 보도하고자 한 것으로 보인다.

파견군의 규모에 관련해서는 세 개의 자료 가운데 3개 군단legion으로 보도하는 『유대전쟁사』를 제외하고 『유대고대사』 (18:262)와 필로의 『가이우스에게 간 사절단』(207)은 모두 2개 군단으로 보도한다. 어느 쪽이 정확한 지를 판단하기는 어렵지만 중요한 점은 세 자료가 모두 매우 커다란 규모의 군대가 출정한 점을 나타내고 있다는 사실이다. 66년 유대-로마 전쟁이 발발할 당시 케스티우스 갈루스 총독이 1개 군단을 출정시킨 것과 비교하면 엄청난 규모이기 때문이다. 무장 세력을 진압하는 작전도 아닌데 이렇게 큰 규모의 군대를 보낸 것은 앞에서 언급한 당시 팔레스타인 내외에서 발생한 혼란한 상황을 전제로 이해될 수 있다. 2세기 초 타키투스는 이 사건을 두고 유대인이 무장 저항을 했다고 명시하지만(『역사』 5:9.2), 아마도 이는 실제로 무장반란이 일어난 66-70년의 유대-로마 전쟁의 기억을 잘못 투사한 것이라고 추정할 수 있다. 실제로 요세푸스와 필로는 칼리굴라 위기 때의 유대인의 저항을 평화적인 것으로 거듭 강조하고 있기 때문이다.

칼리굴라 위기가 시작된 상황에서 로마 군대의 규모는 심각한 전쟁의 발발을 예상하게 만들기에 충분한 것이었다. 따라서 요세푸스가 언급한 '전쟁의 소문'은 과장이 아닐 것이다(『유대전쟁사』 2:187).

### 3) 페니키아(프톨레메스)에서의 협상

필로에 따르면, 페트로니우스가 유대인과 협상을 한 장소는 페니키아 지역뿐이다. 이와 달리 요세푸스는 페니키아(프톨레메스)에서도 협상이 있었던 것으로 묘사한다. 요세푸스의 두 개의 기록 중 역시『유대고대사』가 더 자세하게 보도하고 있으며 헬레니즘 문화의 압박에 직면하여 유대인의 하나님의 우월성을 강조하고 있다.

한편 필로의 『가이우스에게 간 사절단』에서 독특하게 드러나는 점은 시돈에서 상을 만들었으며(222), 페트로니우스가 유대인 지도자들을 직접 소환하여 칼리굴라의 명령을 통보했고(225f.), 이후에야 칼리굴라의 계획에 반대하는 대규모의 인파가 페니키아 평원에 집결했다고 것이다(225f.). 그러자 페트로니우스는 황제에게 서신을 보내어, 계획을 연기해줄 것을 요청했는데, 왜냐하면 유대 백성이 농토를 황폐하게 만들고 곡물에 불을 지를 수 있기 때문이라고 보고했다(249). 황제는 분노하여 자신이 내린 명령을 수행하라는 답장을 보냈다(259f.). 또한 이때를 추수기 직전(40년 5월)으로 묘사하고 있다.

### 4) 티베리아에서의 협상

이 협상은 요세푸스만 언급하고 있는데, 티베리아, 즉 갈릴리 지역의 귀족층이 중요한 역할을 한다. 아그립바 1세의 형제인 아리스토불루스와 또 헬키아스Helkias the Elder라는 자가 대화에 나서 페트로니우스를 설득하는 데 성공한다. 이때는 40년 겨울 파종 시기로, 유대인들이 40일(또는 50일) 동안이나 농사일을 하지 못한 것으로 언급된다. 요세푸스와 필로의 보도를 종합하면, 5월에는 페니키아에서, 10월에는 티베리아에서 협상이 열렸다고 추정할 수 있다. 최소한 반년 동안 팔레스타인 농촌 지역이 불안한 상황을 겪고 있었던 셈이다.[13] 페트로니우스는 심사숙고 끝에 황제에게 명령 철회를 요청하는 서신을 보냈고, 황제는 페트로니우스에게 자결하라는 명령을 내렸다.

## 5) 로마에서의 아그립바 1세의 역할

필로에 따르면, 칼리굴라가 페트로니우스의 첫 번째 연기 요청에 대한 답신을 보낸 후 아그립바 1세는 로마에 도착했고, 여기서 아그립바 1세는 칼리굴라의 계획에 대한 이야기를 처음으로 듣게 된다. 그는 놀라서 기절했고 집으로 실려갔다(『가이우스에게 간 사절단』 261ff.). 아그립바 1세는 병석에 누워서 황제에게 명령을 철회해 줄 것을 요청하는 서신을 보냈다. 로마 황실과 가까운 사이였던 아그립바 1세가 전혀 몰랐다는 점은 좀 의아하다. 아마도 칼리굴라의 계획이 유대인의 입장에서는 매우 충격적인 것으로 여겨졌음을 묘사하기 위한 의도였을 것이라고 볼 수 있다.[14]

필로는 아그립바 1세가 유대인의 측에서 가장 결정적인 역할을 한 것으로 묘사한다. 반면 요세푸스는 『유대전쟁사』에서 아그립바 1세를 비롯한 헤롯 가문 사람들의 역할에 대해 아무런 언급을 하지 않는

---

13 Gerd Theissen, *Lokalkolorit und Zeitgeschichte*, 157 참조.
14 Gerd Theissen, *Lokalkolorit und Zeitgeschichte*, 157 참조.

다. 가장 중심적 역할을 하는 사람은 페트로니우스일 뿐이다. 그러나
『유대고대사』에서 요세푸스의 묘사는 좀 다르다. 아그립바 1세는 성
대한 잔치를 베풀어 황제를 초대하고 무슨 소원이든 들어주겠다는 말
을 듣는다(『유대고대사』 18:289-297). 이에 그는 황제의 상을 세우는 일
을 철회해달라는 요청을 하는데, 아그립바 자신은 이런 요청이 얼마
나 부담스러운 일인지 고민했다고 묘사된다. 즉 잘못하면 죽을 수 있
다는 각오로 요청을 했던 것이다. 황제는 개인적인 욕심 없이, 율법과
신앙심을 중시하는 아그립바의 성품에 탄복하여 그의 제안을 받아들
이기로 한다.

　귀족층 멤버인 아그립바 1세는 로마 권력과 유대 민중 사이에서
중재자의 역할을 한다. 또한 그의 형제인 아리스토불루스와 헤롯 가
문의 다른 사람들 그리고 다른 귀족 계층 역시 로마 권력과 유대 민중
사이에 위치한 중재적 인물들로 묘사된다. 전통 문화의 근간이 위협
당하는 상황에 직면하자 유대 민중은 비타협적인 저항 운동을 전개했
다. 그러자 아그립바 1세로 대표되는 유대 귀족층은 유대 민중과 로마
사이에서 협상자의 역할을 떠맡는다. 유대 귀족층은 페트로니우스에
게 작전을 일방적으로 수행하면 치명적인 결과로 이어질 수 있음을
역설함으로써 위기 상황을 무마하는 데 중요한 기능을 한다. 요세푸
스 역시 귀족층에 속한 사람으로서, 이 중재 과정에서 "유대 백성이
완고하다"는 점을 부각시키고 있다.[15]

　칼리굴라 위기 보도에서 귀족층의 경제적 관심사 역시 중요한 역
할을 한다. 이 위기로 농촌 지역에는 예상치 못한 대규모 파업 사태가

---

15 타이쎈·메르츠/손성현 옮김, 『역사적 예수』, 826f. 참조.

발생했다. 수많은 농민들이 파종 작업을 포기했으며, 이로 인해 농산물 수급에 심각한 위기가 초래될 것은 분명했다. 비축된 곡식도 바닥나게 되면 그 사회적, 경제적 파장은 매우 심각할 것임을 암시하고 있다. 굶주린 자가 늘어나면 강도들이 급증하게 될 것이고, 일반 백성은 세금을 바치기도 어려울 지경이 될 것이다. 기득권층에 해당하는 유대 귀족들에게 이러한 사태가 유리할 리가 만무하며, 또한 로마의 입장에서도 마찬가지다. 따라서 페트로니우스 총독은 이 문제를 심각한 것으로 간주했던 것으로 보인다.[16]

### 6) 해결

요세푸스에 따르면, 칼리굴라의 명령 철회는 순전히 아그립바 1세의 공로와 페트로니우스의 협조 때문에 이루어진 것일 뿐, 근본적으로 황제의 의도에는 변함이 없다. 즉 칼리굴라는 페트로니우스에게 만일 이미 상을 세웠으면 그냥 두고, 아직 세우지 않았으면 이전에 명령한 일들만 수행하라고 했기 때문이다(『유대고대사』 18:301). 또한 필로는 칼리굴라가 명령을 철회하면서 예루살렘 이외의 지역에서는 황제숭배 예식이 시행되어야 함을 강조했음을 밝힌다. 이와 함께 또한 칼리굴라는 로마에서 거대한 상을 만들게 하여 직접 예루살렘 성전으로 가져갈 것임을 밝히고 있다(『가이우스에게 간 사절단』 337f.).

41년 1월 24일, 가이우스 칼리굴라가 암살됨으로써 이 위기는 종식된다. 이러한 해결에 대해서 특히 요세푸스는 하나님의 도우심을

---

16 타이쎈·메르츠/손성현 옮김, 『역사적 예수』, 826f. 참조.

강조하며 헬레니즘 문화의 위협에 대한 유대 전통의 승리를 부각시킨다. 하지만 이것으로 위기가 근본적으로 종식된 것은 아니다. 타키투스에 따르면, 이후 총독 벨릭스 치하에서도(52-60년) 유대인들은 계속해서 불안한 공포감을 느끼고 있었기 때문이다(타키투스,『역사』12:54.1; 5:9.2). 또한 팔레스타인에서는 아그립바 1세가 사망한 44년 이후 제2의 총독 통치기를 경험하면서 로마와의 갈등을 빚다가 결국 로마에 대항하여 전면적인 전쟁에 휩싸이게 되었기 때문이다.

## 4. 유대 전통의 헬레니즘 문화 극복(1)
### : 로마 총독 페트로니우스

황제가 파견한 페트로니우스는 역설적이게도 가장 중심적인 등장인물로 그려진다. 요세푸스는 페트로니우스의 심경 변화를 감동적으로 묘사한다.『유대전쟁사』에 따르면, 유대인과의 몇 차례 협상 이후 페트로니우스는 다음과 같이 말하며 유대인의 입장을 지지한다. "차라리 내가 위험을 감수하겠다. 내가 신의 도움으로 황제를 설득할 수 있다면 너희들과 함께 내 목숨도 구하게 되어 기뻐하게 될 것이고, 그러지 못해서 황제의 분노를 산다면 수많은 사람들을 위해 내 목숨을 내어놓을 각오가 되어 있다"(『유대전쟁사』2:201).

『유대고대사』는 이를 더욱 극적으로 묘사한다. 예루살렘으로 파견된 직후 프톨레메스에서 잠시 머물던 당시 페트로니우스는 가이우스에게 편지를 보냈다. 당시는 아직 유대인들을 만나기 전이었다. 그 편지를 받고 가이우스가 보낸 회신에서 페트로니우스를 칭찬하고 있다는 점은 당시까지만 해도 그가 가이우스의 생각과 계획을 전면적으로 지지하고 있음을 암시해준다(『유대고대사』18:262). 하지만 몇 차례 유대인들과 협상을 하고, 또 유대인 측의 귀족들과 접촉을 갖고 난 후 페트로니우스의 입장은 완전히 바뀐다. 심지어 그는 "가이우스의 미친 짓(μανία)을 수행하기 위해 이렇게 하나님을 열심히 섬기는(σεβασμιός) 수많은 자들을 죽이는 것은 두려운 일(δεινός)"이라고까지 발언한다(『유대고대사』18:277). 여기서 가이우스의 태도는 '미친 짓'으로 규정되어 그가 제압하려는 유대인들의 거룩한 태도(σεβασμιός)와 대조되고 있는 것이다.

요세푸스의 기록에서 (그리고 또한 필로의 기록에서도)[17] 페트로니우스는 "하나님 경외자"와 같은 존재로 간주된다. 가이우스 칼리굴라가 헬레니즘 문화를 강압적으로 관철하려는 부정적 모델이라면, 페트로니우스는 헬레니즘 문화의 대변자로 출발해서 유대 전통의 가치를 인정하고 수호해주는 우호적인 모델로 묘사된다. 심지어 그는 유대 문화의 지지자로 변화된다.

페트로니우스가 어떤 방식으로 태도를 바꾸게 되는지에 대한 요세푸스의 묘사(특히 『유대고대사』)는 이질적인 '헬레니즘 문화의 강요에 맞선 유대교 문화(율법과 조상의 전통)의 수호와 유지의 주제'로 요약된다. 여기서 페트로니우스는 헬레니즘 문화 강요자에서 유대교 전통의 대변자로 변화한다.[18]

---

17 필로에 따르면, "아마도 그는 어렴풋이 유대인의 철학과 신앙심을 소유했다." 그리고 하나님이 그에게 시민으로서의 불복종 태도를 직접 부여하셨다(『가이우스에게 간 사절단』245).

18 로마 황제의 입장에서는 그가 뇌물을 받아 매수된 것으로 여겼다(『유대고대사』18:304).

프톨레메스에서 페트로니우스를 찾아가 첫 대면한 유대인들은 그와 논쟁을 벌인다. 여기서 페트로니우스를 향한 유대인들의 첫 발언은 "어떻게 해서든지(παντώς) 상을 가져가서 세우려면 우리를 죽이라"는 것이다(『유대고대사』 18:264). 이는 헬레니즘 문화의 강제성을 암시하는 묘사로, 헬레니즘 문화가 유대 전통을 위협하게 되는 것은 "어떻게 해서든지" 필연적임을 말한다. 이것이 헬레니즘 문화의 위협적인 특징이 '상'(이는 인간의 형상임을 뚜렷이 드러내는 ἀνδριάς로 표현된다)이라는 개념에 압축되어 있다. 이와는 대조적 개념으로 유대인들은 율법을 주신 분(하나님 또는 모세)과 조상이 전해준 것을 '덕'(ἀρετή)으로 규정하여, 유대인의 전통이 헬레니즘의 지성적 개념과 다르지 않음을 강조한다(『유대고대사』 18:265).

이어지는 페트로니우스의 발언은 로마 황제의 말을 따를 수밖에 없다는 것이다. 이에 유대인들은 유대인의 율법과 전통을 '황제의 말'에 대립된 개념으로 제시하며, 자신들은 율법과 조상 대대로 전해 온 전통을 목숨과 같이 준수할 것임을 천명한다. 이와 함께 하나님의 영광을 언급하면서, 마지막 부분에서는 결정적으로 "하나님이 가이우스보다 더 위대하다(βελτίων)!"고 고백한다. 율법을 위반하는 것보다 차라리 죽음을 택하겠다는 유대인들의 완강한 태도는 이 본문에서 수차례 반복된다(『유대고대사』 18:266ff.).

페트로니우스는 결국 설득되어 이방인인 유대 백성을 대신해서 죽음도 각오한다는 결심을 하게 된다(『유대고대사』 18:278). 유대인을 향한 페트로니우스의 연설은 거의 유대 신앙을 받아들인 것과 마찬가지의 상태임을 보여준다(『유대고대사』 18:279-283). 여기서 그는 "전능하신 하나님을 의지"한다고 말하며, 하나님은 어떤 인간적인 도구보다 그리고 인간적인 힘보다도 우월함을(βελτίων) 역설한다(『유대고대사』 18:281).

연설 직후에는 놀라운 기적이 일어난다. 1년 이상 가뭄이 지속되고 있었는데 마른하늘에서 소낙비가 쏟아져 내린 것이다(『유대고대사』 18:284-288). 이 장면에서 페트로니우스는 하나님의 현존하심(ἐπιφάνεια)을 목격하게 되고, 가이우스에게 편지를 보내며 이 놀라운 사건을 함께 알린 것으로 묘사된다. 이러한 묘사를 통해 페트로니우스는 유대 신앙을 받아들인 '하나님 경외자'의 수준으로 그려지고 있음을 부정하기 어렵다. 또한 황제로부터 자결 명령이 내려졌음에도 불구하고 기적적으로 살아나게 된 사실을 두고 유대인들은 하나님이 페트로니우스에게 진 빚을 갚으셨고, 하나님이 그를 보호하셨으며, 하나님이 그를 기억한 결과라고 해석한다(『유대고대사』 18:305-309).

요세푸스는 죽음도 무릅쓰고 황제의 명령에 불복종한 페트로니우스를 헬레니즘 문화의 극단적 강요에 대한 로마 내부적 비판의 한 예로 파악한다고 볼 수 있다. 불복종의 동기야 다르지만, 요세푸스는 아가야의 총독이었던 멤미우스 레굴루스Memmius Rehulus 역시 비슷하게 평가한다. 칼리굴라는 헬레니즘 지역을 약탈하여 로마를 장식하고자 올림피아에 있는 유명한 상인 피디아의 제우스 상을 로마로 운송해오라고 명령했다. 이때 레굴루스 총독은 제우스 상이 운반 도중에 훼손될 수 있다는 이유로 그리고 또한 불길한 징조들(σημεῖα)을 이유로 황제의 명령을 거부한다. 요세푸스는 레굴루스 역시 죽음을 당할 수 있었지만 칼리굴라가 암살됨으로써 목숨을 건질 수 있었다고 언급한다(『유대고대사』 19:8-10).

## 5. 유대 전통의 헬레니즘 문화 극복(2)
  : 로마 황제 칼리굴라

40년 경, 유대 사회를 심각한 공포에 몰아넣었던 칼리굴라는 유대 사회를 헬레니즘 문화 속에 강제로 편입시키려 했던 시도를 보여준다. 그는 악행과 난폭성으로 유대인 백성에게만 적대 행위를 했던 것이 아니라, 또한 로마 내부 상류층(원로원과 기사계급)과도 심각한 갈등을 빚었다(『유대고대사』 19:1-3). 그의 암살은 이러한 상류층과의 불화 속에서 계획되었다. 칼리굴라의 죽음 장면을 보도하는 가운데, 요세푸스는 그의 죽음이 자신을 신격화하려고 했던 여러 시도들에 대한 하나님의 징벌이라고 해석한다. 그는 아우구스투스를 기념하는 공연에 참석했다가 살해되었다. 공연이 시작되기 전, 극장 안에 있던 제물 하나가 떨어지면서 핏방울이 아스프레나스라는 원로원 의원에게 튀었는데 요세푸스는 이를 칼리굴라의 죽음을 암시하는 불길한 징조(οἰωνός)로 보았다(『유대고대사』 19:88). 공연이 진행되는 중에도 두 개의 불길한 징조(σημεῖα)가 나타났고(『유대고대사』 19:94), 이러한 범상치 않은 전조들이 벌어진 후 칼리굴라는 살해된다.

『유대전쟁사』에서 요세푸스는 그에 대해 이렇게 평했다. "그는 신으로 여겨지기를 원했으며, 자신을 그렇게 부르라고 지시했다. 가이우스는 최고 실력자들마저 제압했으며[19] 마침내 그의 신성모독정책 asebeia은 유대 지역까지 미쳤다. … 그러나 하나님은 이 명령이 실현되도록 내버려 두지 않으셨다"(『유대전쟁사』 2:184f.). 요세푸스의 기록에

---

19 앞서 언급한 대로 칼리굴라와 상류층과의 갈등이 이 표현에 함축되어 있다.

서 신성모독(ἀσέβεια) 내지는 권력자 신격화(ἀποθεώσις)의 주제는 철저하게 부정된다. 헬레니즘 문화의 유입이 불가피한 것일지라도, 적어도 유대 신앙의 제1원리인 유일신 신앙에 위배되는 사건과 행위는 단호하게 거부된다.[20]

41년 유대 왕(βασιλεύς)으로 임명되어 제1차 총독 통치 기간을 종식시킨 아그립바 1세는 44년 갑작스럽게 죽게 되는데, 이 장면 묘사도 요세푸스의 이러한 주제를 잘 보여준다(『유대고대사』 19:343-352; 사도행전 12:21-22 참조). 가이사랴에서 사람들은 아그립바 1세를 '신'(θεός)이라고 부르며 그를 칭송했는데 유대인으로서 그런 신격화의 발언을 저지하지 않았다는 이유로 갑작스런 죽음의 징벌을 당한다. 칼리굴라 위기 당시 중요한 역할을 한 것으로 묘사된 아그립바 1세가 이렇게 죽음을 당한 일화를 통해, 요세푸스는 유대 신앙의 제1원리를 위반에 대한 하나님의 응징은 예외가 없음을 암시한다고 볼 수 있다.

칼리굴라 위기에 직면한 유대인들의 저항에서 우리는 팔레스타인 사회 내부 구조의 상수常數적 긴장을 인식할 수 있다. 즉 유대교 문화의 가장 기본적인 원칙, 즉 유일신 야웨를 섬기는 배타적 신앙과 헬레니즘 문화 사이의 갈등을 볼 수 있다. 야웨는 다른 신을 허용하지 않으며, 또한 인간을 신격화하는 것도 용납하지 않는다는 것이 유대교 문화의 기본 원칙이다. 신과 인간과 짐승을 형상화하여 종교적 매개로 삼는 것을 철저히 배격했던 유대 문화 전통에 의하며 그 어떠한 극단

---

20 필로 또한 자기를 신격화한 칼리굴라를 비판하면서 이렇게 말했다. "사람이 하나님으로 변하기보다는 하나님이 사람으로 변하는 게 쉽겠다"(『가이우스에게 간 사절단』 118). 게르트 타이쎈/박찬웅·민경식 옮김, 『기독교의 탄생: 예수운동에서 종교로』, 313에 따르면, 이러한 필로의 태도에서, 하나님이 인간이 되었다고 고백하는 원시 기독교 사상의 단초를 발견할 수 있다.

적 제재도 감수되어야 하는 것이다. 즉 하나님과 율법에만 절대적인 순종을 바쳐야 한다는 전통과 국가 권력 내지는 제국의 지배자를 신격화하는 현상은 필연적인 충돌로 이어질 수밖에 없었다.[21] 유대인들이 보여준 저항의 방식은 비폭력 반대였다. 일찍이 유대인들은 빌라도가 형상이 그려진 깃발을 예루살렘에 몰래 들여왔을 때에도 비폭력 저항으로 유대 신앙의 원칙을 웅변할 수 있었고 성공했다(『유대전쟁사』 2:169-174).

## 6. 결론

위에서 논의된 위기의 상황은 단순히 칼리굴라 개인의 고집에서 비롯된 것이 아니다. 오히려 지난 수세기 동안 유대 사회를 끊임없이 위협한 헬레니즘 문화의 주장이 한 사건으로 구체화된 결과였다. 유대인들은 이 위기 상황을 극복하는 성공을 차지했다. 그러나 그 성공은 한시적인 것이었다. 문화의 충돌이라는 주제를 내세워 또 다시 새로운 형태의 위기는 발생하기 마련이고, 요세푸스가 자신의 방대한 작품을 통해 간접적으로 시사하는 바와 같이 우연이든 필연이든 그 주제는 유대-로마 전쟁으로 구체화될 수밖에 없었다.

요세푸스는 양면성의 해석을 취한다. 한편으로는 헬레니즘 문화의 도전에 직면하여 유연한 태도를 취하지만, 그 문화가 유대 신앙의 제1원리와 충돌할 때에는 완고한 입장을 취한다. 로마 권력자에 대해

---

21 게르트 타이쎈/아네테 메르츠, 『역사적 예수』, 826f. 참조.

서도 마찬가지다. 원래 칼리굴라와 페트로니우스는 한 통속의 인물들이지만, 유대 신앙의 핵심을 존중하는가 무시하는가의 여부에 따라 이들에 대한 평가는 확연하게 갈린다. 요세푸스는 열세의 자기 문화가 강세의 외래문화와 마주치는 격렬한 변동 상황에서 어떤 확고한 원칙을 통해 그 격렬한 현실을 신앙적으로 해석하고자 했던 한 역사가라고 볼 수 있다.

# 제 9 장

## 헬레니즘 문화와 유대교 전통 2
### : 칼리굴라와 페트로니우스와 예수

## 1. 서론

요세푸스는 그리스-로마 시대의 유대인 지식인의 한 사람으로서, 초기 유대교의 변화 과정에서 충돌과 위기의 발생이 불가피함을 목도한 인물이다. 성도聖都 예루살렘의 함락과 성전 파괴의 현장을 생생하게 목격한 요세푸스는 그러한 참담한 결과가 결국은 헬레니즘 문화와 유대교 전통의 만남의 연장선상에서 발생한 것임을 암시한다.

이 글의 목적은 유대인 요세푸스가 유대인 예수, 로마 황제 칼리굴라, 로마 총독 페트로니우스를 어떻게 해석했는지를 분석하고, 이를 통해 요세푸스가 유대교 전통을 그리스-로마 사회와 관련하여 어떻게 해석하고 있는지를 살펴보는 것이다. 주지하는 바와 같이 1세기 유대교는 다양한 변화와 내외적인 격동의 시기였다. 예수운동 또한 이러한 유대교 변화의 일부로 시작하여, 마침내 새로운 종교를 구축하는 결과를 이루어내었다. 요세푸스는 예수운동을 유대교의 한 운동으로 파악하면서, 기독교 신앙인이 아닌 외부적 관점에서 그 운동을 보도한다. 이 과정에서 그는 예수운동을 유대 민족주의를 넘어 헬라인들에게도 호감을 지닌 것으로 묘사한다. 한편 요세푸스는 칼리굴라 위기를 유대교 신앙이 황제, 즉 그리스-로마의 외부 세계와 직면한 사건으로 뚜렷이 묘사한다. 그러므로 요세푸스의 예수 보도와 칼리굴라 위기 보도는 모두 외부 세계와 유대교의 만남이라는 공통적인 배경을 갖고 있다고 할 수 있다. 따라서 여기서는 유대교 내의 갱신운동이었던 원시 기독교의 중심인 예수와 40년대 유대 사회를 극도로 불안하게 만들었던 칼리굴라의 정책을 요세푸스는 어떻게 이해하고 있으며, 그러한 배경은 무엇인지를 밝혀보려고 한다.[1]

---

1 요세푸스의 역사 기록 목적에는 유대교, 즉 요세푸스 자신의 신앙적 관점만이 아니라, 다른 동기도 분명히 있다. 가령 로마제국에 대해 때로는 긍정적 관점을, 때로는 부정적 관점을 취하는 정치적 양면적 태도, 로마에 투항한 변절자라는 비난에 대한 자기변호를 위한 노력 등 복합적인 기록 목적을 갖고 있다. 요세푸스의 삶의 굴곡이 요세푸스의 작품을 해석하는 가장 중요한 열쇠라고 주장하는 R. Laqueur, *Der jüdische Historiker Flavius Josephus. Ein biographischer Versuch auf neuer quellenkritischer Grundlage* (Giessen 1920)을 참조하라. 이러한 다양한 관점의 복합적 관계를 연결시키기에는 다소 방대한 작업이 필요하므로, 여기서는 특별히 그의 신앙적 관점에만 초점을 두게 될 것이다.

## 2. 요세푸스의 예수 해석

### 1) 요세푸스의 예수 단락

이 책의 제3장에서 다루었듯이, 소위 '플라비우스의 증언' 본문은 요세푸스의 본래 기록에 부분적인 변형이 가해진 것으로 볼 수 있고, 또한 아랍어로 된 아가피우스 본문을 참조해서 보면 현재의 그리스어 본문을 통해서 요세푸스의 원문을 재구성하는 것이 어느 정도 가능한 것으로 볼 수 있다.

그런데 최근 빅터U. Victor는 '플라비우스의 증언' 자체의 완전한 진정설을 새롭게 주장한다.[2] 그는 본문이 요세푸스 자신의 기록이며, 16세기 이후 의혹이 제기된 데에는 세 가지 커다란 오해가 있었기 때문이라고 주장한다. 즉 요세푸스의 독자층의 성격에 대한 오해, 요세푸스의 의도에 대한 오해, 본문의 전승사에 대한 오해가 그것이다. 빅터의 문제제기는 다음과 같다.

첫째, 빅터는 예수가 사람이 아닐 수 있다는 표현은 액면 그대로 해석해서는 안 된다고 주장한다. 유대인과 기독교 신학적 관점에서는 유대인 요세푸스가 한 인간을 그렇게 이해하는 것이 말도 안 되는 것처럼 여겨지지만, 요세푸스의 독자층이던 그리스-로마 사회의 사람들은 충분히 이해할 수 있는 표현이었다는 것이다. 빅터는 그러한 사회에서는 현자(σοφὸς ἀνήρ)와 같은 방식으로 묘사되곤 했던 영웅적 인물은 신적인 인물로 여겨졌다는 증거를 제시하며, 따라서 이 표현이

---

2 U. Victor, "Das Testimonium Flavianum. Ein authentischer Text des Josephus," *NovT* 52 (2010), 72-82.

독자층의 이해를 전제로 한 요세푸스 자신의 것이라고 주장한다. 하지만 동일한 표현인 현자로 언급된 솔로몬, 다니엘을 포함하여 다른 영웅적 인물을 "만일 사람이라고 부를 수 있다면"이라는 단서를 붙여서 묘사하고 있는 경우는 요세푸스의 다른 부분에서는 찾아 볼 수 없으며, 따라서 이는 요세푸스의 일반적 표현 방식으로 보기에는 어려움이 따른다.

둘째, 빅터는 이 독자층을 '그리스도'를 메시아나 구세주와 같은 개념으로 이해하지 않고 고유명사로 보았을 것이라고 추정한다. 빅터는 로마인들에게 '그레스도' 혹은 '그리스도'가 고유명사로 이해된 예로, 타키투스,[3] 플리니우스[4](the Younger)를 들고 있다. 빅터가 언급하지 않았지만, 수에토니우스[5]의 경우도 이에 해당한다고 볼 수 있겠다. 또한 빅터는 "이 사람은 그 그리스도였다"(ὁ χριστὸς οὗτος ἦν)에서 정관사 '호'(ὁ)를 해석하기를, 이는 예수를 유일한 메시아로 고백하는 기독교식 표현이 아니라, 사람들이 흔히 '그리스도'라고 불렀던 잘 알려진 '그 그리스도'라고 보아야 한다는 것이다. 따라서 이 부분을 "그 그리스도라는 자가 바로 이 사람이다"라는 다소 빈정대는 의미로 해석해야 한다는 것이다. 하지만 흔히 알려진 '그레스도Chrestus'라는 고유명사를 요세푸스가 알고 있었다는 증거는 없다. 만일 요세푸스가 기독교인들

---

3 "이 [기독교인이라는] 이름은 티베리우스 황제 때 총독 본디오 빌라도에게 처형당한 그리스도(Christus/Chrestus)라는 이름에서 생겼다"(타키투스, 『역사』 15:44.3).
4 플리니우스 총독이 트라야누스 황제에게 보낸 편지에는 다음과 같이 기록되어 있다. "그들은 보통 정해진 날 동트기 전에 모입니다. 그리스도(Christo)를 자신들의 신으로 모시고 함께 번갈아가며 찬양하는 노래를 부르며, 한 가지 맹세로 의무 지워진 이들입니다"(『편지』 10:96).
5 "그[클라우디우스]는 그리스도(Chresto)에 의해 선동된 유대인들이 소요를 일으키자 그들을 로마에서 추방했다"(『클라우디우스 황제 전기』 25:4).

이 사용한 '그리스도'의 의미를 알고 있었다면 왜 이에 대한 아무런 설명 없이 예수가 그리스도였다고 진술했을까 하는 점도 의문이다. 이들이 "아직까지 사라지지 않고 있다"는 마지막 문장을 보면 그리고 아그립바 2세와 가까운 관계를 유지하고 있었다면, 요세푸스가 기독교 공동체들을 알고 있었을 가능성이 있기 때문이다. 또한 요세푸스가 "그 그리스도라는 자가 바로 이 사람이다"는 의미로 쓰고자 했다면, 야고보를 "그리스도라고 불렸던 예수의 형제"라고 언급한 바와 같이 (『유대고대사』 20:200) 여기서도 "그리스도라고 불렸던"이라는 방식으로 얼마든지 표현할 수 있었을 것이다. 또한 나중에 언급하겠지만, 요세푸스의 예수 단락 전체는 상당히 우호적이라고 볼 수 있다. 예수를 '현자'라고 높이 평가하면서 동시에 평가절하 하는 모순적인 상황 또한 설명되어야 한다. 결정적으로 빅터는 오리게네스의 진술을 다루지 않는다. 그는 오리게네스가 예수를 그리스도로 믿지 않았다고 두 번이나 진술한 이유에 대해서는 전혀 설명을 하지 않고 있다.

셋째, 또한 빅터는 요세푸스 사본이 전해지는 과정에서 과연 조작이나 변형이 가능했겠는가 하는 점을 지적한다. 이미 여러 곳에서 다수의 사본이 있었을 텐데 누군가가 원문을 바꾸는 작업은 거의 불가능했을 것이라는 추정이다. 하지만 요세푸스 사본의 문제는 복잡한 설명이 있어야 한다. 현존하는 최고最古의 사본은 10세기의 것이고, 현재 우리가 갖고 있는 본문도 상당히 많은 문제점을 안고 있다. 하지만 가필과 같은 현상은 신약성서 본문비평을 통해서 얼마든지 증거를 볼 수 있는 것이 아닌가?

빅터가 새롭게 제기한 문제제기에 관해서는 더 많은 논의가 이루어져야 하겠지만 이 정도로 줄이고, 위에서 언급한 '변형설'에 근거해서6 요세푸스가 예수 본문을 통해 어떤 의미를 전하고자 했는가에 관해서 살펴볼 것이다.

## 2) 요세푸스의 예수 해석

요세푸스는 예수를 "기적들을 행하는 자였다"(ἦν γὰρ παραδόξων ἔργων ποιητής)라고 한다.7 여기서 παραδόξα ἔργα라는 표현은 신약성서를 포함한 기독교 문헌에서 매우 낯선 것이다.8 보통 παραδόξα는 비정상적 일, 상식과는 다른 모순적인 일인 사건9을 뜻하므로, 요세푸스는 예수를 "말도 안 되는 일"을 행한 자로, 따라서 부정적 인물로 그리고 있다는 주장도 제기된다.10 그러나 사전적 의미만이 아니라 저자가 그의 작품에서 이 어휘를 어떤 의미로 사용하는지도 함께 보아야 한다. 신약성서 기자들과 마찬가지로 요세푸스는 기적을 가리키는 어

---

6 대부분의 연구가 '변형설'을 지지하고 있는 근거에 관해서는 박찬웅, "요세푸스의 예수 보도의 진위(眞僞) 문제," 96-114를 참조하라(이 책의 제3장). 또한 이 연구에서 다루는 부분은 가필과는 거의 무관한 것으로 간주되므로, 원문에 대한 재구성을 시도하지는 않겠지만, 원문 재구성에 대한 예 또한 이 각주에서 제시된 위 논문을 참조하라.

7 박찬웅, "예수의 기적 수행: 누가-행전과 요세푸스의 요약 전승 비교,"「현대와 신학」26(연세대학교 연합신학대학원, 2001), 238-253 참조(이 책의 제4장).

8 칠십인역 구약성서에서도 '파라독사'는 기적을 의미하는 표현으로 거의 사용되지 않는데, 구약 외경(外經)에서 단 한 번 언급된다. "항해하는 사람들이 바다에서 목격하는 하나님의 신기하고 놀라운 일들"(παραδόξα καὶ θαυμάσια ἔργα,「집회서」43:25). 2세기 기독교 문헌에는 παραδόξα 표현이 간혹 나타난다. 오리게네스,「켈수스에 대한 반론」4:80; 7:54 참조.

9 G. Kittel, Art. "παράδοξος," 258.

10 G. Vermes, "The Jesus Notice of Josephus Re-Examined," 6, 8. 이와 유사한 입장을 취하는 것으로는 다음을 보라. E. Bammel, "Zum Testimonium Flavianum," 9-12; M. Smith, *Jesus the Magician*, 45; G. H. Twelftree, "Jesus in Jewish Tradition," 303, 310.

휘로 σημεῖα와 τέρατα를 자주 사용하는데, παραδόξα 또한 이러한 범주에서 다양한 방식으로 활용하고 있음을 알 수 있는데, 하나님을 통한 기적적 사건과 행위를 지시하는 경우로 사용되는 경우가 가장 많다(『유대고대사』 2:223, 267; 3:38 등).[11] 가령 예언자 엘리사의 기적을 묘사할 때도 παραδόξα ἔργα라는 표현이 나온다(『유대고대사』 9:182). 즉 요세푸스 작품에서 이 표현은 인물 묘사에 사용될 때는 주로 긍정적, 또는 중립적 의미로 사용되며 그 부정적 용례는 찾아보기 힘들다. 그러므로 요세푸스가 예수를 전형적인 기적 수행자의 모습으로 묘사하고 있음은 분명해 보인다.

또한 예수는 현자(σοφὸς ἀνήρ)와 교사(διδάσκαλος)로 그려진다. 예수는 기적 수행자면서 동시에 지혜로운 사람으로 묘사된 유일한 인물이다. 요세푸스의 전체 작품 중에서 현자로 언급된 인물은 예수 이외에도 솔로몬[12]과 다니엘[13]이 있다. 이러한 구약의 위대한 인물 외에 요세푸스가 현자로 언급하는 동시대 인물은 예수뿐이다. 예수에 대한 요세푸스의 보도는 이렇게 여러 면을 함께 고려하여 해석해야 한다. 요세푸스는 예수를 현자이자 동시에 기적 수행자인 중요한 유대인으로 묘사한다고 볼 수 있다.

요세푸스가 살았던 1세기의 유대교 그리고 원시 기독교는 내·외

---

11 물론 요세푸스는 이 단어를 '모순적이거나 비정상적인 일'을 의미하는 말로 사용하기도 한다. 가령 느부가넷살에게 벌어진 이상한 일(『유대고대사』 10:235), 요세푸스에 대한 말도 안 되는 비난(『아피온반박문』 1:53) 등을 가리키거나, 다른 한편 놀라울 정도로 높은 수준을 가리킬 때도 이 말을 사용한다. 가령 야곱의 아들 요셉의 놀라운 지적인 능력을 말할 때 παραδόξα를 사용한다(『유대고대사』 2:91).

12 『유대고대사』 8:165.

13 『유대고대사』 10:266-268.

적으로 다양한 갈등이 심화되어 가던 정황에 있었다. 사회사적으로 본다면 기적 개념은 역사적 정황과 관련된다. 초기 유대교와 "원시 기독교는 고대의 기적신앙이 첨예하게 발전되어 있던 시대에 속한다. … 저항운동 및 개혁운동들은 항상 카리스마적 기적들로 말미암아 합법적인 것으로 여겨졌다."[14] 요세푸스는 기적 수행자와 거짓 예언자 또는 마술적 인물들을 구별하여[15] 기적 수행자들이 적법한 존재들임을 강조한다. 요세푸스의 예수는 로마 총독 빌라도에게 잔혹하게 죽음을 당한 지혜로운 선생과 같은 존재요 동시에 기적 수행자였다. 아마도 요세푸스는 예수의 기적이 어떠한 신적 능력과 연결되어 있었다는 생각을 배제하고 있지 않았을 것이다.

요세푸스는 예수 당시와 예수 이후의 추종자들을 순서대로 언급한다.[16] "다수의 유대인들과 헬라인"과 "이전에 그를 사랑하던 자들"은 예수 당시의 추종자들을, 반면 "그리스도인들 족속이 아직까지 사라지지 않았다"는 말은 요세푸스 당시의 그리스도인들을 가리키는 것으로 볼 수 있다.

요세푸스는 '많은'(πολλούς)이라는 말을 두 번 사용하여 유대인과 헬라인 모두 예수를 따랐다고 묘사한다. 여기서 그는 ἐπάγω의 중간태를 사용하는데(ἐπηγάγετο), 이는 우연히 많은 수의 사람이 모인 것이 아니라, 예수에게 추종자 집단이 모여들었음을 의미한다고 볼 수 있다.[17]

---

14 G. Theissen, *Urchristliche Wundergeschichten*, 264.

15 P. W. Barnett, "The Jewish Sign Prophets," 679-697 참조.

16 박찬웅, "예수 추종자 보도에 반영된 요세푸스와 누가의 교회 이해," 「신학사상」 114(2001), 129-152 참조(이 책의 제5장에 해당함).

17 W. Bauer, "ἐπάγω," 569에 따르면, 이 말은 대개 '끌어들이다,' '누구에게 악한 영향을 미

우선, 예수의 추종자가 많은 수였음을 강조하는 데에는 어떤 의미가 있는지 살펴볼 필요가 있다. 요세푸스는 예수의 정체를 아주 요약적으로 설명했는데, 즉 현자, 기적 수행자, 많은 수의 유대인과 헬라인 집단을 이끈 교사라고만 언급한다.[18] 예수의 이러한 정체를 언급한 직후에 곧바로 예수의 죽음에 대해 진술하고 있음을 주목해야 한다.

한편으로 요세푸스는 대중적 운동을 부정적으로 평가하는 경우가 자주 눈에 띈다. 그에 의하면, "사기꾼들과 협잡꾼들이 무리를 설득해서… 그들에 의해 현혹된 수많은 사람들이 어리석음에 대한 대가를 치르게 되었다"(『유대고대사』 20:167-168). 파두스 총독 때 "많은 사람이 드다의 말에 현혹되었지만" 로마군의 공격을 받아 많은 수의 사상자가 발생했다(『유대고대사』 20:97-99). 납세 거부 운동을 주도한 갈릴리 유다는 백성을 선동하여 폭동을 일으켰다(『유대고대사』 18:23; 20:102; 『유대전쟁사』 2:117). 빌라도 총독 때 사마리아에서는 한 사람이 모세가 숨겨둔 제사 기구들을 보여주겠다며 무리를 그리심 산으로 이끌었다. 이 역시 빌라도에 의해서 무참하게 진압되고 만다(『유대고대사』 18:85-87).

많은 수의 추종자를 이끈 예수운동 역시 권력의 철퇴를 맞았다는 요세푸스의 전형적 묘사 방식과 부합하는 면이 있다. 그런데 요세푸스가 대중 운동을 항상 부정적으로 평가하는 것은 아니다. 가령 요세푸스가 매우 훌륭하게 여기는 세례 요한도 많은 사람을 통한 폭동을 두려워 한 권력자의 의혹 때문에 죽음을 당했다고 보도하기 때문이다.[19] 이 경우 요세푸스는 세례 요한을 죽인 일에 대한 하나님의 징벌

---

치다'는 뜻으로 쓰인다. 요세푸스는 이 말을 주로 '군사를 모으다'는 뜻으로 사용하는데 (『유대전쟁사』 1:173 등) 이는 우연히 군중이 모인 것을 가리키는 말과는 다른 것이다.
18 예수를 그리스도로 언급하는 부분은 논외로 한다.

로 안티파스가 나바태왕국과의 전쟁에서 대패했음을 뚜렷이 강조한다. 따라서 요세푸스는 대중 운동이 권력자의 불안과 의심을 야기한다는 점을 강조하지만, 그렇다고 해서 권력자에게 저지된 운동 모두를 부정적으로 파악했던 것은 아니다. 요세푸스는 현자이자 기적 수행자이자 교사인 예수가 죽음을 당한 이유가 이러한 맥락에서 파악될 수 있도록 한 것일 뿐, 그가 예수운동을 부정적으로 평가했다고 속단하기는 어렵다.

여기서 우리는 예수의 추종 집단 가운데 많은 헬라인이 있었다는 대목을 살펴볼 필요가 있다. 이는 기본적으로 역사적 사실 관계에 부합하지는 않는다. 예수의 추종자들은 대부분 유대인이었기 때문에, 요세푸스의 언급은 아마도 1세기 말 그리스도인 가운데 많은 이방인이 존재했던 사실을 예수 시대로 소급한 결과라고 볼 수 있다. 사실 관계를 떠나서 우리가 주목할 것은 예수의 추종자 가운데 이방인이 많았다는 보도를 통해서 요세푸스의 특별한 의도를 읽을 수 있다는 점이다. 요세푸스는 이 점을 특히 강조한다. 즉 그는 "많은 <u>헬라인들 또한</u>"(πολλοὺς δὲ καὶ τοῦ Ἑλληνικοῦ) 예수에게 모여들었다고 말하는데, 이런 현상이 일반적이지 아니었던 것은 분명하다. 어떤 영웅적 유대인에게 유대인 집단이 모여드는 것은 당연한 일이지만, 이방인이 모여들었다는 것은 충분히 특별한 점이 된다. 예루살렘과 성전은 파멸되었고, 유대 민족에게는 전쟁광이라는 오명이 부여되던 시대에, 요

---

19 "다른 사람들이 요한에게로 나아오자 헤롯은 두려워했다. 왜냐하면 요한의 어떠한 말이라도 따를 듯이 보이는 이 사람들이 그의 말에 자극되어 폭동을 일으킬 수도 있다고 여겼기 때문이었다. 그래서 헤롯은 나중에 곤란한 경우에 빠지게 되는 것보다 적절한 시점에 미리 요한을 제거하는 것이 더 낫다고 생각했다"(『유대고대사』 18:118).

세푸스는 유대인 예수가 많은 이방인에게 인기를 끌었다는 점을 특별한 일로 이해했을 것이다. 여기서 요세푸스의 '현자들'이 공통점을 갖고 있음을 파악해야 한다. 현자 솔로몬과 다니엘은 모두 이방인 가운데 명성을 떨친 자였다. 그렇다면 현자로 묘사된 예수에게 많은 이방인이 모여들었다는 묘사는 요세푸스가 예수를 우호적으로, 심지어 자랑스럽게 여겼음을 암시하는 것이 아닐까?

요세푸스는 두 번에 걸쳐 그리스도인들이 사라지지 않고 존속되고 있음을 강조한다. "이전에 그를 사랑하던 자들"은 예수 당시의 추종자들(아마도 사도들)을, "아직도 사라지지 않는 족속"은 요세푸스 당시의 그리스도인들을 가리킨다. 예수 당시의 추종자들이 "멈추지 않았다"는 표현은 좀 모호한 면이 있다. "예수를 사랑하기를 멈추지 않았다"는 의미로 볼 수도 있겠지만, '멈추다'에 해당하는 παύω 동사를 보면, 반란이나 저항운동을 '중지하다'는 의미로 사용되는 경우가 많다.[20] 특히 목적어 없이 사용되는 경우에는 대부분 '대중적 운동이 중지되다'의 의미를 갖는다.[21] 앞의 논의와 연결하여 보면, 이 표현이 예수가 이끌었던 운동을 염두에 둔 말이었다고 보아도 무리가 없을 것이다.

그렇다면 요세푸스는 예수 추종자들이 운동을 중지하지 않고 있는 현실을 어떻게 보았을까? 예수 본문 바로 앞 단락에서 παύω 동사가 사회의 불안을 야기하는 소동과 관련하여 두 차례 사용되는데, 한 번은 θορυβέω(소동을 빚다) 동사와[22] 다른 하나는 στάσις 명사(폭동, 반

---

20 『유대전쟁사』 1:254; 2:494, 647; 3:238; 5:355; 6:239, 329; 『유대고대사』 4:32, 35, 59, 66; 13:293; 14:433; 18:58, 62; 20:109; 117; 『요세푸스자서전』 23,173.
21 『유대전쟁사』 2:316; 『유대고대사』 19:147 등.

란)와 함께 사용되었다.23 이 두 부분은 빌라도 때문에 발생한 사건을 다루고 있다. 첫째 이야기는 빌라도가 황제의 상이 그려진 깃발을 한밤중에 예루살렘으로 반입한 사건이다(『유대고대사』 18:55-59). 이 사건으로 집단적 비폭력 저항이 발생했고, 빌라도는 무력을 사용하여 "소동을 중지할 것"을 명했다. 둘째 이야기는 성전 재산을 수로 공사비로 사용한 이야기다(『유대고대사』 18:60-62). 많은 유대인들이 저항했지만, 빌라도는 이들을 강제로 해산시키면서 많은 사람을 살해하고 부상을 입혔다. 요세푸스는 "그 폭동은 이렇게 종결되었다"(παύω)라고 마무리한다. 이는 결코 소동을 일으킨 유대인들을 비난하고자 함이 아니었다. 깃발 반입 사건에서 저항했던 자들은 유대 전통을 수호하기 위해 죽음도 각오한 이들로 묘사되며, 빌라도마저 이러한 행동에 "감동하여" 반입된 상을 철수했기 때문이다(『유대고대사』 18:58-59). 둘째 본문에서도 요세푸스는 유대인들을 가리켜 용감한 자들이라고 평가한다(『유대고대사』 18:62).

이러한 갈등 장면들에 뒤이어 예수 본문이 나온다. 앞선 장면들이 무자비한 살육으로 끝났고, 예수운동도 지도자가 처형되는 결과로 이어졌다. 그러나 예수 처형에도 불구하고 추종자들은 중지하지를 않았다. 첫째 반란이 진압되었다면, 이어 나오는 예수 추종자들의 경우는 그렇지 않다. 이 그리스도인이라는 집단(종족, φῦλον)은 아직까지도 사라지지 않고 있다. 즉 요세푸스는 이러한 배열을 통해 의도적으로 대조하고 있다.

운동의 '지속성'은 중요한 주제다. 가령 사도행전에서 가말리엘은

---

22 『유대고대사』 18:58.
23 『유대고대사』 18:62.

지속성 여부가 운동의 적법성을 판단하는 기준임을 증언하는 자로 나온다(행 5:35-38). 드다와 유다의 운동이 중지되었다면, 예수운동은 지도자가 처형된 상황에도 불구하고 아직까지도 중지되지 않고 있다. 이렇게 운동이 지속되고 있다는 사실은 곧 하나님의 의지임을 역설하는 사도행전과 비교할 때, 요세푸스 역시 예수운동을 상당히 우호적으로 묘사했음을 알 수 있다.

## 3. 요세푸스의 칼리굴라 해석

### 1) 칼리굴라 위기의 내용

70년 예루살렘 멸망 사건을 제외하면 1세기 유대인의 역사에서 가장 충격적인 사건은 바로 40년경에 발생한 칼리굴라 위기라고 볼 수 있다.[24] 칼리굴라 위기는 로마가 언제든지 유대인의 전통을 짓밟을 수 있음을 여실히 보여준 사건이었다. 비록 파국으로 치닫기 전에 마무리될 수 있었지만, 유대인 공동체들에게 이는 매우 충격적인 일로 기억되었다. 요세푸스는 이 사건을 『유대전쟁사』(2:184-203)와 『유대고대사』(18:261-309)를 통해서 두 번씩이나 보도하고 있다.[25]

---

24 칼리굴라에 대한 연구사에 관해서는 다음을 참조하라. A. Winterling, *Caligula: eine Biographie* (München: Pantheon, 2003); A. A. Barrett, *Caligula: The Corruption of Power* (New Haven: Yale University Press, 1990), xix에 따르면, "칼리굴라는 총명한 사람이었지만 참을 수 없을 정도로 거만했고 오직 자기중심적 사고에 사로잡힌 자였다. 또한 그의 도덕의식은 아주 희박했다."

25 이 사건에 관해서는 필로, 『가이우스에게 간 사절단』197-337에도 기록되어 있다. 요세

물론 유대인과 로마의 대립이 가장 심각하게 고조된 사건은 유대-로마 전쟁이라고 볼 수 있다. 하지만 요세푸스는 이 전쟁의 배경을 하나의 주제로 설명하지 않는다. 이 전쟁의 원인에는 폭력을 좋아하는 일부 극렬한 유대인 집단의 선동, 유대인 대중의 우발적인 실수, 로마 총독들의 잘못된 통치 방식, 예언과 관련된 부분 등 다양한 주제가 복합되어 있다. 따라서 디아스포라 유대인으로서의 요세푸스의 신학적 의식을 살펴보기 위해서는 유대인의 역사를 통해서 꾸준히 경험되었던 통치자와의 갈등 주제를 다루는 것이 적절할 것이다.

이방의 통치자가 하나님과 예루살렘 성전을 모독하는 행동을 보인 일은 유대 사회가 헬레니즘 문화에 마주하면서부터 경험하게 된 것이다. 즉 칼리굴라 위기와 같은 성격의 사건은 처음이 아니었다. 그 시작은 기원전 2세기, 시리아의 안티오쿠스 4세 에피파네스가 예루살렘 성전을 더럽힌 일이며, 기원전 63년에는 로마의 폼페이우스가 지성소를 침입했다.[26] 이 두 사건 모두 하나님의 성전을 더럽히고 유대인의 신앙을 모독한 일이며, 칼리굴라 또한 자신의 형상을 세움으로써 유대인의 유일신 신앙의 원리에 도전하려고 했던 권력자로 이해된다.[27]

---

푸스에는 언급되지 않았지만, 필로는 이 사건의 최초의 발단을 유대인들이 얌니아에 세워진 황제의 제단을 파기한 일과 관련시킨다.
26 이로 인해 그는 '율법모독자'로 여겨진다(『솔로몬의 시편』 17:11).
27 칼리굴라 위기를 신약성서와 연결하여 다룬 최근의 연구는 다음을 보라. N. H. Taylor, "Caligula, the Church of Antioch and the Gentile Mission," *Religion & Theology* 7 (2000), 1-23은 칼리굴라 위기가 안디옥 지역의 기독교 공동체의 변화에 중요한 촉매 역할을 했다고 해석한다. 즉 칼리굴라 위기의 경험은 이방인 크리스천이 유대인 기독교 공동체와 구별되는 정체성을 형성하는 데 촉진제 역할을 했고, 또한 종말론적 사상의 변화를 통해서 그리스도의 재림이 오기 전에 이방인 크리스천을 받아들이는 것의 당위

요세푸스가 보도하는 칼리굴라 위기의 주제는 유대교 신앙의 제1원리인 유일신 신앙을 중심으로 묘사된다. 이 사건의 가장 핵심, 즉 칼리굴라가 예루살렘에 세우려고 했던 '상像'은 그리스어 '안드리아스'(ἀνδριάς)로, 이 위기의 중심에 인간을 신격화 하려는 시도가 자리 잡고 있음을 요세푸스는 분명히 하는 것이다.[28]

요세푸스는 유대 신앙을 위협하려는 칼리굴라의 계획의 시작된 배경에는 로마로 간 세 명의[29] 알렉산드리아의 유대인 사절단과 헬라인 사절단이 칼리굴라 앞에서 충돌한 일을 암시한다(『유대고대사』18: 257-260). 알렉산드리아의 유대인들은 알렉산드리아 시민권을 보장 받았었는데, 칼리굴라의 집권 이후 상황이 달라졌다. 당시 상황을 간략히 요약하면 이렇다. 칼리굴라 황제의 집권으로 유대 지역의 왕으로 임명된 아그립바 1세는 권력에서 밀려나 있던 시절인 38년 알렉산드리아에서 헬라인들의 조롱을 당한 일이 있었다. 이후 아그립바 1세가 권력을 쥐게 되자 알렉산드리아 헬라인들은 황제에게 아부하기 위해 모든 회당에 칼리굴라의 상을 세워 그를 예배하려는 계획을 세웠

---

성을 갖게 만들었다는 것이다. 또한 N. H. Taylor, "Palestinian Christianity and the Caligula Crisis. Part 1. Social and Historical Reconstruction," *JSNT* 61 (1996), 101-124 는 칼리굴라 위기를 겪으면서 유대교 공동체는 크리스천들을 소외시켰고, 따라서 원시 기독교의 출발 초기 시대부터 유대교로부터의 분리가 빠르게 진행되었다고 추정한다. 한편 M. Karrer, "Der Zweite Thessalonicherbrief und Gottes Widersacher," *Horizons in Biblical Theology* 29 (2007), 101-130은 살후 2:1-12을 칼리굴라 위기와 관련시켜 해석하고 있다.

28 같은 사건을 보도하는 『유대전쟁사』 2:185에는 복수(ἀνδριάντες)로, 『유대고대사』 18:261, 301과 필로, 『가이우스에게 간 사절단』 188, 265, 337에는 단수(ἀνδριάς)로 되어 있다.

29 요세푸스는 3명으로 보도하지만, 당사자 필로의 기록에 따르면, 그 수는 5명이었다. 필로, 『가이우스에게 간 사절단』 370 참조.

고, 그러자 유대인과 충돌이 일어나 많은 유대인이 죽음을 당하게 되었다. 이 일로 유대인 사절단과 헬라인 사절단이 각각 로마로 갔던 것이다. 그러나 유대인들의 노력은 좌절되고 헬라인들의 주장이 관철되었다. 이러한 결정이 이루어지자 유대인들은 타협할 수 없는 이방 문화의 위협에 갑작스럽게 노출된다. 로마의 시각에서는 이러한 갈등이 황제에 반역하는 움직임으로 보였을 것이다.[30] 그런데 요세푸스는 이 위기가 유대인과 이방인 사이의 갈등에서 시작되었음을 밝힘으로써 이 일이 칼리굴라의 우발적 분노에서 비롯된 것만은 아님을 암시한다.[31]

칼리굴라가 예루살렘에 자신의 상을 세우라는 명령을 내림으로써 위기는 본격적으로 시작된다. 칼리굴라가 2개의 로마 군단을 파견한 것은 그러한 확고한 의지를 보여주는 것이었으며, 더 나아가 사실상 전쟁도 불사한 것이라고 볼 수 있다.[32] 유대-로마 전쟁 시작 당시 갈루스 총독이 1개 군단을 출정시킨 것과 비교하면 엄청난 규모이기 때문이다. 더욱이 이는 무장 반란군을 진압하는 작전의 성격도 아니었던 것이다.[33] 칼리굴라 위기 때의 유대인의 저항이 평화적인 것이었음은 거듭 강조되고 있다. 칼리굴라가 파병한 군대의 규모는 심각한

---

30 E. M. Smallwood (ed.), *Philonis Alexandrini*, 264 참조.
31 요세푸스는 이방 지역 알렉산드리아에서의 갈등을, 필로는 팔레스타인 내부 얌니아에서의 갈등을 각각 강조하지만, 모두 이방 문화와 유대인 사이의 갈등이라는 점에서는 공통적이다. 필로에 따르면, 얌니아 제단 파괴 사건은 모든 회당에 칼리굴라 상을 세우려는 알렉산드리아 헬라인들의 시도 직후에 벌어졌다. 필로, 『플라쿠스』 41ff. 참조.
32 『유대전쟁사』에서는 3개의 군단으로 언급되지만, 『유대고대사』와 필로의 기록에서는 2개 군단으로 나온다.
33 타키투스는 칼리굴라 위기 때 유대인들이 무장 저항을 했다고 말하지만(『역사』 5:9,2), 이는 66-70년의 유대-로마 전쟁과 혼동한 것이라고 볼 수 있다.

전쟁의 발발을 예상하게 만들기에 충분한 것이었을 것이며, 따라서 요세푸스가 '전쟁의 소문'을 언급한 것은 과장이 아니라고 볼 수 있다(『유대전쟁사』 2:187).

유대인들은 로마와 협상을 통해서 이 일을 저지하려고 많이 노력한다. 심지어 농사도 포기한 채 이 일을 평화적으로 해결하려고 노력했다는 점이 강조되고 있다. 최소한 반년 동안 농사일을 손에서 놓고 있었던 것이다.[34] 수많은 농민들이 파종 작업을 포기하여 농산물 수급에 위기가 초래될 것은 분명했다. 식량이 바닥나면 굶주린 자가 늘어나고, 그러면 강도들이 급증하게 될 것이고, 세금 징수도 어려워질 것이다. 따라서 페트로니우스 총독은 이 문제를 심각한 것으로 간주하고[35] 심사숙고 끝에 황제에게 명령 철회를 요청했고, 그러자 칼리굴라는 명령을 철회하는 대신 항명한 페트로니우스의 자결을 명했다.

요세푸스에 따르면, 페트로니우스와 아그립바 1세 등 황제와 가까운 상류층의 조언과 노력 때문에 명령이 철회되었을 뿐, 근본적으로 황제의 생각은 변함이 없다. 명령을 철회하면서 칼리굴라는 페트로니우스에게 이미 상을 세웠으면 그냥 두고, 아직 세우지 않았으면 그전에 시킨 일들만 수행하라고 했기 때문이다(『유대고대사』 18:301).[36] 41년 1월 24일, 가이우스 칼리굴라가 암살됨으로써 이 위기는 완전히 종식된다. 요세푸스는 이러한 해결을 우연의 결과로 보지 않고, 오히

---

34 G. Theissen, *Lokalkolorit und Zeitgeschichte*, 157 참조.

35 타이쎈 · 메르츠/손성현 옮김, 『역사적 예수』, 826f.

36 필로에 따르면, 칼리굴라는 이 명령을 철회하면서 예루살렘 이외의 지역에서는 황제숭배 예식이 시행되어야 함을 강조했다. 또한 칼리굴라는 로마에서 거대한 상을 만들게 하여 직접 예루살렘 성전으로 가져갈 것이라고 공언했다(『가이우스에게 간 사절단』 337f.).

려 그것은 하나님의 의지대로 유대교 신앙이 보호된 결과라고 해석한다.

## 2) 요세푸스의 칼리굴라 해석

요세푸스는 칼리굴라를 자기 신격화를 시도한 대표적 인물로 평가한다. 칼리굴라는 유대교의 유일신 신앙에 적대하는 정책을 시행한 황제였던 것이다. 『유대전쟁사』에서 요세푸스는 이렇게 그를 평한다. "그는 신으로 여겨지기를 원했으며, 자신을 그렇게 부르라고 지시했다. 가이우스는 최고 실력자들마저 제압했으며37 마침내 그의 신성모독(ἀσέβεια) 정책은 유대지역까지 미쳤다. … 그러나 하나님은 이 명령이 실현되도록 내버려 두지 않으셨다"(『유대전쟁사』 2:184f.).

『유대고대사』에서는 보다 세밀한 방식으로 평가가 내려지고 있다. 칼리굴라는 통치 1-2년 동안은 선정을 베풀었지만, "시간이 갈수록 그는 스스로를 인간의 능력을 넘어서는 존재로 여기며 거만하게 행동했으며(ἐξίστατο), 또한 그의 통치권(ἀρχή)이 위대하다는 생각에서 자기 자신을 신으로 여겼다(ἐκθειάζω). 그리고 모든 면에 있어서 신을 모독하는(ἀτιμίᾳ τοῦ θείου) 행동을 일삼았다(πολιτεύομαι)"(『유대고대사』 18:256). 이는 칼리굴라의 행보에 대한 전반적인 해석을 담고 있는 것으로, 그에 대한 요세푸스의 매우 부정적인 평가를 잘 보여준다.

여기서 요세푸스는 인간적인 것과 신적인 것을 대조하며 칼리굴라의 오만함을 부각시키고 있다. 칼리굴라는 인간의 위치를 초월한 존재로 스스로를 파악하며, 급기야 자기를 신으로 여긴다. 여기서 동

---

37 앞서 언급한 대로 칼리굴라와 상류층과의 갈등이 이 표현에 함축되어 있다.

사 ἐκθειάζω는 요세푸스 문헌에서 칼리굴라와 관련해서만 단 두 번 사용되는데, 이는 요세푸스가 칼리굴라를 유일신 신앙에 도전하는 대표적 인물로 묘사하려는 뚜렷한 의도를 드러낸다. 『유대고대사』 19:4에 따르면, "칼리굴라는 자신을 신으로 여겼으며(ἐκθειάζω), 인간으로서 받는 것보다 훨씬 더 큰 영예(τιμή)를 보일 것을 신하들에게 요구했다. … 또한 자신을 제우스의 형제라고 부를 정도로 교만했다."

또한 주목할 것은 위『유대고대사』 18:256에서, 칼리굴라의 자기 신격화가 "통치권"과 관련되며, 또한 "신을 모독하는 행동을 일삼았다"에서 '폴리튜오마이'(πολιτεύομαι)라는 단어가 일상적인 행위보다는 공적인 행동을 가리킨다는 점이다. 즉 칼리굴라의 자기 신격화 시도는 개인적 기질만이 아니라, 황제로서의 공식적 통치권과 공적 행동의 연장선상에 있음을 암시하고 있다고 보겠다. 즉 요세푸스는 칼리굴라 황제 개인의 행동에는 언제나 이방 문화와 유대교 신앙의 대립이 수반될 수 있음을 말하는 것이다. 요세푸스는 신성모독(ἀσέβεια)과 신격화apotheosis 시도를 단호하게 거부한다. 강대국 로마의 질서에 대한 복종은 불가피한 일이지만, 신앙의 제1원리인 유일신 신앙에 대한 도전은 단호하게 거부되어야 한다는 것이다.[38]

요세푸스는 칼리굴라의 최후를 묘사하는 본문에서도 신앙인의 관점을 적용한다. 요세푸스는 칼리굴라 위기에 대한 보도를 마친 후,『유대고대사』 19:1-113의 긴 지면을 할애하여 칼리굴라가 암살된 경위

---

38 필로 또한 칼리굴라의 신격화 정책을 비판하면서 이렇게 말했다. "사람이 하나님으로 변하기보다는 하나님이 사람으로 변하는 게 쉽겠다."(『가이우스에게 간 사절단』 118) 게르트 타이쎈/박찬웅·민경식 옮김, 『기독교의 탄생: 예수운동에서 종교로』, 313에 따르면, 이러한 필로의 평가에서, 하나님이 인간이 되었다고 고백하는 원시 기독교 사상의 단초를 발견할 수 있다.

와 그의 난폭한 모든 행동에 관한 비난조의 묘사를 장황하게 전개하고 있다. 요세푸스에 따르면, 칼리굴라는 로마의 귀족층과도 심각한 갈등 관계에 있었는데(『유대고대사』 19:1-3), 이러한 로마 상류층과의 갈등이 그를 죽음으로 몰아갔다. 칼리굴라의 죽음을 묘사하면서 요세푸스는 그의 죽음이 자신을 신격화하려고 했던 일에 대해 하나님이 징벌을 내리신 것이라고 해석한다. 칼리굴라가 암살되는 장면을 묘사하면서 요세푸스는 징조(οἰωνός, 『유대고대사』 19:88)라는 말과 표적(σημεῖα, 『유대고대사』 19:94)이 있었음을 강조한다. 칼리굴라의 죽음이 우연이 아님을 말하는 것이다.

칼리굴라와 긴밀한 관계를 유지했던 유대 왕 아그립바 1세의 죽음도 큰 맥락에서는 칼리굴라 주제와 관련된다고 볼 수 있다(『유대고대사』 19:343-352; 행 12:21-22 참조). 가이사랴에서 사람들은 아그립바 1세를 '신'(θεός)이라고 부르며 칭송했는데 유대인으로서 그런 신격화의 발언을 저지하지 않았다는 이유로 갑작스런 죽음의 징벌을 당한다. 칼리굴라 위기 당시 중요한 역할을 한 것으로 묘사된 아그립바 1세가 이렇게 죽음을 당한 일화를 통해, 요세푸스는 유대 신앙의 제1원리 위반에 대한 하나님의 응징은 예외가 없음을 암시한다고 볼 수 있다.

요세푸스의 칼리굴라 위기 보도는 유대인 신앙을 위협하는 로마의 정책을 직접적으로 비판한다. 배타적인 유일신 신앙과 로마 정책 사이에서 발생한 갈등에는 어떠한 타협도 있을 수 없다. 하나님과 율법에 순종해야 하는 태도와 국가 권력 내지는 제국의 지배자를 신격화하는 현상은 필연적인 충돌로 이어질 수밖에 없었다.[39] 이러한 상

---

39 게르트 타이쎈 · 아네테 메르츠/손성현 옮김, 『역사적 예수』, 826f. 참조.

황에서 유대인들이 비폭력 저항을 취했지만 강력하게 반발하였다. 요세푸스는 하나님이 칼리굴라를 응징하고 유대인을 위기에서 구했다고 해석한다.

칼리굴라에 대한 묘사는 흔히 요세푸스가 친-로마적인 인물이라는 선입관을 깨뜨리기에 충분하다. 그가 플라비우스 황조의 편이었던 것은 사실이지만, 그렇다고 해서 모든 역사를 로마에 우호적으로 묘사하지는 않았다. 로마제국에 대한 그의 다면적인 입장을 한 마디로 정의하기는 어렵지만, 적어도 그가 사건과 인물을 해석하는 가장 중요한 기준은 유대인 신앙의 관점이었다는 점은 분명하다고 보겠다.

## 4. 요세푸스의 페트로니우스 해석

### 1) 페트로니우스 본문 이해

칼리굴라 위기를 다루는 본문에서는 또한 로마제국의 한 인물이 매우 긍정적으로 묘사된다. 그는 칼리굴라의 부하 페트로니우스 총독이다. 페트로니우스는 황제의 명을 받고 파견된 자였지만, 임무를 수행하는 과정에서 변화되는 자로 그려지며, 이 과정에서 그는 요세푸스의 신학을 드러내는 모델로 묘사된다. 요세푸스는 페트로니우스의 심경 변화를 극적으로 묘사한다. 『유대전쟁사』에 따르면, 유대인과의 몇 차례 협상 이후, 페트로니우스는 다음과 같이 말하며 유대인의 입장을 지지한다. "차라리 내가 위험을 감수하겠다. 내가 신의 도움으로 황제를 설득할 수 있다면 너희들과 함께 내 목숨도 구하게 되어 기뻐하게 될 것이고, 그러지 못해서 황제의 분노를 산다면 수많은 사람들을 위해 내 목숨을 내어놓을 각오가 되어 있다"(『유대전쟁사』 2:201).

『유대전쟁사』의 요약적인 보도와는 달리, 『유대고대사』에서 요세푸스는 페트로니우스 이야기를 세밀하게 묘사하고 있다. 요세푸스는 일곱 개의 장면을 통해서 로마 총독 페트로니우스가 유대인의 신앙을 받아들이는 과정을 보여준다.

페트로니우스가 등장하는 첫 장면(『유대고대사』 18:261-281)에서 그는 전형적인 로마의 충신으로 그려진다. 그는 황제의 명령을 성실하게 수행할 것이며, 황제는 그의 이러한 성실함(προθυμία)을 칭찬하기까지 한다. 페트로니우스는 특별할 것 없는 전형적인 로마 관료다. 곧 이어지는 상황에서 그는 프톨레메스에서 유대인들과 만나 첫 대화를 나눈다. 여기서 페트로니우스는 자신이 황제의 명령을 수행하는 자에 불과하므로 불가피하게 임무를 수행할 수밖에 없음을 설득한다. 이에 유대인들은 조상 대대로 이어온 율법을 준수할 수밖에 없다고 항변하면서, 우선은 율법을 주신 분(하나님 또는 모세)과 조상이 전해준 것을 그리스어 개념인 '덕'(ἀρετή)으로 규정하여, 유대인의 전통이 헬레니즘의 지성적 개념과 다르지 않음을 강조한다(『유대고대사』 18:264, 266). 다른 한편으로 유대인들은 황제의 법과 하나님의 율법을 대립시킨다. 이 첫째 장면은 하나님이 황제보다 더 강하다(βελτίων)는 것을 당신도 알지 않는가라는 유대인들의 선언으로 끝나는데, 이는 요세푸스의 기본적인 신학적 구도를 드러내고 있다고 보겠다. 따라서 이 첫 장면에서 페트로니우스는 오직 칼리굴라의 생각과 계획을 지지하는 인물임을 알려준다(『유대고대사』 18:262).

둘째 장면(『유대고대사』 18:269-272)에서 페트로니우스는 이 일을 두고 친구들(φίλοι)과 상의하려고 티베리아로 갔는데, 이때 많은 유대인들이 그를 또 찾아와서 대화를 나눈다. 여기서는 유대인들의 반항의 의도가 '전쟁을 시작하는 것'이 아니라 신앙을 지키기 위해 '죽음을 당하기 위함임'이 강조된다. 그럼으로써 신앙을 고수하려는 유대인들의 완강한 태도가 다시 한 번 강조된다.

셋째 장면(『유대고대사』 18:273-278)에서 페트로니우스는 커다란 심경의 변화를 일으킨다. 여기서 그는 황제가 명령을 철회하게 만들기 위해서 자기 자신의 죽음도 불사하겠다는 의지를 갖게 된다. 몇 차례 유대인들과 협상을 하고, 또 유대인 귀족들과 접촉을 갖고 난 후 페트로니우스의 입장은 완전히 바뀐다. 가령 그는 "가이우스의 미친 짓(μανία)을 수행하기 위해 이렇게 하나님을 열심히 섬기는(σεβασμιός) 수많은 자들을 죽이는 것은 두려운 일(δεινός)"이라고 발언한다(『유대고대사』 18:277). 여기서 페트로니우스는 가이우스의 태도를 '미친 짓'으로 규정하면서 이를 유대인들의 거룩한 태도(σεβασμιός)와 대립시키는 것으로 묘사된다.

넷째 장면(『유대고대사』 18:279-283)에서는 페트로니우스의 연설이 나온다. 요세푸스의 기록과 같은 변증적 역사문학apologetic historiography에서 연설은 해당 주제를 뚜렷이 부각시키는 데 중요한 역할을 한다. 페트로니우스는 유대인들을 돕겠으며, 유대 백성을 위해서 자신의 죽음도 불사하겠다는 각오를 드러낸다. 그는 전통을 지키려는 유대인의 태도에 경의를 표하며, 앞서 유대인들이 주장한 것과 마찬가지로, 이제는 그가 '사람(황제)보다 하나님이 더 우월하다(βελτίων)'는 주제를 역설한다(『유대고대사』 18:281). 페트로니우스의 연설은 거의 유대 신앙을 받아들인 것과 마찬가지의 상태임을 보여준다. 여기서 그는 "전능하신 하나님을 의지"한다고 말하며, 하나님은 어떤 인간적인 도구보다 그리고 인간적인 힘보다도 우월함을 역설하기 때문이다. 페트로니우스는 유대인을 제압하려는 황제의 명을 수행하려고 왔다가, 오히려 유대인의 신앙에 동화되는 극적인 결과가 나타난다.

다섯째 장면(『유대고대사』18:284-288)은 더욱 극적인 상황을 묘사하는데, 여기서는 하나님이 주체로 묘사된다. 하나님이 페트로니우스와 함께 하시고, 그를 도와주실 것을 보여주신다(ἐπιδείκνυμι). 오랜 가뭄 끝에 하나님은 소낙비를 내려주셔서 유대인들의 농사를 도우신다. 페트로니우스는 하나님의 현현(ἐπιφάνεια)를 보게 되고, 또한 이는 적대적 입장에 있던 자들 또한 부정할 수 없는 증거가 되었다. 페트로니우스는 칼리굴라에게 서신을 보내면서 이 놀라운 기적에 대한 확실한 목격담을 함께 적었다고 나온다.

여섯째 장면(『유대고대사』18:298-304)에서는 위기의 해소와 새로운 위기의 등장이 함께 나온다. 즉 칼리굴라는 명령을 철회하지만, 페트로니우스를 엄벌에 처하겠다는 결심을 전달한다.

마지막 일곱째 장면(『유대고대사』18:305-309)에서는 또 다시 기적 같은 일이 벌어진다. 황제의 명을 거역한 페트로니우스는 죽을 운명이었지만, 그에게 내린 징벌 명령이 전달되기 전에 칼리굴라가 죽음을 당한다.[40] 이로써 페트로니우스를 통해서 하나님의 섭리가 드러나는 역사가 이루어진다. 황제로부터 자결 명령이 내려졌음에도 불구하

---

[40] 필로 또한 칼리굴라의 죽음을 하나님의 정의가 실현된 것으로 평가한다(『가이우스에게 간 사절단』 107). 또한 M. Karrer, "Der Zweite Thessalonicherbrief und Gottes Widersacher," 121, n. 64에 따르면, 이는 겔 28:7-8,10 등에서와 같이 이스라엘의 전통적 신앙과 관련된 것이다.

고 그가 기적적으로 목숨을 유지할 수 있게 된 사실을 두고, 유대인들은 하나님이 페트로니우스에게 진 빚을 갚으셨고, 하나님이 그를 보호하셨으며, 하나님이 그를 기억한 결과라고 고백한다.

### 2) 요세푸스의 페트로니우스 해석

요세푸스는 페트로니우스를 '하나님 경외자'와 같은 인물로 묘사한다.[41] 가이우스 칼리굴라가 유대 신앙을 짓밟으려는 부정적 인물이라면, 페트로니우스는 이방 권력자의 대변인에서 출발하여 마침내 유대 전통을 인정해주는 우호적 모델로 묘사된다. 심지어 그는 유대 신앙의 옹호하고 지지하는 사람으로 변화된다.[42]

또한 요세푸스의 페트로니우스 묘사는 무리한 헬레니즘화 정책에 대한 로마제국 내부의 비판적 관점의 한 예로도 볼 수 있다. 황제에 대한 불복종의 동기는 상이하지만 이와 비슷한 또 하나의 일화가 요세푸스를 통해서 전해진다.

위에서 논의된 위기의 상황은 단순히 칼리굴라 개인의 고집에서 비롯된 것이 아니다. 오히려 지난 수세기 동안 이어져 온 헬레니즘 문화의 위협이 칼리굴라 위기 사건으로 구체화된 결과였다. 칼리굴라 위기 사건은 로마제국에 대한 요세푸스의 양면적 이해를 잘 보여준다. 한편으로는 갈등의 근본 동기였던 유대 신앙의 제1원리에 대한 침

---

41 필로 또한 마찬가지다. 필로에 따르면, "아마도 그는 어렴풋이 유대인의 철학과 신앙심을 소유했다." 그리고 하나님이 그에게 시민으로서의 불복종 태도를 직접 부여하셨다(『가이우스에게 간 사절단』 245).

42 칼리굴라는 이러한 변화의 원인을 페트로니우스가 뇌물을 받아 매수된 것으로 여겼다(『유대고대사』 18:304).

해에 관해서는 엄격한 입장을 취한다. 이러한 주제에 있어서는 로마의 최고 권력자도 예외 없이 하나님께 대적하는 존재로 간주된다. 하지만 하나님과 유대 전통에 대한 이해와 존중의 태도를 지닌 페트로니우스의 경우는 하나님 경외자로, 심지어는 잠재적 신앙인으로 묘사된다. 이러한 이중적 판단의 중심에는 하나님에 대한 신앙이 있다. 세계를 지배하는 통치 세력도 이러한 신앙관을 기준으로 평가가 갈라진다. 따라서 페트로니우스 본문을 통해서도 요세푸스가 유대인 신앙의 관점으로 사건과 인물을 평가하고 있음을 뚜렷이 볼 수 있다.

## 5. 결론

지금까지 초기 유대교의 다양한 흐름 가운데 하나인 요세푸스를 해석함으로써 그가 유대교의 유산을 폭넓은 정황 속에서 어떻게 이해하고 있는지를 살펴보았다. 팔레스타인만이 아니라 로마제국 전역에 걸쳐서 시끄러웠던 칼리굴라 위기를 통해서 요세푸스는 유일신 신앙의 원리를 기반으로 자기 신격화 시도를 단호히 거부한다. 요세푸스는 자기 작품 가운데 유대교 전통에 우호적인 대표적 인물 또한 이 칼리굴라 위기 때 등장하는 페트로니우스 총독으로 그리고 있다. 이렇게 로마 정치인을 상반되게 평가하는 원리 또한 유대 신앙적 관점에 근거한 것이다. 그럼으로써 유대교는 신앙의 원리에 근거하되 외부 세계에 대해서도 개방적인 평화적 집단임을 요세푸스는 보여주고자 한다. 이러한 맥락에서 볼 때, 칼리굴라 위기로부터 약 10년 전에 활동했던 예수에 대한 기록에서 많은 헬라인 추종자를 언급한 사실은 예수 개인에 대한 그의 우호적인 평가를 보여줌과 동시에, 동족인 예수가 팔레스타인과 이방세계를 배경으로 폭넓은 지지를 받은 지혜로운 교사로서 내세울 만한 인물이라고 여겼음을 추정 가능하게 한다.

# 제 10 장

# 헬레니즘 시대 유대 사회의 재편 과정

## 1. 서론

이 장에서 다루게 될 내용은 헬레니즘 시대에 유대 사회가 재편되는 과정이 지배적 통치 구조와 어떻게 관련되는지에 관한 것이다. 기원전 2세기 이후 급변하는 시대 변화에 직면한 유대인들과 그리고 이후 원시 기독교 구성원들이 직면한 과제는 자신들의 사회를 어떻게 통합하고 유지할 것인가 하는 것이었다. 또한 그들의 과제는 물려받은 전통을 어떻게 효과적으로 승계하고, 격변의 시대 속에서 어떻게 능동적인 변화를 이끌어 낼 것인가 하는 것이었다.

사회는 특정한 정치적 통치 구조를 통해 통합을 이루려고 노력한다. 안정된 통치 시스템을 구축한 사회일수록 구성원의 만족도와 사회적 통합의 수준은 높아질 것이다. 그리고 한 사회가 매우 불안정한,

혹은 불리한 국제적 정황 가운데 있다면, 사회의 통합을 이끌어내는 것은 훨씬 더 중요한 과제가 될 것이다. 바벨론 포로기 이후 유대인 사회가 그러했다. 포로기 이후 유대인들은 왕조의 패망과 장기간 포로 생활로 무너진 유·무형적 기본 골격을 다시 갖추고, 유대 사회를 재건하는 과제를 안고 있었다. 그런데 그러한 불안정한 상황은 단기간에 끝나지 않고 수 백 년 동안 지속되었다. 이 오랜 기간 동안 유대인들이 사회적 통합을 위해 노력을 기울이는 과정에서는 사회적 분열 또한 초래됨으로써, 이른바 분열과 통합의 변증법적 작용 과정이 진행되었다고 볼 수 있다.

원시 기독교의 출현까지 이어지는 긴 시기 동안 유대 사회가 재편되는 과정을 살펴보기 위해서는 우선 페르시아제국 시대, 헬라제국 시대, 로마제국 시대로 이어지는 가운데 유대 사회가 경험한 사회, 정치, 문화 등 다양한 영역에서의 변화가 어떤 방식으로 전개되었는지를 요약해야 할 것이다. 헬레니즘 시대에 유대 사회의 변화를 탐구하기 위해서는 페르시아 시대의 유산 및 배경과의 연속선상에서 살펴야 할 중요한 대목이 많기 때문이다. 가령 유대 사회가 근본적으로 지향했던 것이 신정주의 사회였다면, 그 기원이 이미 페르시아 지배 시대에 있었다고 추정되는 근거들을 살펴볼 필요가 있다. 또한 헬레니즘 시대에 본격적으로 이루어진 여러 변화들이 페르시아 시대와 연결되어 있음도 검토할 필요가 있기 때문이다.

지금까지의 선행연구들은 주로 통시적인 방식으로 시대사를 정리하거나, 혹은 특정 항목들을 나누어 역사적 정보를 정리하는 방식으로 이루어져 왔다. 물론 오랜 역사와 방대한 자료를 명료하게 분석, 정리한 독보적인 작품들이 적지 않다. 가령 헹엘M. Hengel의 연구,[1] 쉬러

E. Schürer의 연구,2 스몰우드E. Smallwood의 연구3 그리고 슈테게만 형제의
『초기 그리스도교의 사회사』4 등이 그렇다. 방대한 양을 교과서적으
로 정리한 이러한 연구서들과 달리 여기서는 통치 구조 개념을 기준
으로 이 시대를 재구성하려는 것이다. 이를 통해 사회 구조를 움직이
고 결정하는 시스템의 중요성이 얼마나 큰 것인지를 고대의 사회상을
통해 살펴보려고 한다.

## 2. 포로기 이후 시대의 유대 사회

### 1) 페르시아 시대 유대 사회의 통합과 분열

포로기 이후 시대 유대 사회는 특히 헬라제국의 지배 하에서 심각
한 변화를 겪게 되는데, 그러한 변화의 중요한 요인들은 이미 페르시
아 지배기에 비롯된 연속성 있는 것들이다. 알베르츠R. Albertz는 이 특
징을 "분열과 통합의 변증법"이라고 규정한다. 그는 포로기 이후의 신
학적 담론이 매우 역동적이었음에 주목하며, 유대교 내의 이러한 역
동적 논의가 원시 기독교의 시대까지 영향을 주었음을 강조한다.
알베르츠에 따르면,5 포로기 이후 유대 사회가 '통합'에 어느 정도

---

1 M. Hengel, *Judentum und Hellenismus.*

2 E. Schürer, *History of the Jewish People.*

3 E. M. Smallwood, *The Jews under Roman Rule. From Pompey to Diocletian. A Study in political relations,* SJLA 20 (Leiden: E. J. Brill, 1981).

4 에케하르트 슈테게만·볼프강 슈테게만/손성현·김판임 옮김, 『초기 그리스도교의 사회 사: 고대 지중해 세계의 유대교와 그리스도교』 (서울: 동연, 2012).

성공했다고 가정하면 그러한 통합은 결정적으로 히브리 정경의 형성 과정에서 기인한 것이라고 볼 수 있다. 토라는 기원전 5세기 페르시아 지배하에 만들어졌다고 볼 수 있는데, 이 토라는 신명기주의적 신학 집단과 제사장적 신학 집단 사이의 타협의 산물인 것이다. 이 과정에서 왕정주의 신학은 전반적으로 배제되었으며, 예언 전승 역시 신명 기적 율법의 기본 틀 안에서 인식되었다. 다윗 왕정의 중요성을 강조하는 역대기 역사 역시 제의와 '길들여진' 예언의 관점 아래 통합되었다.

하지만 '분열'의 관점에서 보면, 이 시기 유대 사회의 상황은 악화되었다고 볼 수 있다. 그 결정적인 원인은 포로기 이후 이스라엘 회복에 관한 구원 예언들이 실패하고 도리어 사회적 상황이 악화되었기 때문인데, 이 과정에서 저항적 신학(가령 학개와 스가랴)이 사회 주변부 집단의 입장을 대변하는 역할을 맡게 된다. 그리하여 기원전 3세기 중반에는 종말론적 변혁에 대한 기대들이 히브리 정경 안에 편입되었다. 이는 기원전 2세기 헬레니즘 유대교 시대에 묵시문학적 저항 신학의 토대가 되었다. 즉 예언의 목소리가 점차 줄어들고, 예언이 사회의 주변부로 밀려나고, 예언은 점차 '종말론화' 되는 결과로 이어졌다는 것이다.

알베르츠는 페르시아 시대의 유대 사회의 재편은 결과적으로 사회적, 종교적 양극화 현상을 초래했다고 주장한다. 그에 따르면, 이 시대는 유대 사회 내의 모든 집단에게 정치적 참여의 가능성이 허용된 통합적인 사회를 발전시켰다는 긍정적 측면이 있음에도 불구하고, 이는 어디까지나 강대국에 (특히 경제적으로) 의존된 상황을 전제로 하

---

5 라이너 알베르츠/강성열 옮김, 『이스라엘 종교사』, II, 139 이하 참조.

기 때문에, 사회 구성원들 사이에 양극화 현상이 초래되었음을 강조한다.

## 2) 페르시아 시대 유대 사회 재편 과정의 특징들

이 시대의 이스라엘 종교사의 전체적 윤곽을 어떻게 개념화할 것인지에 관해서는 구약학 연구자들의 다양한 견해가 존재한다. 가령, 플뢰거O. Plöger는 이 시기를 뭉뚱그려서 신정통치 전승과 종말론 전승 (후기 예언문학 전승)의 대립으로 보는 양극 모델을 제시한다.6 한편 슈텍O. H. Steck은 전승줄기 복합체론을 제시하며,7 크뤼제만F. Crüsemann은 사회사적 관점으로 접근한다.8 이와 관련하여 사회구조 재편과 관련된 주목할 만한 다음과 같은 특징들을 파악해야 할 것이다.

강대국 페르시아의 지배를 통해 새롭게 재편된 유대 사회의 상층부에는 두 개의 지배적 집단이 있었다고 본다. 하나는 비非-성직 계층인 장로회의(게루시아)이고, 다른 하나는 성직자 계층인 제사장 학파였다. 이 시기 이스라엘 공동체는 성전 재건을 통해 제사장들이 중심이 된 사회를 형성하게 되었다고 보는 것이 '신정주의 공동체' 이론이

---

6 O. Plöger, *Theokratie und Eschatologie*, WMANT 2 (Neukirchen-Vluyn: Neukirchener Verlag, 1968).

7 O. H. Steck, "Strömungen theologischer Tradition im Alten Israel," in ders., *Wahrnehmungen Gottes im Alten Testament Gesammelte Studien*, ThB 70 (München: Kaiser, 1982), 241-261.

8 F. Crüsemann, "Israel in der Perserzeit. Eine Skizze in Auseinandersetzung mit Max Weber," in: W. Schluchter ed. by *Max Webers Sicht des antiken Christentums: Interpretation und Kritik* (Frankfurt am Main: Suhrkamp, 1985), 205-232.

다. 이 이론은 특히 요세푸스의 기록에 근거한 것이다.9 물론 요세푸
스 자신이 제사장 가문 출신이라는 이유와 함께, 신정주의 사회가 이
상적 통치임을 강조하는 요세푸스의 견해를 또 다른 배경에서 살펴볼
필요가 있겠지만, 대체로 이러한 의견은 수용되는 편이다.

또한 제사장 학파와 함께 또 다른 중요한 사회의 축이었던 평신도
장로 회의의 성격과 그 역사적 발전 과정이 어떠했는지도 중요하다.
이 시기의 장로 회의가 후대의 산헤드린의 모체라고 볼 수 있을지는
미지수지만, 짐작이 가능한 것은 제사장 집단과 같은 성전 중심의 세
력 외에도 평신도 집단의 노력도 병존했다는 것이다. 따라서 성전이
중요한 통합의 상징이었지만, 그것이 유일한 요소였다고 단정하는 것
은 무리일 수 있다.

신정주의 공동체 이론과 유사하게 블렌킨소프J. Blenkinsopp는10 성전
공동체 모델을 제시한다. 한편 도너H. Donner는 이 시기의 유대 사회를
율법 아래 있는 신정주의 공동체로 규정하는 반면,11 크류제만은 율
법 준수 여부로 공동체 구성원 자격이 '임의적으로' 결정되는 것이 아
니라 (인종적인) 친족 및 인척 관계가 결정적임을 강조한다.12 또한 유
대인 사회의 재편에 있어서 중요한 장소적 역할을 한 회당의 역사도

---

9 『아피온반박문』 2:164f. 가령, E. L. Grabbe, "The Jewish Theocracy from Cyrus
   to Titus. A Programmatic Essay," *JSOT* 37 (1987), 123. 요세푸스는 신정통치가 가
   장 이상적인 형태라고 거듭 주장한다. 『아피온반박문』 2:184-187.

10 J. Blenkinsopp, *A History of Prophecy in Israel: From the Settlement in Land to the*
   *Hellenistic Period* (London: SPCK Publishing, 1984), 227f.

11 H. Donner, *Geschichte des Volkes Israel und seiner Nachbarn in Grundzügen: Von*
   *der Anfängen bis zur Staatenbildungszeit* (Göttingen: Vandenhoeck & Ruprecht,
   1995), 431.

12 F. Crüsemann, "Israel in der Perserzeit," 208-211.

중요하다.[13] 회당은 크고 작은 제의적 요소들이 포함된 새로운 예배 구조를 갖게 되었는데, 디아스포라에서 비롯된 회당 구조는 팔레스타인에까지 점차 영향을 주었다. 이를 통해 회당은 점차 개인적인 경건과 공식적 종교가 결합되는 계기가 되었고, 이는 개인적 경건의 경험을 중시하는 공동체적 신학의 발전을 가져왔다. 그 결과 상류층의 신학이 지혜 문학적 특징을 갖추어 가는 한편, 하층민 집단의 가난한 자의 경건 사상이 발전함으로써 '계층에 따른' 다양한 유형의 신학이 발전하게 된다. 이와 함께 헬레니즘 시대에 본격적으로 형성된 다양한 유대교 종파들이, 페르시아의 지배하에 이루어진 사회 분화의 결과와 연결될 수 있다.[14]

### 3) 헬레니즘 시대 유대 사회 재편 과정의 특징들

헬레니즘 시대에도 유대 사회에는 분열과 통합의 변증법적 긴장 관계가 계속된다.[15] 그런데 이 시기에 주목할 만한 새로운 흐름은 첫째, 헬레니즘적 디아스포라 유대교가 뚜렷한 특징을 갖고 확립되기 시작했다는 점, 둘째, 이스라엘 국가의 주권 회복을 위한 최초의 무력 투쟁이 발생했다는 점(마카베오스 전쟁), 셋째, 종말론적 경향을 뚜렷

---

13 L. I. Levine, *The Ancient Synagogue: The First Thousand Years* (New Haven/London: Yale University Press, 1999) 참조.

14 S. Talmon, "Jüdische Sektenbildung in der Frühzeit der Periode des zweiten Tempels: ein Nachtrag zu Max Webers Studie über das antike Judentum," in: W. Schluchter, ed., *Max Webers Sicht des antiken Christentums* (Frankfurt am Main: Suhrkamp, 1985), 252f.

15 이하에 언급된 내용은 알베르츠/강성열 옮김, 『이스라엘 종교사』, II, 332 이하를 참조한 것이다.

이 지닌 종파 집단들이 출현했다는 점(바리새파, 쿰란-에세네파 등)이다. 사회사적 변화의 측면에서 보면, 헬라제국 지배 초기에는 페르시아 시대에 발전되었던 유대 사회의 조직 형태가 유지되었던 것으로 보인다. 가장 상층부에는 대제사장이, 그 아래에는 장로협의회(게루시아)와 제사장협의회(τὸ κοινὸν τῶν ἱερῶν)가, 제일 하층부에는 일반 대중의 모임(에클레시아, 데모스)이 존재했다. 그런데 이러한 구도는 여러 가지 요인들로 인해 변화를 겪게 되었다고 볼 수 있다.

디아도코이 전쟁(기원전 321-301년)이 끝나고 이집트 프톨레마이오스왕조가 지배하게 된 후 유대 지역에는 총독이 파견되지 않았고, 그 결과 헬레니즘 시대에는 대제사장이 공동체의 대표자(προστάτης)가 될 수 있었다. 이는 페르시아 시대에 신정주의에 대한 이상이 발전하게 된 배경이 된다. 이러한 대제사장의 권력 강화는 위에서 언급한 대로 페르시아 시대 말기에 예비 된 일이었다. 대제사장 중심의 신정주의 통치를 통해서 유대인들은 과거 왕정 시대의 자주권을 일부 회복했다는 느낌을 받았을 수 있다. 이와는 달리, 신정통치 구조가 유대인의 적극적인 바람이었다는 외부적인 관점도 존재한다. 가령 헬라제국 초기 시대의 헤카타이오스Hecataios of Abderba는 적극적으로 왕정을 거부하는 현상이 유대교 사회의 아주 중요한 특징이었다고 말한다. 왜냐하면 왕을 두지 말라고 명령한 장본인이 바로 모세이기 때문이라는 것이다(레위기 8-9장 참조).[16] 앞서 요세푸스의 주장과 함께 이러한 전승

---

16 헤카타이오스에 관해서는 L. L. Grabbe, *A History of the Jews and Judaism in the Second Temple Period: The Coming of the Greeks: The Early Hellenistic Period (335-175 BCE)*, vol. 2, The Library of Second Temple Studies 68 (Bloomsbury: T. & T. Clark International, 2008), 113 이하를 참조하라.

이 얼마나 당시의 사회사에 부합하는지에 관해서는 좀 더 많은 연구가 필요할 것이다.

또한 헬레니즘 시대의 특징 중 하나는 신흥 귀족의 등장에 따른 권력구조의 재편이라고 볼 수 있다. 대제사장에게 집중된 권력은 신흥귀족 가문들의 저항에 직면하게 된다. 이들은 경제력을 기반으로 새로운 권력층으로 부상했다. 기원전 3세기 중반, 토비아스 가문 출신의 요셉은 대제사장(오니아스 2세) 권력에 도전했다.[17] 기원전 175년에 야손에 의해 오니아스 3세가 밀려난 것도, 그로부터 3년 후 메넬라우스에 의해 야손이 대제사장직에서 밀려난 것도 모두 신흥 귀족층의 경제적, 정치적 힘과 관련된 것이었다. 이러한 현상은 원시 기독교 시대에 헤롯 가문, 안나스 가문 등 새로운 유력 가문이 부상했던 일과 아주 무관하지 않을 것이다.

경제적 차원에서도 변화가 있었다. 가령 제노 파피루스에 의하면, 기원전 3세기 팔레스타인은 경제적으로 호황기였지만,[18] 이는 소수 귀족층에 제한된 것이었다고 볼 수 있다. 집단 이주 등에 따른 경제활동 인구의 증가로 경제의 규모는 증대했지만, 프톨레마이오스왕조의 경제적 개입, 신흥 귀족의 경제적 착취 등으로 경제적 양극화가 심화되고, 이를 통한 사회적 균열이 가속화되었기 때문이다. 이는 하층민의 공격적 행동을 유발하는 원인이 되었다. 특히 원시 기독교 시대

---

17 『유대고대사』 12:164, 167 참조. 여기서 요셉은 이집트의 프톨레마이오스 에피파네스 왕을 방문하여 자기의 권력을 요청하는데, 이집트로 가기 전 그는 자신의 입장을 백성 앞에서 연설하는 것으로 묘사된다.

18 V. Tcherikover, *Hellenistic Civilization and the Jews* (Philadelphia/Jerusalem, The Jewish Publication Society of America; The Hebrew University, 1959), 60-73; M. Hengel, *Judentum und Hellenismus*, 39-47.

에는 이러한 하위 계층이 증가했으며, 사회적 불안의 중요한 요인이 되었다.[19]

이스라엘 내의 문화적 갈등 또한 중요한 요인이 되었다. 상류층 집단 가운데에는 헬레니즘적 생활양식을 적극적으로 받아들인 이들이 많았다. 물론 유대적 종교적 정체성을 완전히 포기하는 정도는 결코 아니었지만, 언어, 복장, 교육, 공적 축제 등에서 헬레니즘적 양식을 수용하려는 움직임이 일었다. 이러한 사회 현상은 한편으로는 하층민 (또는 도시가 아닌 시골 거주민)으로 하여금 심각한 위화감을 갖게 만들었을 뿐만 아니라, 상류층에서도 전통을 고수하려는 보수파의 반대를 야기했다(가령 하시딤).

상류층 내부의 첨예한 권력 투쟁과 그에 따른 소위 마카베오스 전쟁이 야기한 변화는 결정적으로 중요한 작용을 했다. 기원전 2세기 시리아 셀류코스왕조 지배하에서 야손파와 메넬라우스파는 심각한 다툼을 벌였다. 이 갈등은 처음에는 유대 사회 상류층 내부의 자발적 갱신 운동에서 시작했다. 하지만 결국에는 전쟁으로 이어졌다. 전쟁의 외적 요인 중에는 친-프톨마이오스왕조파(오니아스3세)와 친-셀류코스왕조파 귀족층 사이의 정파 싸움도 있었지만, 그러나 더 중요한 원인은 유대교를 정치, 경제, 문화, 종교적으로 헬레니즘 세계에 통합시키려는 의도와 관련된 논쟁이 직접적 원인이었다고 볼 수 있다.

보수파 유대인들은 전쟁에서 승리하고 왕조를 수립했으나, 그렇게 해서 성립된 마카베오스 가문의 하스몬왕조는 유대 사회를 통합하

---

19 알베르츠는 이 시대의 하층 집단의 역할의 중요성을 특히 강조한다. 신약학자 가운데 같은 궤도에서 연구를 하고 있는 에케하르트 슈테게만 · 볼프강 슈테게만/손성현 · 김판임 옮김, 『초기 그리스도교의 사회사』, 223을 참조하라.

는 데 실패했다. 최고 권력자가 된 그들은 대제사장직을 차지하고, 예언자로 자칭하는 등의 권력의 비정상적 집중을 통해서 유대 사회의 다른 집단들의 저항과 분리주의적 운동의 발생을 초래했다. 즉 하스몬왕조의 출현은 왕정을 지지하는 집단과 신정통치를 지지하는 집단 사이의 심각한 갈등의 결과물이라고 볼 수 있다.

또한 이 시기는 원시 기독교가 율법을 상대화함으로써 궁극적으로는 새로운 종교로 태동할 수 있었던 결정적 배후가 된다고 볼 수 있다. 즉 이 시기는 율법 상대화의 중요한 단초를 제공했다. 상류층의 정치적 개혁 조치의 배후에는 보수적인 서기관들(하시딤)을 견제함으로써 종교와 제의에 관한 독점권을 확보하려는 의도가 있었을 것이다. 이들이 모세 율법의 권위에 근본적으로 문제제기를 하려는 의도를 가졌던 것은 아닐 것이다. 단지 헬레니즘 시대의 변화된 상황 속에서 유대교를 적응시키려고 하는 유연화 정책의 일환이었을 것이다. 그러므로 이들이 시도한 율법 상대화의 움직임은 기본적으로 유대 사회를 통합하려는 시도였다는 점을 인정해야 할 것이다. 이러한 사회 통합의 목적이 있었음에도 불구하고 야손의 개혁이 실패한 이유는 개인적, 혹은 집단적 권력욕에 집착한 나머지 유대 사회 전체를 통합하려는 진정성을 결여하고 있었기 때문이다. 페르시아 시대에 이미 드러나고 있는 율법에 대한 개방적 태도는 이후 헬레니즘 유대교 및 원시 기독교에서 뚜렷이 드러나는 율법에 대한 상대주의적 태도와 연결되어 있다고 할 수 있을 것이다.

## 3. 하스몬왕조 시대의 상황

하스몬왕조 시대 이후 유대 사회는 어떻게 재편되었는가? 이 논의를 위해서는 왕정과 신정통치 모델을 비교하는 것이 우선 필요하다. 헬레니즘 시대에 팔레스타인 지역에서 실제로 시행된 왕정통치 체제는 두 종류로 볼 수 있다. 첫째는 로마 황제의 지배인데, 로마제국을 통한 왕정체제는 팔레스타인 땅에서는 기원 6-66년 사이의 총독 통치로 구체화되었다. 다른 하나는 유대 자국민에 의한 왕정으로(하스몬왕조, 헤롯왕조), 이들 왕조는 기본적으로 헬라제국 내지는 로마제국의 통제 아래 있었지만, 유대 사회의 재편과정에서 큰 영향력을 발휘했다.

유대인들은 막강한 헬라인들의 지배를 통해 월등한 문화적, 경제적 힘에 직면하게 된다. 특히 셀류코스왕조의 안티오쿠스 4세 에피파네스의 급진적 헬레니즘화 정책은 유대 사회 내부의 적극적인 대응을 야기할 수밖에 없었다. 첫째, 유대 사회 귀족 상류층에서는 온건파 야손과 급진파 메넬라우스를 둘러싼 분열이 있었는데, 이 둘은 모두 헬레니즘 시대에 직면한 유대 사회 내부의 개혁운동을 대표했다.[20] 둘째, 이러한 상류층 귀족들의 헬레니즘적 개혁운동에 맞선 마카베오스 저항 운동이 발생했다. 양자는 모두 유대 사회의 변화를 추구했다. 전자가 헬레니즘의 물결에 유대 사회를 적응, 변화시키고자 했다면, 후자는 전면적으로 맞서고자 했다. 결국 양자는 상호충돌을 하게 되는데, 대중적 지지를 업은 마카베오스 가문의 혁명이 시작되었다. 마카

---

20 게르트 타이쎈 · 아네테 메르츠/손성현 옮김, 『역사적 예수』, 204 이하 참조.

베오스 가문은 전쟁에서 승리하여 시리아의 군대를 몰아내고 하스몬 왕조를 세웠다.

여기서 우리는 귀족들의 신정주의와 왕정주의적 통치 모델 사이의 긴장 관계를 감지할 수 있다. 마카베오스 가문이 대중의 지지를 기반으로 시리아 셀류코스왕조를 물리쳤다는 점에서는 이방 왕조를 물리치고 유대인의 자국 왕조를 수립한 것이다. 하지만 마카베오스 가문의 주요 공격 대상이 이방인이 아니라 오히려 유대인 죄인들과 율법을 어긴 자들이었다는 점에서는 신정주의를 표방한 귀족층과의 대결이었다고 볼 수 있다.[21] 물론 마카베오스 가문이 실제로 왕정체제를 연 것은 기원전 142년 시몬 왕 때부터지만(마카베오스상 13:41f.), 이미 혁명전쟁의 시작부터 영웅 유다 마카베오스가 왕적인 존재로 여겨지고 있었다는 점에서 하스몬왕조 수립 이전부터 신정주의가 아닌 왕정주의를 도입하려는 의도가 있었음을 알 수 있다(마카베오스상 3:6f.).

정치권력을 차지한 마카베오스 가문은 성전 지배력을 확립하고, 이후 요나단이 대제사장직을 통합하여 체제를 공고히 한다(기원전 152년). 이후 요한네스 히르카누스(기원전 134-104년 재위)는 영토 확장 정책을 주도하며 영도자, 대제사장, 예언자의 세 가지 직무를 차지함으로써 하스몬왕조체제를 강화했다. 따라서 하스몬왕조의 등극은 크게 보면 기본적으로 헬레니즘 시대의 유대 사회 내부의 통치 구조의 재편과정의 일부였다고 볼 수 있다.

그리스어 θεοκρατία(신정통치)라는 용어는 요세푸스가 중요하게

---

21 "그들은 군대를 조직하여 죄인들과 율법을 어긴 자들에 대해서 분노를 터뜨리고 그들을 쳐부수었다. 이 때 살아남은 적군들은 이방인들에게 도망쳐 가 피난처를 얻었다"(마카베오스상 2:44, 공동번역성서).

사용하는 개념이다. 그에 따르면, 모세가 세운 정치형태를 '신정통치'라고 명명할 수 있으며, 이는 모든 권위(ἀρχή)와 권력(κράτος)이 하나님께 속한 통치 형태를 뜻한다(『아피온반박문』 2:165). 요세푸스는 이 부분에서 신정통치 구조 외에도 왕정(μοναρχία), 과두정, 공화정을 언급하면서 이들과의 명확한 비교를 통해 신정주의가 가장 탁월하고 이상적인 형태라고 강조한다(『아피온반박문』 2:184-187).

또한 요세푸스는 귀족 통치(ἀριστοκρατία)를 신정주의와 동일시하는데, 즉 하나님을 지배자로 여기는 것이 가장 옳으며, 왕(βασιλεύς)을 세우는 것은 이차적 대안에 불과함을 역설한다(『유대고대사』 4:223).[22] 요세푸스에 따르면, 귀족 통치는 곧 대제사장 중심의 체제를 뜻한다. 집단으로서의 이스라엘 역사의 시작인 출애굽 집단의 정체성은 이집트의 '왕정 사회'로부터의 탈출에서 비롯되었고, 그들이 형성한 최초의 정착 사회 역시 12지파가 연합한 지파 동맹 체제였다. 포로기 이후 유대 사회가 지향하게 된 통치 구조도 왕정이 아닌 신정 사회였다고 볼 수 있다. 따라서 신정통치를 표방하는 귀족정치의 중요한 기반은 제의에 있었고, 또한 성전이 중시되었다. 요세푸스는 유대 땅이 헤롯 대왕의 아들 아르켈라오스 이후 로마 총독의 지배를 받게 되었지만, 실질적 지배력은 대제사장들이 중심이 된 귀족체제에게 이양되었다고 해석한다(『유대고대사』 20:251).

헬레니즘 시대, 특히 원시 기독교 시대의 팔레스타인 귀족체제를 대표하는 것은 구체적으로 산헤드린(공회)이었다. 유대 사회의 사법

---

22 가령 요세푸스에 따르면, 구약 시대에 왕을 옹립할 것을 요구하는 이스라엘 사람들 때문에 사무엘이 괴로워한 이유는 그가 귀족 통치를 선호했기 때문이었다고(『유대고대사』 6:37).

권과 통치권을 지닌 귀족회의인 산헤드린의 권한은[23] 원시 기독교 시대에 유대의 11개 지역에 제한되었지만[24] 유대인의 최고 권력기관이었다. 물론 로마 총독 통치 하에서 그 권한은 제한적이었다. 가령 사도행전 22장의 바울의 체포 장면에서처럼 로마가 유대인들의 사건에 쉽게 개입할 수 있었으며, 더욱이 사형과 같은 중형에 관련된 사안은 전적으로 로마 총독의 권한이었다.[25] 그럼에도 불구하고 산헤드린은 성전을 중심으로 한 귀족체제가 구체화된 형태였다고 볼 수 있다. 예수가 성전 권력에 도전했고, 그 결과 대제사장을 중심으로 한 성전 지배층에게 체포되어 가장 우선적으로 산헤드린에서의 심문을 시작으로 하여 죽음에 이르게 된 일은 유대 사회의 지배적 체제와의 갈등의 결과라고 볼 수 있을 것이다.

## 4. 헤롯왕조 시대의 상황

로마의 시대가 시작되면서 하스몬왕조의 통치는 끝나게 된다. 로마의 시대가 열리는 것과 함께 유대 사회에서는 통치 구조에 대한 새로운 논의가 시작된다. 요세푸스에 따르면, 유대인들은 다른 어떤 형태의 왕정체제를 시작하는 것보다도, 신정주의를 주장했다. 즉 로마

---

23 E. Schürer, *History of the Jewish People,* II, 199-226을 참조하라. 산헤드린은 71명으로 구성되었다(*mSanh* 1:6). 또한 P. V. M. Flesher, Art. "Great Assembly," *ABD* 2, 1089를 참조하라.

24 『유대전쟁사』 2:167; 3:54f.; 『유대고대사』 18:31 참조.

25 K. Müller, "Möglichkeit und Vollzug jüdischer Kapitalgerichtsbarkeit," 41-83을 참조하라.

가 새로운 지배자가 되자, 유대인 사절단은 "한 사람의 왕에 의해 이 나라가 통치되는 것은 하나님의 뜻이 아니며," "하나님의 제사장들에게 복종하는 것이 관습"(『유대고대사』 14:41f.)임을 주장하며 왕정체제를 거부한다는 점을 확고하게 밝혔다. 하지만 유대인들의 반대에도 불구하고 로마는 헤롯을 왕으로 임명함으로써, 유대 사회는 또 다시 왕정 시스템을 이어가게 된다. 헤롯대왕과 그 뒤를 이은 세 아들의 일인 지배 체제, 특히 유대 지역을 다스렸던 아르켈라오스의 통치는 왕정체제 하에서 신정주의 주장들이 끊임없이 제기됨으로써 양 체제가 대립하는 모습을 드러내었다.

헤롯대왕은 권좌에 오르기까지 많은 난관들에 부딪혔다. 하스몬 가문의 잔존 세력을 견제해야 했고, 로마 실력자들 내부에서는 권력 다툼이 이어지는 등의 복잡한 정황 가운데 헤롯에게 가장 위협적인 요인은 대제사장 히르카누스(2세)로 대표되는 귀족 지배 체제였다. 즉 대제사장 히르카누스의 배후에는 유대인 귀족 계층의 지지 기반이 있었던 것이다.

히르카누스의 귀족 통치와 헤롯의 왕정통치의 대립 구도는 다음과 같은 예에서 볼 수 있다. 요세푸스에 따르면, 가비니우스가 히르카누스에게 성전 관리권을 주며 귀족정치로 다스릴 것을 명하자, 유대 백성들은 왕정통치에서 '귀족 통치'로의 전환을 매우 환영했음이 강조되어 있으며, 구체적으로 5개 지역의 대표를 각각 선발했음을 알 수 있다(『유대전쟁사』 1:169f.). 이들은 다른 한편, 신흥 헤롯 가문을 자신들의 귀족 통치 체제에 위협이 되는 요인으로 이해했다. 요세푸스는 헤롯의 아버지 안티파테르가 이미 왕과 같은 존재(βασιλικός)요, 지배자(δεσπότης)로 인식되었음을 분명히 한다(『유대고대사』 14:162). 그리고 유대인 지도층(『유대고대사』 14:163)은 안티파테르와 그의 아들인 헤롯, 파사엘을 고발하면서 그들을 '지배자들'(δεσπόται)이라고 칭한다 (『유대고대사』 14:166). 헤롯 가문이 권력을 구축하는 매우 중요한 이 첫 장면에서 요세푸스는 이를 왕정체제와 귀족체제의 갈등으로 묘사한 다. 즉 이 헤롯 가문 사람들의 죄목은 '산헤드린' 구성원들의 판결 없이 사람을 죽인 일이며, 이는 명백한 '율법 위반'이라고 표현되기 때문이 다(『유대고대사』 14:167). 즉 유대인 귀족층의 관점에 따르면, 새로운 지배자로 부상하는 헤롯 가문은 산헤드린과 율법을 기반으로 하고 있 는 귀족체제 질서에 도전하는 세력인 것이다.

이어서 기록된 산헤드린 장면(『유대고대사』 14:168-176)에서26 양 체제의 긴장은 더욱 고조되는 것으로 묘사된다. 헤롯이 군사들을 대 동하여 고압적인 자세로 재판정에 출두하였을 당시, 공회원들 모두 위협을 느껴 말문조차 열지 못하고 있었다. 그런데 바리새파 사람 사 마이아스는 헤롯의 권력욕을 비판하며 연설을 시작했다. 그는 헤롯이 군인들과 함께 산헤드린에 나타난 것 자체가 귀족 통치의 핵심이라고 할 수 있는 산헤드린에 대한 위협이라고 강변한다. 사마이아스의 발 언은 앞으로 닥쳐올 운명에 대한 예언과도 같았다. 그의 연설에서 "하 나님은 위대하시다"는 선언적인 말은 앞으로 닥쳐올 헤롯의 일인 통 치에 대한 선제공격이라고 이해될 수 있을 것이다. 그는 헤롯이 군대 를 동원하여 귀족정치의 상징에 선 것은 훗날 자신들에게 닥쳐올 불 길한 징조라고 해석한다. 결국 사마이아스의 발언과 같이 헤롯은 권 력을 차지한 직후 히르카누스를 포함한 '모든' 산헤드린 구성원을 살

---

26 『유대전쟁사』 1:208-211 참조

해한다.27 그리고 헤롯은 자기의 방식대로 산헤드린을 재구성하면서 귀족정치의 대표격인 산헤드린을 무력화하고 자신의 왕정체제를 출범시킨다.

헤롯대왕의 뒤를 이어 유대의 지배자가 된 아르켈라오스 역시 그의 통치 처음부터 마지막까지 지속적으로 귀족들의 반대에 봉착한다. 헤롯대왕이 죽자 오십 명의 유대인 대표들이 로마로 파견되었다. 그들은 헤롯이 생전에 범했던 죄악상을 고발하면서 특히 왕이 된 직후 "귀족들을 잡아 죽이고 그들의 재산을 착취"했음을 비난했다(『유대고대사』17:307). 동시에 아르켈라오스가 왕위에 오르는 것에 반대한(『유대고대사』17:312-314) 이 사절단의 궁극적 목적은 "율법에 따라 살 수 있는 자유"를 얻고자 하는 것이었다(『유대고대사』17:300).28 구체적으로 그들은 유대 땅에서 왕권 통치를 종식시켜 달라고 간청했다(『유대고대사』17:304,314). 그 후 로마에서 유대로 돌아온 아르켈라오스는 제일 먼저 요아자르 대제사장을 해임하고 새로운 대제사장을 세운다(『유대고대사』17:339). 이렇게 집권 초기부터 유대 귀족체제와 갈등을 빚었던 아르켈라오스는 통치 10년 만에 물러나고 만다. 아르켈라오스 추방에 결정적 역할을 했던 자들도 역시 유대와 사마리아의 귀족들이었다(『유대고대사』17:342; cf.『유대전쟁사』2:111).

이와 같이 헬레니즘 시대의 유대인 사회 가운데 발생했던 다양한 갈등과 분쟁의 역사의 중심축에는 통치 구조에 관한 근본적으로 상이

---

27 헤롯은 정작 노골적으로 자신에게 반대했던 바리새파 사람 사마이아스만은 살려주었는데, 이는 헤롯의 정치적 계산에 의한 것이었다. 그 이유는 통치 초기 바리새파와의 공조 관계를 유지하기 위함이었을 것이다. 이러한 추측과는 상이한 요세푸스의 설명은 『유대고대사』14:176을 참조하라.

28 병행 본문인 『유대전쟁사』2:80-92을 참조하라.

한 시각들이 병립하고 있었다. 물론 로마제국 치하에서 새롭게 부상한 헤롯왕조는 유대-로마 전쟁으로 파국이 오기까지 그 권력을 유지했지만, 왕정통치 구조 자체에 대한 반대와 대안 운동은 계속해서 발생했다.

## 5. 팔레스타인에 대한 로마의 직접 통치 상황

로마인들은 유대인에게 대제사장 중심의 산헤드린 자치권을 인정하는 등 기본적으로 관용적 태도를 취했다고 볼 수 있지만, 그것은 근본적으로 로마 황제의 유일한 지배권을 인정하는 한에서 제한적으로 허용된 관용이었다. 그리고 최고 원수元帥인 황제를 정점으로 하는 황제정皇帝政이라는 기본적 틀 속에서 유대 사회는 로마와 대립할 수밖에 없었다. 그것은 로마가 유대 사회를 손아귀에 넣는 극적인 첫 장면부터 드러난다. 즉 기원전 63년, 예루살렘을 점령하러 온 폼페이우스에 대한 유대인들의 기억은 그와 그의 병사들이, 즉 로마의 권력이 성전의 가장 중심부인 지성소를 침입하여 유린한 일에 대한 것이었다(『유대고대사』 14:71f.). 이 사건은 하나님의 지배(신정주의)를 상징하는 핵심부에 대한 로마의 도전으로 인식되었다.[29]

로마 총독 빌라도 역시 이러한 관점에서 묘사된다. 그는 황제의 상이 그려진 깃발을 예루살렘에 반입하고, 성전 재산을 함부로 사용했으며, 유대인 및 사마리아인들의 움직임을 무자비하게 진압하는 등

---

29 이 때문에 그는 '율법모독자'로 여겨졌다. 『솔로몬의 시편』 17:11. 또한 이 책의 제9장을 보라.

폭정을 일삼은 자로 여겨진다. 즉 그의 대표적인 실정은 신정주의의 요소인 성전, 율법에 대한 잘못이라는 점이 부각되고, 그 결과 총독직에서 물러나게 되는 것으로 묘사된다(『유대고대사』 18:55-89).

또한 로마 황제 자신이 이러한 갈등의 전면에 등장하기도 한다. 칼리굴라 황제는 자신의 상을 예루살렘에 세우려고 시도했고, 이 때문에 유대 사회는 커다란 위협에 직면하게 된다(『유대고대사』 18:261-309). 요세푸스는 칼리굴라를 유대교의 유일신 신앙에 대한 적대적 정책을 노골적으로 시행하고, 동시에 자기 신격화를 시도한 대표적 인물로 평가한다. "그는 신으로 여겨지기를 원했으며, 자신을 그렇게 부르라고 지시했다. 가이우스는 최고 실력자들마저 제압했으며 마침내 그의 신성모독 정책은 유대 지역까지 미쳤다. … 그러나 하나님은 이 명령이 실현되도록 내버려 두지 않으셨다"(『유대전쟁사』 2:184f.)

팔레스타인 밖에서도 이러한 대립 상황은 적지 않게 일어났다. 클라우디우스 황제는 로마에서 유대인 기독교 신자들을 추방했고(『클라우디우스 황제 전기』 25:4; cf. 사도행전 18:2), 타키투스는 기독교도들이 로마의 질서를 어지럽힌다고 강하게 비난한다(『역사』 15:44). 종국적으로 66-70년에 유대-로마 전쟁이 발발하게 되었다. 이렇게 로마의 지배아래에서 유대인들과 기독교인들은 근본적인 대립의 상황에 처할 수밖에 없었다. 가령, 요세푸스는 유대-로마 전쟁의 파국이 우연한 사건에서 비롯된 일이었다고 해석하지만, 오히려 그것은 필연적인 파국이었다고 보는 것이 더 적절하다.

유대 사회에서 발생했던 신정주의 운동의 물결은 이러한 로마와의 갈등 상황 속에서 이해가 된다. 로마 총독의 직접적 지배가 시작되자마자 유대 지역은 혼란스러운 상황으로 접어들었고, 그 중심에는 갈릴리의 유다가 있었다.[30] 그의 가르침의 핵심은 "오직 하나님만이 주권자요 통치자"(μόνον ἡγεμόνα καὶ δεσπότην τὸν θεόν, 『유대고대사』 18:23)라는 것이었으며, 이에 따라 그는 납세 거부운동을 전개했다.

로마인에게 세금을 내는 것과 주권자이신 하나님 외에는 한낱 피조물에 지나지 않는 인간을 지배자로 용인하는 것은 겁쟁이와 같이 비겁한 짓이라고 비난했다. 이 사람은 자신의 학파를 세울 만큼 뛰어난 학자(σοφιστής)였으며 다른 학자들과는 전혀 다른 이론을 제시하였다(『유대전쟁사』 2:117f.; cf.『유대고대사』 18:3-10).

사회 질서를 어지럽히는 운동들에 대해서 거부감을 갖고 있었던 요세푸스는 갈릴리 유다의 경우에는 그를 '학자'로 평가하고, 그 추종자들을 바리새파, 사두개파, 에세네파에 버금가는 '제4철학파'로 언급한다(『유대고대사』 18:23-25). 이는 그의 추종자들의 활동이 계속되었음을 암시한다. 또한 갈릴리 유다의 신정주의 운동은 약 한 세대 후에 '하나님 나라'의 도래를 선포했던 예수운동에서도 감지된다. 유다의 신정주의 운동은 로마의 직접 지배에 대한 반작용이었다. 이와 같은 대응은 구조적 측면에서 볼 때 일인 지배 체제를 거부하고 신정통치를 주장한 움직임으로 이해될 수 있을 것이다.

혜롯 아그립바 1세의 통치(41-44년)는 유대인들에게 더 이상 로마

---

30 유다는 바리새인 사독이라는 자와 함께 반(反)로마 운동을 이끌었다(『유대고대사』 18:4). 이 갈릴리 출신 유다가 '히스기야의 아들 유다'(『유대전쟁사』 2:56;『유대고대사』 17:272)와 동일 인물인지의 여부에 관해서는 미지수다. 가령 M. Hengel, *Die Zeloten: Untersuchungen zur jüdischen Freiheitsbewegung in der Zeit von Herodes I. bis 70 n. Chr.* (Leiden: E. J. Brill, 1976), 337ff.는 동일인물일 가능성이 높다고 추정한다.

에 직접 납세하지 않아도 된다는 위안감을 잠시나마 제공했을 것이다. 헤롯 아그립바 1세가 갑작스럽게 사망하고(『유대고대사』 20:343-352; 행 12:20-23), 이후 총독 통치가 재개된 직후(제2총독 지배기의 시작) 사마리아에서 드다의 반란이 발생한 것은 결코 우연이 아닐 것이다(『유대고대사』 20:97-99). 총독 티베리우스 알렉산더 때에는 갈릴리 유다의 아들 시몬과 야고보가 십자가 처형을 당한다(『유대고대사』 20:102). 유다의 두 아들의 활동 역시 아그립바 1세가 사망한 44년 직후 제2차 총독 지배기, 즉 로마 총독이 다시금 파견되었던 된 정황과 관련이 깊을 것이다.

로마 총독의 직접 지배는 유대 사회의 신정주의적 기대를 한층 더 증폭시켰을 것이다. 원시 기독교 집단에게도 이러한 사회적 조건은 마찬가지였다. 그들은 현실을 지배하고 있는 왕정체제를 뛰어넘을 수 있는 근본적인 모델을 추구하고자 했다고 볼 수 있다.

## 6. 원시 기독교의 대안적 통치 구조

이와 같이 헬레니즘 시대의 통치 구조 사이의 갈등 가운데 원시 기독교는 통합적, 초월적 모델을 제시한 집단이라고 볼 수 있다. 그것은 이른바 '메시아 집단 모델,' 또는 '집단적 메시아주의'라고 부를 수 있다. 타이쎈에 따르면, 원시 기독교는 한편으로는 예수를 메시아로 고백하며 그를 카리스마적 지도자로 인식했으며, 동시에 그 개념을 제자들에게 확장함으로써 메시아를 집합 개념의 차원으로 발전시켰다.[31] 또한 타이쎈은 예수의 죽음 이후, 세상에 남아 선교의 사명을 이어간 제자 집단의 특징을 세 가지로 요약하는데, 첫째, 기존의 삶의 기반을 모두 버리고 스스로 낮아지는 자기 비하의 태도, 즉 자발적 낙인찍기의 태도를 견지하는 것, 둘째, 선교 활동에 있어서 예수의 기적 활동과 같은 카리스마적 행동을 공유하는 것, 셋째, 이 세상을 초월한 궁극적인 통치권을 소유할 것이라는 미래적인 약속을 공유하는 것이라고 볼 수 있다.[32]

우선 원시 기독교가 현실적 왕정주의에 반대 입장을 취했던 측면들을 간략히 살펴보기로 하자. 복음서에 따르면, 예수운동은 '하나님 나라'(βασιλεία τοῦ θεοῦ)로 요약된다. 하나님 나라 개념은 하나님 자신의 통치를 말하며, 구체적으로는 왕정에 대한 거부 사상을 함축한다.[33] 적어도 이러한 점에서 볼 때 예수의 가르침은 왕정주의를 반대하면서 '하나님만의 주권'을 주장한 갈릴리 유다와 상통한다. 하지만 갈릴리 유다의 가르침이 로마 통치에 직접 반대하고 납세를 거부하는 것이었던 반면, 예수는 로마 황제에게 세금을 바치는 행위를 거부하지 않으면서도 보다 근본적인 차원에서 문제를 제기했던 것으로 보인다(막 12:13-17 참조).[34]

예수는 그의 선교의 주요 무대였던 갈릴리의 지배자 안티파스에 대한 반대 입장을 뚜렷이 밝힌다. 예수는 안티파스와의 정치적 갈등

---

31 G. Theissen, "Gruppenmessianismus," 101-123 참조.

32 게르트 타이쎈·아네테 메르츠/손성현 옮김, 『역사적 예수』, 318-321.

33 마가복음의 용어들을 로마제국에 대한 비판의 측면에서 고찰한 김성희, "마가의 고난과 평화이야기," 「대학과 선교」 27(2014), 7-38을 참조하라.

34 예수가 급진적 신정주의에 입각한 양자택일의 문제를 우회적으로 제기한 일화는 있다. "한 종이 두 주인을 섬기지 못한다… 너희는 하나님과 맘몬을 함께 섬길 수 없다"(마 6:24; 눅 16:13).

으로 사형에 처해진 세례 요한의 비판적 태도를 이어갔다. 세례 요한이 안티파스의 여러 악행을 비판하다가 정치적으로 희생된 것처럼(막 6:14-29; 마 14:1-12; 눅 3:19-20; 『유대고대사』 18:116-119), 예수의 운명도 유사할 것이라는 암시가 나온다. 안티파스가 예수의 소문을 듣고 두려워하였다는 보도(막 6:14-29; 마 14:1-12; 눅 9:7-9)는 그가 예수의 활동을 위협적으로 받아들였다는 것을 암시한다. 사람들이 예수를 세례 요한이라고 착각한 것처럼(막 8:28) 안티파스도 예수와 요한을 혼동한다(막 6:16). 즉 적어도 정치적 지배자의 관점에서 예수와 세례 요한은 자신에게 반대하는 같은 유형의 대중적 운동가로 보였던 것이다.[35]

갈릴리의 지배자 안티파스와 예수의 갈등 관계는 누가의 기록에서 특별히 강조된다. 누가복음 13:31-33에 따르면, 예수는 그로부터 생명의 위협을 받았고, 예수는 그를 "여우"라고 비판하면서, 자신이 "귀신을 내쫓고 병을 고치는 일"을 행한다는 사실을 안티파스에게 전하라고 한다. 즉 이 표현을 통해서 예수는 하나님의 지배를 가리키는 신정주의적 입장에서 안티파스의 지배체제를 비판하고 있는 것이다.

이러한 갈등적 상황은 예수의 시험 단락에서 명료하게 나타난다(마 4:1-11; 눅 4:1-13). 예수를 시험하는 자는 세상의 모든 왕국들(βασιλείας)을 보여주며 절하라고 말한다. 누가는 더 나아가서, "내가 이 모든 권세(ἐξουσία)와 그 영광을 주겠다. 이것은 내게 넘어온 것이니 내가 주고 싶은 사람에게 줄 것이다"고 강조한다(눅 4:6). 여기서 로마 제국 통치에 대한 근본적인 반대가 암시되어 있음을 알 수 있다.[36] 즉

---

35 이 책의 제6장을 참조하라.
36 바울이 로마제국에 대한 충성을 권고한 것으로 '오해'를 받고 있는 로마서 13장을 공권력에 대한 맹목적인 복종 주제로 해석하는 입장을 주석적으로 비판한 이승문, "로마교

숭배할 것(προσκυνέω)을 요청하는 국가는 사탄과 다를 바 없다는 것이다. 이에 대한 예수의 답변은 "주 너의 하나님께 경배하고 '그분만을' 섬길 것"을 강조한다. 또한 예수의 죽음 이후 제자들의 선교활동 가운데 벌어지는 체포와 박해 장면에서도 이러한 개념이 등장한다. 산헤드린 앞에서 제자들은 "사람이 아니라 하나님에게 순종해야 함"을 역설함으로써 신정주의적 개념을 제시한다(행 4:19; 5:29).

또한 원시 기독교의 반-귀족 통치의 입장의 측면도 찾아볼 수 있다. 이는 당시의 귀족층에 대한 비판을 통해서, 대안적 신정주의를 제시하는 양상으로 나타났다. 예수의 죽음을 야기한 가장 직접적인 원인은 성전과 예루살렘에 대한 예수운동의 비판적 태도에 있었다고 볼 수 있다. 대제사장을 정점으로 한 산헤드린 귀족들의 권위는 성전에 근거하고 있었기 때문이다. 예수가 예루살렘 입성 직후 제일 먼저 성전을 정화한 상징적 행동은 성전 귀족층에 대한 적대적 행위였다(막 11:15-19; 마 21:12-17; 눅 19:45-48; cf. 요 2:13-22). 예수의 상징적 행동은 성전의 가장 본질적 기능인 제의 활동을 막으려는 의미였을 것이다. 성전을 가로질러 '그릇'(σκεῦος, 막 11:16)을 나르는 것을 금지했다는 표현은 제사용 도구의 운반을 막았다는 것으로 볼 수 있다.[37] 성전 기능의 중지는 곧 성전을 둘러싼 귀족계층의 권한에 대한 금지라고 보아야 한다.

예수가 반反-성전 입장을 취했다면, 그것은 곧 성전 지배층에 대한

---

회의 납세문제와 로마제국: 바울이 로마의 크리스천들에게 납세를 권면한 이유(롬 13:1-7)," 「대학과 선교」 27(2014), 39-74을 참조하라.

37 히 9:21은 이 단어가 제의용 기구임을 명시한다. 성전정화 단락에서 마가에만 언급된 이 단어는 제의용 그릇이라고 보는 것이 무난하다.

태도였을 것이다. 즉 성전 비판은 독재자 헤롯대왕에 의해 그리스 양식으로 지어진 건물에 대한 비판이었고, 또 성전 제의활동을 통해 부를 축적했던 자들에 대한 공격이었다. 그러므로 예수의 선포는 성전을 아예 없애는 것이 아니라, "다른 성전을 짓는 것"(막 14:58; cf. 마 26:61; 요 2:19),[38] 그들이 "강도의 소굴"로 만들어 버린 성전은 본래 "만민"이 기도하는 집이 되어야 할 것이기 때문이다(막 11:17; cf. 사 56:7; 렘 7:11). 즉 귀족층의 기반이었던 성전의 기능을 부정하고, 대신 새로운 체제의 형성에 대한 소망이었다. 수난이야기에서 산헤드린 귀족체제가 가장 뚜렷한 예수의 적대자로 묘사되는 것은 우연이 아닐 것이다(막 14:1-2; 마 26:1-5; 눅 22:1-2; cf. 요 11:45-53). 특히 요한복음에 따르면, 이들은 예수의 활동이 자신들(귀족층)의 점유권을 위협하는 것으로 강조된다. "이 사람을 그대로 두면, 모두 그를 믿을 것이요, 그렇게 되면 로마인들이 와서 '우리의'(ἡμῶν) 땅과 민족을 빼앗아 갈 것이다"(요 11:48). 예수의 제자 집단도 산헤드린 집단과 충돌하는 것으로 묘사된다(행 4:1-22; 5:17-42 등). 최초의 순교자였던 스데반의 죽음도 '거룩한 곳(성전)과 율법'에 대한 비판 때문이었음이 강조된다(행 6:8-15; 7:54-8:1).

즉 예수운동은 당시의 왕정주의에 대한 반대임과 동시에 당시의 귀족층을 대표로 하는 신정주의에 대한 비판이었던 것이다. 원시 기독교의 선교 활동의 근본적인 배후에는 이와 같이 당대의 이중적인 통치모델, 즉 현실 왕정주의와 신정주의에 대한 비판과 반대의 기본 입장이 깔려있다. 이렇게 해서 원시 기독교는 두 개의 모델을 통합하

---

38 마가, 마태와는 달리 요한 기자는 예수가 직접 한 말씀으로 기록한다. 누가복음서에는 예수의 성전예언(Tempelweissagung)이 빠져 있다.

고 초월할 수 있는 새로운 대안을 제시했다고 볼 수 있다.

원시 기독교는 예수를 왕적 인물, 즉 메시아적 인물로 이해함과 동시에 철저한 신정통치 체제에 대한 소망을 유지했다. '메시아의 통치'는 현실의 지배자들이 아닌 메시아적 인물에 의해 이스라엘이 다스려질 것이라는 기대를 내포한다. 원시 기독교는 이 소망을 역사적 예수에게 집중함과 동시에 예수의 메시아적 요소를 제자들에게 확장했다. 예수는 하나님 나라의 '권한'(ἐξουσία)을 제자들에게로 확장하고(막 3:15; 6:7; 마 10:1; 눅 9:1), 그들에게 동일한 권한(막 11:28; 마 21:23; 눅 20:2)을 부여한다. 제자들에게 이양된 기적 능력은 신정주의 사회가 도래했음을 증명함과 함께, 현실 귀족층의 지배를 대신할 집단적 권한의 소유를 의미한다.[39] "하나님 나라가 너희 안에 있다"고 선언한 예수의 말씀은 이러한 맥락에서 이해할 수 있다(눅 17:20).[40]

또한 제자들은 박해를 통해 예수의 수난에 동참함으로써 참다운 리더십을 갖춘 집단임이 증명된다(막 13:9-13; 마 10:16-20; 눅 21:12-17). 앞서 언급한 대로, 제자들 및 원시 기독교 집단은 자발적 자기 비하의 태도, 카리스마의 보장, 권한에 대한 미래적 소망 등을 기본 특징으로 공유했는데, 이들은 현실적으로 사회 주변부에 속한 자들이었다.[41] 즉 하나님 나라는 가난한 자들, 주린 자들, 슬피 우는 자들의 소유요(눅 6:20-21), 세리와 창녀들의 것(마 21:31-32)이라는 기본 개념과 연결되어 있는 것이다.[42] 또한 예수 추종자들은 심판권을 이양 받음으로

---

39 가령 마 20:21에 따르면, 세베대의 아들들은 '왕국의 통치권'을 요청한다(cf. 막 10:37).

40 '너희'는 '바리새인들'을 가리키지만, 이 바리새인들은 하나님 나라의 도래에 관심을 표방하는 자들이므로, 넓은 의미에서 제자 집단으로 보는 것이 적절하다.

41 에케하르트 슈테게만·볼프강 슈테게만/손성현·김판임 옮김, 『초기 그리스도교의 사회사』, 214는 이들을 사회적 '일탈자들'로 명명한다.

써 산헤드린의 역할을 대신한다. 즉 예수 추종자들이 이스라엘 열두 지파에 대한 심판권을 지닌 통치자의 역할을 한다. "새 세상에서 인자가 자기의 영광스러운 보좌에 앉고 만물이 새롭게 될 때에, 나를 따라온 너희도 열두 보좌에 앉아서, 이스라엘 열두 지파를 심판할 것이다" (마 19:28). 누가는 이 단락에서 통치권(왕권)을 더욱 강조한다. "내 아버지께서 내게 통치권(βασιλεία)을 주신 것과 같이, 나도 너희에게 [통치권을] 준다. 그리하여 너희로 하여금 내 왕국(βασιλεία) 안에 있으면서 내 식탁에서 먹고 마시게 하고, 보좌에 앉아서 이스라엘 열두 지파를 심판하게 하겠다"(눅 22:29-30).

요약적으로, 원시 기독교의 메시아 사상과 신정통치 사상은 당시의 왕정 및 귀족 통치 체제의 연장선상에서 이해될 수 있다. 그것은 당시의 두 통치모델의 진정한 실현자가 바로 원시 기독교 집단이었다는 집단적 정체성에 대한 신념이었으며, 또한 원시 기독교가 지향해야 할 근본적인 모델을 제시한 것이었다고 볼 수 있다.


## 7. 결론

이 글은 헬레니즘 시대의 유대 사회의 재편 과정의 특징을 포로기 이후 페르시아 시대에서 출발하여 원시 기독교 시대에 이르기까지의 틀 안에서 다루었다. 사회사적으로 볼 때, 포로기 이후 유대 사회는 분열과 통합의 긴장 관계를 이어갔다. 이러한 과정 속에서 유대인들

---

42 이러한 관점에서 연구한 김판임, "예수와 가난한 사람들: 예수의 선포에 나타난 하나님 나라 백성의 특권과 의무에 관한 소고," 「대학과 선교」 17(2009), 9-37을 참조하라.

이 지향한 근본적인 통합의 방향은 이상적인 신정주의 사회를 재건하는 것이었고, 따라서 제2성전 시대에는 성전 제의와 그것을 주관하는 제사장 집단들의 리더십 그리고 향후 산헤드린의 구성과 운영을 통해서 유대 사회가 재편되어 갔다. 기원전 2세기 중엽, 하스몬왕조의 성립과 기원전 1세기 이후 헤롯왕조의 성립은 유대 사회 일부 특권층의 왕정주의의 부활 시도에 불과했다. 두 개의 왕조에 대한 경험을 통해서 유대 사회는 한편으로는 대안적 왕정체제를 요구하는 운동들이, 다른 한편으로는 제사장 귀족층을 중심으로 한 신정주의 주장들이 상호 대립했던 것으로 보인다. 이는 원시 기독교에서 예수를 카리스마적 메시아로 고백하면서도, 동시에 제자들을 비롯한 다양한 원시 기독교 공동체들의 집단적 자의식, 즉 자신들이 귀족 집단을 대신한다는 집단적 메시아주의 모델을 제시하는 모습으로 승화, 발전되었다. 이로써 원시 기독교는 자신들의 신앙을 유지하고 선교 활동을 펼쳐나감에 있어서 포로기 이후 두 개의 기본적 통치 모델을 통합함과 동시에 그것들을 초월하는 새로운 사회 모델을 제시했다고 볼 수 있다.

# 제 1 1 장

# 나가는 말

　종교는 역사적 산물이자 사회적 산물이다. 따라서 한 종교에 관련된 연구에서 그 종교의 기원과 발전 과정을 사회사적으로 재구성하는 작업은 매우 중요한 과제다. 한 종교가 구축하는 하나의 (혹은 다양한) 사상 체계 역시 그 사회사적 발자취와 무관하게 이해될 수 없다. 기독교 역사에 대한 연구도 예외가 아니다. 예수운동은 팔레스타인에서 유대교를 바탕으로 출발했고, 그리스-로마 세계와의 관계 속에서 그 사상 체계를 갖추어갔다. 원시 기독교 사상은 특정한 사회적, 역사적 정황 관계 속에서 그 운동에 몸담았던 자들의 체험과 신념의 구조물이다. 그것은 시대를 초월한 진리를 드러내고 있지만, 그 진리는 특정한 시대사와 밀접한 관련 속에서 보다 정밀하게 파악될 수 있다.

　오늘날의 기독교 신앙인은 자신의 신앙과 종교를 다시금 변증해야 하는 시대에 살고 있다. 기독교는 내부적으로도 외부적으로도 회의주의와 신랄한 비판의 목소리에 직면해 있다. 이와 함께 오늘날의 신앙인은 정보화의 시대 속에 살고 있다. 문제는 정보의 홍수 가운데, '정보화된 지식'의 옷을 입고 기독교에 대한 회의주의와 비판의 움직임이 나날이 거세지고 있다는 점이다. 현실 기독교의 기능과 역할이 세속 사회의 기대와 윤리의 기준을 넘어서지 못한다는 이유 때문에 비판을 받는다는 측면에서는 비판을 겸허히 수용할 수 있겠지만, 기독교의 교리뿐만이 아니라 성서 그리고 심지어 예수 그리스도의 정체와 본질에 대한 지속적이고 근본적인 비판이 제기되는 점에 관해서는 보다 심각한 고민을 해야만 할 것이다. 이 책에서 다룬 주제는 이러한 문제의식과 연결이 되어 있다. 교회의 시작과 존재 이유, 예수의 가르침, 성서 본문의 의미 등 기독교의 가장 중요한 본질적 구성 요소들을 역사적, 사회사적으로 설명을 해야 한다는 것이다. 기독교 내부의 언어와 문법으로만은 이러한 시대적인 과제를 해결하기 어렵다. 이 시대가 필요로 하는 것은 기독교 내부인도 그리고 기독교 외부인 지성도 함께 이해하고 납득할 수 있는 언어와 문법으로 교회의 시작과 존재 이유, 예수의 가르침, 성서 본문의 의미 등을 설득력 있게 설명하고 변증하는 일이다.

그러므로 이 책은 내부인의 신앙 고백적 관점과 기독교 외부인의 납득할 만한 논리적, 역사적 설명을 교차하며 논지를 전개하려고 했다. 이 책을 통해서 교회 안의 사람도 그리고 교회 밖의 사람도, 모두 이성적으로 이해 가능한 틀을 갖추게 되는 데 도움을 받기를 원한다. 또한 이러한 문제의식은 신약성서의 문서들을 기록한 초기 기독교 공동체들과 유대교를 그리스-로마 세계에 변증하고자 했던 요세푸스가 이미 약 2천 년 전에 지녔던 문제의식과 본질상 다르지 않다. 그들은 일찍이 경험하지 못했던 그리스-로마제국 시대의 엄청난 변화의 물결 속에서 당대의 독자들을 향해서 신앙을 설득력 있게 변증하려고 노력한 자들이었기 때문이다.

# 논문 출처

제2장 요세푸스 이해를 위한 배경
  플라비우스 요세푸스/박정수·박찬웅 옮김,『유대전쟁사』, I, 한국학
  술진흥재단 학술명저번역총서(서울: 나남출판, 2008), 633 이하에
  실린 '옮긴이 해제'를 요약, 수정

제3장 요세푸스의 예수: 본문의 진정성에 대한 고찰
  「현대와 신학」 24(1999), 96-114에 발표된 논문, "요세푸스의 예수
  보도의 진위(眞僞) 문제"를 수정, 보완

제4장 요세푸스의 예수와 누가-행전 1: 예수의 기적에 대한 고찰
  「현대와 신학」 26(2001), 238-253에 발표된 논문, "예수의 기적 수
  행: 누가-행전과 요세푸스의 요약 전승 비교"를 수정

제5장 요세푸스의 예수와 누가-행전 2: 제자와 교회에 대한 고찰
  「신학사상」 114(2001), 129-152에 발표된 논문, "예수 추종자 보
  도에 반영된 요세푸스와 누가의 교회 이해"의 내용을 수정

제6장 요세푸스의 세례 요한
  「신약논단」 17(2010), 789-827에 발표된 논문, "요세푸스의 세례
  요한 해석"의 내용을 수정

제7장 헬레니즘 시대의 유대교와 기독교 — 연속적인가 불연속적인가
  「신약논단」 15(2008), 861-894에 발표된 논문, "헬레니즘 시대의
  유대교와 원시 기독교: 연속성과 불연속성에 관한 연구"의 내용을 수정

제8장 헬레니즘 문화와 유대교 전통 1: 칼리굴라 위기에 대한 고찰
*Canon & Culture* 4(2009), 27-52에 발표된 논문, "헬레니즘 문화와
유대교 전통의 충돌: 요세푸스의 칼리굴라 위기 보도를 중심으로"의
내용을 수정

제9장 헬레니즘 문화와 유대교 전통 2: 칼리굴라와 페트로니우스와
예수
「신학논단」 69(2012), 35-63에 발표된 논문, "요세푸스 해석을 통
한 초기 유대교 연구: 예수, 칼리굴라, 페트로니우스"의 내용을 수정

제10장 헬레니즘 시대 유대 사회의 재편 과정
「대학과 선교」 29(2015), 137-168에 발표된 논문, "헬레니즘 시대
유대 사회의 재편 과정: 통치구조 관계를 중심으로"의 내용을 수정

# 참 고 문 헌

김성희. "마가의 고난과 평화이야기."「대학과 선교」 27(2014): 7-38.

김창선. 『쿰란문서와 유대교: 중요 유대 문헌을 중심으로 한 유대학 입문』. 서울: 한국성서
학연구소, 2002.

김판임. "예수와 가난한 사람들: 예수의 선포에 나타난 하나님나라 백성의 특권과 의무에
관한 소고."「대학과 선교」 17(2009): 9-37.

_____.『쿰란공동체와 초기 그리스도교』. 서울: 비블리카 아카데미아, 2008.

박찬웅. (Park, Chan-Woong). *Johannes der Täufer und Jesus von Nazareth: Eine so-
zio-redaktionelle Untersuchung zu ihrem Bild bei Josephus und Lukas*,
Dissertation. Ruprecht-Karls-Universität Heidelberg 1997.

_____. "예수 추종자 보도에 반영된 요세푸스와 누가의 교회 이해."「신학사상」
114(2001): 129-152.

_____. "예수의 기적 수행: 누가행전과 요세푸스의 요약 전승 비교."「현대와 신학」 26
(2001): 238-253.

_____. "요세푸스 해석을 통한 초기 유대교 연구: 예수, 칼리굴라, 페트로니우스."「신학
논단」 69(2012): 35-63.

_____. "요세푸스의 세례요한 해석."「신약논단」 17(2010): 789-827

_____. "요세푸스의 예수 보도의 진위(眞僞) 문제."「현대와 신학」 24 (1999): 96-114.

_____. "원시 그리스도교 사상 형성과 유대/로마 세계의 상호관계성에 대한 사회사적
연구."「신약논단」 8(2001): 187-223.

_____. "헬레니즘 문화와 유대교 전통의 충돌: 요세푸스의 칼리굴라 위기 보도를 중심으
로."『Canon & Culture』 4(2009): 27-52.

_____. "헬레니즘 시대의 유대교와 원시 기독교: 연속성과 불연속성에 관한 논의."「신약
논단」 15(2008): 861-894.

유상현. 『사도행전 연구』. 서울: 대한기독교서회, 1996.

이냐시오스. 『일곱 편지』. 박미경 역주. 교부문헌총서 13. 서울: 분도출판사, 2000.

이승문. "로마교회의 납세문제와 로마제국: 바울이 로마의 크리스천들에게 납세를 권면
한 이유(롬 13:1-7)."「대학과 선교」 7(2014): 39-74.

Aland, B. Art. "Marcion." *TRE* 22 (1992): 89-101.

Albertz, R./강성열 옮김. 『이스라엘 종교사』. II. 고양: 크리스찬 다이제스트, 2004; *Religionsgeschichte Israels in alttestamentlicher Zeit* 2. ATD 8/2. Göttingen: Vandenhoeck & Ruprecht, 1997.

Backhaus, K. *Die "Jüngerkreise" des Täufers des Johannes: Eine Studie zu den religionsgeschichtlichen Ursprüngen des Christentums*. Paderborner Theologische Studie 19. Paderborn: Schöning, 1991.

Baldensperger, W. *Der Prolog des vierten Evangeliums. Sein polemisch-apologetischer Zweck*. Freiburg 1898.

Bammel, E. "Zum Testimonium Flavianum." In: O. Betz etc.(eds.), *Josephus Studien. Untersuchungen zu Josephus, dem antiken Judentum und dem Neuen Testament. Festschrift für O. Michel*. Göttingen 1974: 9-22.

Barnett, P. W. "The Jewish Sign Prophets - A. D. 40-70: Their Intentions and Origin." *NTS* 27 (1981): 679-697.

Barrett, A. A. *Caligula: The Corruption of Power*. New Haven: Yale University Press, 1990.

Bauer, W. "ἐπάγω," *Wörterbuch zum Neuen Testament*. Berlin ⁶1988.

_____. *Orthodoxy and Heresy*. Philadelphia 1971; *Rechtgläubigkeit und Ketzerei im ältesten Christeuntum*. Tübingen 1934.

Berger, K. *Die Gesetzauslegung Jesu: Ihr historischer Hintergrund im Judentum und im Alten Testament. Teil 1: Markus und Parallelen*. I. WMANT 40. Neukirchen: Neukirchener Verlag, 1972.

_____. *Formgeschichte des Neuen Testaments*. Heidelberg 1984.

_____. *Theologiegeschichte des Urchristentums: Theologie des Neuen Testaments*. UTB für Wissenschaft: Große Reihe. Tübingen: Mohr Siebeck, 1994.

Bienert, W. *Der älteste nichtchristliche Jesusbericht. Josephus über Jesus. Unter besonderer Berücksichtigung des altrussichen "Josephus."* Halle-Wittenberg 1936.

Bilde, P. *Flavius Josephus between Jerusalem and Rome*. JSPE.S 2. Sheffield: Academic Press, 1988.

_____. *Josefus som historieskriver*. Kopenhagen 1983.

Birdsall, N. J. "The Continuing Enigma of Josephus' Testimony about Jesus." *BJRL* 67 (1984): 609-622.

Blenkinsopp, J. *A. History of Prophecy in Israel: From the Settlement in Land to the*

*Hellenistic Period*. London: SPCK, 1984.

Blinzer, J. *Der Prozeß Jesu*. Regensburg ⁴1969.

Borgen, P. "Philo of Alexandria." In: M. E. Stone (ed.), *Jewish Writings of the Second Temple Period. Apocrypha, Pseudepigrapha, Qumran Sectarian Writings, Philo, Josephus*. Philadelphia: Fortress Press, 1984: 233-282

Bovon, F. *Das Evangelium nach Lukas*. EKK III/1. Düsseldorf 1989.

Brändle, R./E. W. Stegemann. "Die Entstehung der ersten 'christlichen Gemeinde' Roms im Kontext der jüdischen Gemeinden." *NTS* 42 (1996): 1-11.

Brandon, S. G. F. *Jesus and the Zealots*. Manchester 1967.

Bruce, F. F. *Jesus and Christian Origins outside the New Testament*. London 1974.

Bultmann, R. *Das Evangelium des Johannes*, KEK 2, Göttingen ²¹1986.

Burkitt, F. C. "Josephus und Christ." *ThT* 47 (1913): 135-144.

Crossan, J. D. *The Historical Jesus: The Life of a Mediterranean Jewish Peasant*. San Francisco 1991.

Crüsemann, F. "Israel in der Perserzeit. Eine Skizze in Auseinandersetzung mit Max Weber." In: W. Schluchter (ed.), *Max Webers Sicht des antiken Christentums: Interpretation und Kritik*. Frankfurt am Main: Suhrkamp, 1985: 205-232.

Dibelius, M. *Die urchristliche Überlieferung von Johannes dem Täufer*. FRLANT 15. Göttingen: Vandenhoeck & Ruprecht, 1911.

Dihle, A. Art. "Ethik." *RAC* 6 (1966): 646-796.

Donfried, K. P. "In the First Century: The Nature and Scope of the Question." In: K. P. Donfried/P. Richardson (eds.), *Judaism and Christianity in First-Century Rome*. Michigan 1998: 2-16.

Donner, H. *Geschichte des Volkes Israel und seiner Nachbarn in Grundzügen: Von der Anfängen bis zur Staatenbildungszeit*. Göttingen: Vandenhoeck & Ruprecht, 1995.

Dornseiff, F. "Lukas und Christ." *ZNW* 35 (1936): 129-155.

_____. "Zum Testimonium Flavianum." *ZNW* 46 (1955): 245-250.

Downing, F. G. *Christ and the Cynics: Jesus and Other Radical Preachers in First Century Tradition*. Sheffield 1988.

Dunn, J. D. G. "The New Perspective on Paul," *BJRL* 65 (1983): 95-122.

Egger, W. *Frohbotschaft und Lehre. Die Sammelberichte des Wirkens Jesu im Markusevangelium*. FTS 19. Frankfurt am Main 1976.

Eisler, R. *ΙΗΣΟΥΣ ΒΑΣΙΛΕΥΣ ΟΥ ΒΑΣΙΛΕΥΣΑΣ. Die messianische Unabhängigkeitsbewegung vom Auftreten Johannes des Täufers bis zum Untergang Jokobs des Gerechten: Nach der neuerschlossenen Eroberung von Jerusalem des Flavius Josephus und den christlichen Quellen*, 2 vols. RWB 9. Heidelberg 1929, 1930.

Ernst, J. *Johannes der Täufer. Interpretation −Geschichte −Wirkungsgeschichte*. BZNW 53. Berlin: Walter de Gruyter, 1989.

Feldman, L. H. "Prophets and Prophecy in Josephus." In: D. J. Lull (ed.), *Society of Biblical Literature Seminar Papers* 27. Atlanta 1988: 210-239.

_____. *Josephus and Modern Scholarship (1930-1980)*. Berlin: W. de Gruyter, 1984.

Fitzmyer, J. A. *The Gospel according to Luke*. I-IX. New York: Yale University Press, 1981.

Flesher, P. V. M. Art. "Great Assembly." *ABD* 2: 1089.

Gillman, F. M. Art. "James, Brother of Jesus." *ABD* 3: 621.

Gnilka, J. "Das Matyrium Johannes des Täufers (Mk 6,17-29)." In: P. Hoffmann (ed.), *Orientierung an Jesus: Zur Theologie des Synoptiker für Josef Schmid*. Freiburg 1973: 78-93.

Goldberg, G. J. "The Coincidences of the Emmaus Narrative of Luke and the Testimonium of Josephus." *JSPE* 13 (1995): 59-77.

Goldschmidt, L. (ed.) *Der babylonische Talmud*. Berlin 1929-1936.

Grabbe, E. L. "The Jewish Theocracy from Cyrus to Titus. A Programmatic Essay." *JSOT* 37 (1987): 117-124.

_____. *A History of the Jews and Judaism in the Second Temple Period: The Coming of the Greeks: The Early Hellenistic Period (335-175 BCE)*. Vol. 2. The Library of Second Temple Studies 68. Bloomsbury: T. & T. Clark International, 2008.

Harnack, A. von. "Der jüdische Geschichtsschreiber Josephus und Jesus Christus." *IMW* 7 (1913): 1037-1068.

Hengel, M. "Zeloten und Sikarier. Zur Frage nach der Einheit und Vielfalt der jüdischen Befreiungsbewegung 6-74 nach Christus." In: O. Betz etc. (eds.), *Josephus Studien. Untersuchungen zu Josephus, dem antiken Judentum und dem Neuen Testament. Festschrift für O. Michel*. Göttingen, 1974.

_____. *Die Zeloten: Untersuchungen zur jüdischen Freiheitsbewegung in der Zeit von Herodes I. bis 70 n. Chr*. Leiden: E. J. Brill, 1976.

_____. *Judentum und Hellenismus. Studien zu ihrer Begegnung unter besonderer Berücksichtigung Palästinas bis zur Mitte des 2. Jh.s v. Chr.* WUNT 10. Tübingen ¹1969, 1988.

_____/Dines, R. "E. P. Sanders' 'Common Judaism,' Jesus, and the Pharisses." *JTS* 46 (1995): 1-70

Hoehner, H. W. *Herod Antipas: A Contemporary of Jesus Christ.* BSNTS 17. Grand Rapids: Zondervan, ¹1969, 1988.

Hollenbach, P. W. "Social Aspects of John the Baptizer's Preaching Mission in the Context of Palestinian Judaism." *ANRW* 2.19.1 (1979): 850-875.

Holtzmann, H. J. "Lucas und Josephus." *ZWT* 16 (1873): 85-93.

_____. "Noch einmal Lucas und Josephus." *ZWT* 20 (1877): 535-549.

Horsley, R. A. *Jesus and the Spiral of Violence.* San Francisco 1987.

_____/Hanson, J. S. *Bandits, Prophets, and Messias: Popular Movements in the Time of Jesus.* San Francisco: Harper and Row, 1985.

Horst, P. W. van der. *The Sentences of Pseudo-Phocylides: With Introduction and Commentary.* SVTP 4. Leiden: Brill Academic Publisher, 1978.

Jeremias, J. "Der Ursprung der Johannestaufe." *ZNW* 28 (1929): 312-320.

Josephus, F./박정수·박찬웅 옮김.『유대전쟁사』. 전2권. 한국학술진흥재단 학술명저번역 총서 226/227. 나남, 2008.

Karrer, M. "Der Zweite Thessalonicherbrief und Gottes Widersacher." *Horizons in Biblical Theology* 29 (2007): 101-130.

Keim, T. *Aus dem Urchristentum* I. Zürich, 1978.

Kittel, G. Art. "παράοξοσς." *ThWNT* 2, 258.

Klausner, J. *Jesus von Nazareth.* Jerusalem 1952.

Koet, J. B. *Five Studies on Interpretation of Scripture in Luke-Acts.* SNTA 14. Leuven 1989.

Kraeling, C. H. *John the Baptist.* New York: Scribner, 1951.

Krenkel, M. "Ein Nachtrag zu dem Aufsätze: Josephus und Lucas." *ZWT* 16 (1873): 441-444.

Lampe, P. *Die stadtrömischen Christen in den ersten beiden Jahrhunderten.* WUNT 2. Reihe 18. Tübingen 1984.

Laqueur, R. *Der jüdische Historiker Flavius Josephus. Ein biographischer Versuch auf neuer quellenkritischer Grundlage.* Giessen 1920.

Levine, L. I. *The Ancient Synagogue: The First Thousand Years*. New Haven/London: Yale
University Press, 1999.

Lichtenberger, H. "Täufergemeinden und frühchristliche Täuferpolemik im letzten Drittel des
1. Jahrhunderts." *ZThK* 84 (1987), 36-57.

Lüdemann, G. *Ketzerei. Die andere Seite des frühen Christentums*. Stuttgart, 1995.

Lupieri, E. F. "John the Baptist in New Testament Traditions and History." *ANRW* 2.26.1 (1992):
430-461.

Luz, U. *Das Evangelium nach Matthäus (Mt 8-17)*, EKK 1/2, Benziger Verlag/Neukirchener
Verlag, 1990.

Maier, J. *Jesus von Nazareth in der talmudischen Überlieferung*. EdF 82. Darmstadt,
1978, 1992.

Mason, S. "Fire, Water and Spirit: John the Baptist and the Tyranny of the Canon." *SR* 21 (1992):
163-180.

_____. *Flavius Josephus on the Pharisees. A Comparison-Critical Study*. Leiden,
1991.

McCown, C. C. "The Scene of John's Ministry and Its Relation to the Purpose and Outcome
of His Mission." *JBL* 59 (1949): 113-131.

Meier, J. P. "Jesus in Josephus: A Modest Proposal." *CBQ* 52 (1990): 76-103.

_____. "John the Baptist in Josephus: Philology and Exegesis." *JBL* 111 (1992): 225-237.

_____. *A Marginal Jew. Rethinking the Historical Jesus*. 2 Vols. Anchor Bible Reference
Library. New York: Yale University Press, 1991, 1995.

Mensching, G. *Die Religion. Erscheinungen, Strukturtypen und Lebensgesetze*.
Stuttgart, 1959.

_____. *Volksreligion und Weltreligion*. Leipzig, 1939.

Müller, K. "Möglichkeit und Vollzug jüdischer Kapitalgerichtsbarkeit im Prozeß gegen Jesus von
Nazareth." K. Kertelge (ed.). *Der Prozeß gegen Jesus. Historische Rückfrage und
theologische Deutung*. QD 112. Freiburg: Herder, 1988: 41-83.

Niese, B. (ed.) *Flavii Josephi opera edidit et apparatu critico instruxit Benedictus Niese*.
Vol. 1. Berlin 1885-1895.

Norden, E. "Josephus und Tacitus über Jesus Christus und eine messianische Prophetie." *NJKA*
16 (1913): 637-666.

Onuki, T. *Sammelbericht als Kommunikation. Studien zur Erzählkunst der Evangelien*.

WMANT 73. Neukirchen-Vluyn 1997.

Pines, S. *An Arabic Version of the Testimonium Flavianum and its Implications.* Jerusalem, 1971.

Plöger, O. *Theokratie und Eschatologie.* WMANT 2. Neukirchen-Vluyn: Neukirchener Verlag, 1968.

Rappaport, U. Art. "Maccabean Revolt." *ABD* 4 (1992): 433-439.

Reumann, J. "The Quest for the Historical Baptist." In: John Reumann (ed.). *Understanding the Sacred Text.* Morton S. Enslin Festschrift. PA: Judson Press, 1972: 183-200.

Sanders, E. P. *Judaism: Practice and Belief 63 BCE - 66 CE.* London, 1992.

_____. *Paul and Palestine Judaism. A Comparison of Patterns of Religion.* London: SCM, 1977.

Sanders, E. P. *The Historical Figure of Jesus.* London 1993.

Sarobinski-Safran, E. Art. "Monotheismus (III)," *TRE* 23 (1994): 249-251.

Schäfer, P. "Der vorrabbinische Pharisäismus." In: M. Hengel/U. Heckel (eds.), *Paulus und das antike Judentum.* Tübingen, 1991: 125-175.

Schalit, A. *Namenwörterbuch zu Flavius Josephus*, Supplement I zu K. H. Rengstorf (ed.), *A Complete Concordance to Flavius Josephus.* Leiden 1968.

Schreckenberg, H. "Flavius Josephus und die lukanischen Schriften." In: W. Haubeck/M. Bachmann (eds.). *Wort in der Zeit: Neutestamentliche Studien.* Festgabe für K. H. Rengstorf. Leiden: Brill, 1980: 179-209.

Schulthess, F. "Der Brief des Mara bar Sarapion. Ein Beitrag zur Geschichte der syrischen Literatur." *ZDMG* 51 (1897): 365-391.

Schürer, E. "Lucas und Josephus." *ZWT* 19 (1876): 574-582.

_____. *The History of the Jewish People in the Age of Jesus Christ (175 B.C. - A.D. 135).* 5 Vols. Neue Ausgabe von A. G. Vermes/F. Millar. Edinburg: T. & T. Clark, 1973-1987.

Schürmann, H. *Das Lukasevangelium.* I. HThK. Freiburg 1990.

Schütz, R. *Johannes der Täufer.* Zürich: Zwingli Verlag, 1967.

Schwartz, S. *Josephus and Judaean Politics.* CSCT 18. Leiden: E. J. Leiden, 1990.

Scobie, C. H. H. *John the Baptist.* London: SCM Press, 1964.

Smallwood, E. M. (ed.). *Philonis Alexandrini: Legatio ad Gaium.* Leiden, 1961.

_____. *The Jews under Roman Rule. From Pompey to Diocletian. A Study in political relations.* SJLA 20. Leiden: E. J. Brill, 1981.

Smith, M. *Jesus the Magician.* San Francisco 1978.

Steck, O. H. "Strömungen theologischer Tradition im Alten Israel." O. H. Steck,
*Wahrnehmungen Gottes im Alten Testament Gesammelte Studien,* ThB 70.
München: Kaiser, 1982: 241-261.

Stegemann, E. W./Stegemann, W./손성현 · 김판임 옮김. 『초기 그리스도교의 사회사: 고대
지중해 세계의 유대교와 그리스도교』. 손성현 · 김판임 옮김. 서울: 동연, 2009;
*Urchristliche Sozialgeschichte.* Stuttgart: W. Kohlhammer, 1995.

Stendahl, K. *Paul among Jews and Gentiles, and other Essays.* Philadelphia: Fortress, 1976.

Strecker, C. "Paulus aus einer 'neuen Perspektive': Der Paradigmenwechsel in der jüngeren
Paulusforschung." *Kirche und Israel* 11 (1996): 3-18.

Talmon, S. "Jüdische Sektenbildung in der Frühzeit der Periode des zweiten Tempels: ein Nachtrag
zu Max Webers Studie über das antike Judentum." W. Schluchter (ed.). *Max Webers
Sicht des antiken Christentums.* Frankfurt am Main: Suhrkamp, 1985: 233-280.

Taylor, N. H. "Caligula, the Church of Antioch and the Gentile Mission." *Religion & Theology*
7 (2000): 1-23.

_____. "Palestinian Christianity and the Caligula Crisis. Part 1. Social and Historical
Reconstruction." *JSNT* 61 (1996): 101-124.

Tcherikover, V. *Hellenistic Civilization and the Jew.* Philadelphia/Jerusalem, The Jewish
Publication Society of America: The Hebrew University, 1959.

Thackeray, H. St. J./Feldman, L. H. *Josephus.* 10 Vols. Loeb Classical Library. Cambridge:
Harvard University Press, 1926-1965.

Theissen, G. "Gruppenmessianismus." *Jahrbuch für biblische Theologie* 7 (1992): 101-123.

_____. "Jesusbewegung als charismatische Wertrevolution." *NTS* 35 (1989): 343-360.

_____. *Lokalkolorit und Zeitgeschichte in den Evangelien: Ein Beitrag zur
Geschichte der synoptischen Tradition.* NTOA 8. Göttingen: Vandenhoeck &
Ruprecht, 1989.

_____. *Soziologie der Jesusbewegung: Ein Beitrag zur Entstehungsgeschichtedes
Urchristentums.* KT 35. München: Kaiser Verlag, 1991.

_____. *Studien zur Soziologie des Urchristentums,* WUNT 19. Tübingen 1989.

_____. *Urchristliche Wundergeschichten: Ein Beitrag zur formgeschichtlichen
Erforschung der synoptischen Evangelien.* SNT 8. Gütersloh, 1974.

＿＿＿＿/박정수 옮김. "유대교와 기독교: 바울에게서 시작된 두 종교의 분열에 대한 사회
사적 고찰." 「신약논단」 13(2006): 1055-1094; "Judentum und Christentum bei
Paulus: Sozialgeschichtliche Überlegungen zu einem beginnenden Schisma." In: M.
Hengel/U. Heckel (eds.), *Paulus und das Antike Judentum*, WUNT 58. Tübingen:
Mohr, 1991: 331-359.

＿＿＿＿/박찬웅· 민경식 옮김.『기독교의 탄생: 예수운동에서 종교로』. 서울: 대한기독교
서회, 2009; *Die Religion der ersten Christen: Eine Theorie des Urchristentums.*
Gütersloh: Verlagshaus, 2000.

＿＿＿＿, Merz, A./손성현 옮김.『역사적 예수: 예수의 역사적 삶에 대한 총체적 연구』. 서
울: 다산글방, 2001; *Der Historische Jeus: Ein Lehrbuch.* Göttingen: Vandenhoeck
& Ruprecht, 1997.

Twelftree, G. H. "Jesus in Jewish Tradition." In: D. Wenham (ed.). *Gospel Perspectives: The
Jesus Tradition Outside the Gospels.* Sheffield: JSOT Press, 1985: 289-341.

＿＿＿＿. *Jesus the Exorcist.* Tübingen 1993.

Überlacker, W. "Das Vehältnis von Lk/Apg zum Markusevangelium. In: P. Loumanen (ed.).
*Luke-Acts. Scandinavian Perspectives.* SESJ 54. Helsinki/Göttingen 1991:
157-194.

Vermes, G. "The Jesus Notice of Josephus Re-Examined." *JJS* 38 (1987): 1-10.

Victor, U. "Das Testimonium Flavianum. Ein authentischer Text des Josephus." *NovT* 52 (2010):
72-82.

Vielhauer, P. Art. "Johannes der Täufer." *RGG* 3 (1959): 803-807.

Walter, N. "Pseudepigraphische jüdisch-hellenistische Dichtung: Pseudo-Phokylides,
Pseudo-Orpheus, Gefälschte Verse auf Namen griechischer Dichter." In: G. Kümmel
(ed.). *Jüdische Schriften aus hellenistisch-römische Zeit.* Vol. 4,3. Gütersloh:
Gütersloher Verlagshaus, 1983: 182-196.

Webb, R. L. *John the Baptizer and Prophet: A Socio-Historical Study.* JSNT. S 62.
Sheffield: JSOT Press, 1991.

Weiß, W. *Zeichen und Wunder. Eine Studie zu der Sprachtradition und ihrer
Verwendung im Neuen Testament.* WMANT 67. Neukirchen-Vluyn 1995.

Whiston, W. "The Testimonies of Josephus Concerning Jesus Christ, John the Baptist, and James
the Just, Vindicated." In: W. Whiston (ed.). *The Genuine Works of Flavius Josephus.*
London 1737: 639-647.

Winterling, A. *Caligula: eine Biographie.* München: Pantheon, 2003.

Witherington, B. *Jesus the Sage: The Pilgrimage of Wisdom.* Minneapolis 1994.

Zeitlin, S. "The Christ Passage in Josephus." *JQR* n.s. 18 (1928): 231-255.

# 찾 아 보 기